Solution Manual,
Essentials of
Economics

| 第8版 |

《经济学基础》
习题解答

〔美〕N. 格里高利·曼昆 著
N. Gregory Mankiw

陈宇峰 译

著作权合同登记号　图字:01-2022-4209

图书在版编目(CIP)数据

《经济学基础(第8版)》习题解答/(美)N.格里高利·曼昆著;陈宇峰译.—北京:北京大学出版社,2023.1
ISBN 978-7-301-33586-4

Ⅰ.①经… Ⅱ.①N… ②陈… Ⅲ.①经济学—高等学校—教学参考资料 Ⅳ.①F0

中国版本图书馆 CIP 数据核字(2022)第 245950 号

N. Gregory Mankiw
Solutions Manual
Essentials of Economics, 8e
Copyright ⓒ 2018 by South Western, a part of Cengage Learning
Original edition published by Cengage Learning. All Rights reserved.
本书原版由圣智学习出版公司出版。版权所有,盗印必究。

Peking University Press is authorized by Cengage Learning to publish, distribute and sell exclusively this edition. This edition is authorized for sale in the People's Republic of China only (excluding Hong Kong SAR, Macao SAR and Taiwan). No part of this publication may be reproduced or distributed by any means, or stored in a database or retrieval system, without the prior written permission of Cengage Learning.

本书中文简体字翻译版由圣智学习出版公司授权北京大学出版社独家出版发行销售。此版本仅限在中华人民共和国境内(不包括中国香港、澳门特别行政区及中国台湾地区)销售。未经出版者预先书面许可,不得以任何方式复制或发行本书的任何部分。

本书封面贴有 **Cengage Learning** 防伪标签,无标签者不得销售。

书　　　名	《经济学基础(第8版)》习题解答 《JINGJIXUE JICHU(DI-BA BAN)》XITI JIEDA
著作责任者	〔美〕N.格里高利·曼昆(N. Gregory Mankiw) 著　陈宇峰 译
策 划 编 辑	张　燕
责 任 编 辑	闫静雅
标 准 书 号	ISBN 978-7-301-33586-4
出 版 发 行	北京大学出版社
地　　　址	北京市海淀区成府路 205 号　100871
微信公众号	北京大学经管书苑(pupembook)
电 子 信 箱	em@pup.cn
电　　　话	邮购部 010-62752015　发行部 010-62750672　编辑部 010-62752926
印 刷 者	天津中印联印务有限公司
经 销 者	新华书店 787 毫米×1092 毫米　16 开本　16.25 印张　416 千字 2023 年 1 月第 1 版　2023 年 1 月第 1 次印刷
印　　　数	0001—5000 册
定　　　价	45.00 元

未经许可,不得以任何方式复制或抄袭本书之部分或全部内容。
版权所有,侵权必究
举报电话:010-62752024　电子信箱:fd@pup.pku.edu.cn
图书如有印装质量问题,请与出版部联系,电话:010-62756370

目　录

第 1 章　经济学十大原理

学习目标　1
框架和目的　1
内容提要　1
教材习题解答　2

第 2 章　像经济学家一样思考

学习目标　8
框架和目的　8
内容提要　8
教材习题解答　9

第 3 章　相互依存性与贸易的好处

学习目标　18
框架和目的　18
内容提要　18
教材习题解答　19

第 4 章　供给与需求的市场力量

学习目标　29
框架和目的　29
内容提要　29
教材习题解答　30

第 5 章　弹性及其应用

学习目标　47
框架和目的　47
内容提要　47
教材习题解答　48

第 6 章　供给、需求与政府政策

学习目标　57
框架和目的　57
内容提要　57
教材习题解答　58

第 7 章　消费者、生产者与市场效率

学习目标　67
框架和目的　67
内容提要　67
教材习题解答　68

第 8 章
应用：税收的代价

学习目标　*81*

框架和目的　*81*

内容提要　*81*

教材习题解答　*82*

第 9 章
应用：国际贸易

学习目标　*92*

框架和目的　*92*

内容提要　*92*

教材习题解答　*93*

第 10 章
外部性

学习目标　*104*

框架和目的　*104*

内容提要　*104*

教材习题解答　*105*

第 11 章
公共物品和公共资源

学习目标　*113*

框架和目的　*113*

内容提要　*113*

教材习题解答　*114*

第 12 章
生产成本

学习目标　*121*

框架和目的　*121*

内容提要　*121*

教材习题解答　*122*

第 13 章
竞争市场上的企业

学习目标　*134*

框架和目的　*134*

内容提要　*134*

教材习题解答　*135*

第 14 章
垄　　断

学习目标　*148*

框架和目的　*148*

内容提要　*148*

教材习题解答　*149*

第 15 章
一国收入的衡量

学习目标　*168*

框架和目的　*168*

内容提要　*168*

教材习题解答　*169*

第 16 章
生活费用的衡量

学习目标　*177*

框架和目的　*177*

内容提要　*177*

教材习题解答　*178*

第 17 章
生产与增长

学习目标 *184*
框架和目的 *184*
内容提要 *184*
教材习题解答 *185*

第 18 章
储蓄、投资和金融体系

学习目标 *190*
框架和目的 *190*
内容提要 *190*
教材习题解答 *191*

第 19 章
金融学的基本工具

学习目标 *198*
框架和目的 *198*
内容提要 *198*
教材习题解答 *199*

第 20 章
失　业

学习目标 *204*
框架和目的 *204*
内容提要 *204*
教材习题解答 *205*

第 21 章
货币制度

学习目标 *214*
框架和目的 *214*
内容提要 *214*
教材习题解答 *215*

第 22 章
货币增长与通货膨胀

学习目标 *223*
框架和目的 *223*
内容提要 *223*
教材习题解答 *224*

第 23 章
总需求与总供给

学习目标 *230*
框架和目的 *230*
内容提要 *230*
教材习题解答 *231*

第 24 章
货币政策和财政政策
对总需求的影响

学习目标 *245*
框架和目的 *245*
内容提要 *245*
教材习题解答 *246*

第 1 章
经济学十大原理

学习目标

在本章中,学生应理解

- 经济学是研究稀缺资源配置的学问;
- 人们面临权衡取舍;
- 机会成本的含义;
- 在做出决策时如何运用边际概念进行推理;
- 激励如何影响人们的行为;
- 为什么人们或国家之间的交易可以使各方均受益;
- 为什么市场是一种良性但非完美的资源配置方式;
- 什么因素决定着整体经济中的某些趋势。

框架和目的

　　第 1 章是导言部分三章中的第一章,该章介绍了经济学研究所依据的十个基本原理。从广义上讲,教科书的其余部分都是这十大原理的扩展。第 2 章将阐述经济学家研究问题的方法,第 3 章将解释个人和国家如何从贸易中获益。

　　第 1 章的目的是介绍作为教科书其他部分基础的经济学十大原理。经济学十大原理可以分为三类:人们如何做出决策,人们如何相互影响,以及整体经济如何运行。整本教科书中将反复提到这十大原理。

内容提要

- 关于个人做出决策的基本结论是:人们面临不同目标之间的权衡取舍;任何一种行为的成本可以用其所放弃的机会来衡量;理性人通过比较边际成本与边际收益做出决策;人们根据他们所面临的激励改变自己的行为。
- 关于人们之间相互影响的基本结论是:贸易和相互依赖性可以是互利的;市场通常是协调人们之间经济活动的一种好方法;通过纠正市场失灵或者提高经济中的平等程度,政府可能改善市场结果。
- 关于整体经济的基本结论是:生产率是生活水平的最终根源;货币量的增长是通货膨胀的最终根源;社会面临通货膨胀与失业之间的短期权衡取舍。

教材习题解答

即问即答

1. - 描述一个你最近面临的重要的权衡取舍问题。
   - 举出一个既有货币性机会成本又有非货币性机会成本的行动的例子。
   - 描述一个你的父母为了努力影响你的行为而向你提供激励的例子。

   【解答】
   略。

2. - 为什么如果一个国家不把自己和其他国家隔离开来，那么其状况会更好？
   - 为什么我们有市场？根据经济学家的观点，政府应当在市场中扮演怎样的角色？

   【解答】
   - 一个国家可以通过贸易变得更好，这是因为贸易使各国分工专业化，专门从事自己最擅长的活动，从而生产出更多的物品和服务。
   - 市场通过"看不见的手"引导自利的个体促进经济福利。经济学家认为，政府应该明确产权并在出现市场失灵时改善市场结果。市场失灵的两个可能原因是市场势力和外部性。

3. 列出并简要解释描述整体经济如何运行的三个原理。

   【解答】
   总的来说，有三个原理用来描述整体经济如何运行：（1）一个国家的基本生活水平取决于该国家提供物品和服务的能力。（2）当政府发行过多纸币时，物价水平会上升。（3）社会面临通货膨胀和失业之间的短期权衡取舍。一个国家的生活水平在很大程度上取决于工人的劳动生产率，而工人的劳动生产率又取决于其受教育水平以及使用劳动工具和技术的能力。当政府发行过多货币时，物价水平上升，这是因为流通中的货币过多会导致其贬值，引起通货膨胀。社会所面临的通货膨胀和失业之间的短期权衡取舍只是暂时性的。通过使用各种政策手段，决策者短期内具备利用这种关系的能力。

快速单选

1. 经济学最好的定义是对_____的研究。

   a. 社会如何管理其稀缺资源

   b. 如何以最盈利的方式经营企业

   c. 如何预测通货膨胀、失业和股票价格

   d. 政府如何可以制止不受约束的利己所带来的危害

2. 你去看一场电影的机会成本是_____。

   a. 门票的价格

   b. 门票的价格加上你在电影院购买汽水和爆米花的费用

   c. 去看电影所需要的所有现金支出加上你的时间的价值

   d. 零，只要你享受了电影并认为你为它付出的时间与金钱是值得的

3. 边际变动_____。

   a. 对公共政策并不重要

b. 是逐步地改变现有计划
   c. 使结果无效率
   d. 并不影响激励

4. 亚当·斯密的"看不见的手"是指：
   a. 企业家以牺牲消费者为代价而获利的不易察觉而隐蔽的方法。
   b. 自由市场达到合意结果的能力(尽管市场参与者是利己的)。
   c. 政府通过管制使消费者获益的能力(即使消费者没有意识到这种管制)。
   d. 生产者或消费者在不受管制的市场上把成本加到无关旁观者身上的方法。

5. 政府干预市场经济是为了_____。
   a. 保护产权
   b. 纠正由外部性引起的市场失灵
   c. 达到更为平等的收入分配
   d. 以上全对

6. 如果一个国家有高而持久的通货膨胀，最有可能的解释是：
   a. 中央银行发行了超量货币。
   b. 工会为了过高的工资讨价还价。
   c. 政府征收了过高的税收。
   d. 企业利用它们的垄断权力把价格抬高。

【答案】　1. a　2. c　3. b　4. b　5. d　6. a

复习题

1. 列举三个你在生活中面临的重大权衡取舍的例子。
   【解答】
   权衡取舍的例子包括时间选择(例如，学习某门课程还是另一门，或者是学习还是参与社交活动)和花销选择(例如，花仅有的 15 美元买比萨还是为有难度的经济学课程买本学习指南)。

2. 你会将哪些项目列为去迪士尼乐园度假的机会成本？
   【解答】
   计算出去迪士尼乐园游玩的机会成本，需要包括货币成本(入场券、交通、纪念品的费用)和时间成本。时间成本取决于你对同样时间的其他最佳用途。如果你待在家里看电视，时间成本将是很小的；但是如果是多工作一周，时间成本就是你加班所赚到的钱。你所计算的机会成本，不应该包括食物和住宿费用，除非它们超出了你若不去迪士尼乐园本该发生的花费。在这种情况下，你应该计算超出的费用，而不是食物和住宿的总费用。

3. 水是生活必需品。一杯水的边际收益是大还是小呢？
   【解答】
   一杯水的边际收益取决于你所处的环境。如果你刚跑了一场马拉松或顶着太阳在沙漠中行走了三个小时，那么一杯水的边际收益是非常高的。但是，如果你刚刚喝了大量的水或饮料，那么一杯水的边际收益是相当低的。重点是，即使是生活必需品，比如水，也并不总是有很大的边际收益。

4. 为什么决策者应该考虑激励？

   【解答】

   决策者需要认真考虑激励机制，从而理解人们对所实施的政策的反应。教科书中的座位安全带法律的例子表明，政策措施可能产生意想不到的结果。如果激励机制很重要，可能会导致完全不同的政策。比如，一些经济学家曾经建议在方向盘上放置小刀，这样人们开车会更加小心！虽然这种建议是愚蠢的，但是它体现了激励的重要性。

5. 为什么各国之间的贸易不像一场比赛那样有赢家和输家呢？

   【解答】

   国家之间的贸易并不像比赛那样有赢家和输家是因为贸易可以使每个人的境况都变得更好。通过专业化分工，人与人之间的贸易、国家之间的贸易可以提高每个人的福利。

6. 市场中的"看不见的手"会做什么呢？

   【解答】

   市场这只"看不见的手"表明，即使个人和企业的行为基于自身利益，价格和市场也会引导他们去做出有益于整个社会的行为。

7. 解释市场失灵的两个主要原因，并各举一个例子。

   【解答】

   市场失灵的两个主要原因是外部性和市场势力。外部性是指一个人的行为对旁观者福利的影响，比如污染、知识创造。市场势力则指个体(或某个小群体)不适当地影响价格的能力，比如在一个城镇里只有一个水厂或只有一家有线电视公司。

8. 为什么生产率是重要的？

   【解答】

   生产率很重要，这是因为一个国家的生活水平取决于它所能提供物品和服务的能力。一个国家的生产率(一个工人每小时所生产的物品和服务的总量)越高，该国的生活水平越高。

9. 什么是通货膨胀？什么引起了通货膨胀？

   【解答】

   通货膨胀是指经济中物价总水平的上升。通货膨胀是由一个国家的货币发行量增多引起的。

10. 短期中通货膨胀与失业如何相关？

    【解答】

    在短期中，通货膨胀和失业是负相关的。在短期中，这意味着降低通货膨胀要以更高的失业率为代价。

问题与应用

1. 描述下列每种情况下所面临的权衡取舍：

   a. 一个家庭决定是否购买一辆新车。

   b. 一个国会议员决定对国家公园支出多少。

   c. 一个公司总裁决定是否新开一家工厂。

   d. 一个教授决定用多少时间备课。

   e. 一个刚大学毕业的学生决定是否去读研究生。

【解答】

a. 一个打算买一辆新车的家庭面临的权衡取舍是买车的花费和用这笔钱可能购买的其他东西。例如,买车可能意味着他们必须放弃接下来两年的度假。同时,节能汽车更贵,而普通汽车会消耗更多的汽油;更小型的汽车价格实惠,但更大型的汽车则由于方便旅行而节约时间。

b. 对于国会议员决定花多少钱在国家公园上,一种权衡取舍是在国家公园与其他支出项目或减税之间。如果花费更多的钱在国家公园上,则意味着花更少的钱在国防和交通上;或者如果这笔资金不花费在国家公园上,还可以用于减税。另一种权衡取舍则是,当已经决定把多少钱花在国家公园上时,需要选择是在许多国家公园上分别投入较少的钱,还是在一个公园上投入较多的钱。

c. 当一个公司的总裁决定是否新开一家工厂时,他的决定是基于与其他的替代选择(比如通过升级现有装备或扩大工厂现有规模)相比,新开的工厂是否会增加公司的利润。其基本原则是,哪一种提高产量的方法能使利润最大化。

d. 一个教授决定花费多少时间在备课上面临以下权衡取舍:提高课程质量的价值和把时间用在做其他事情(如增加科研时间或享受更多的闲暇时间)上的价值。

e. 一个本科生决定是否去读研究生时面临诸多权衡取舍。比如,权衡学士学位所可能带来的收入和进一步深造所获得的收益(如将来更高的收入和获取更多的知识)。再如时间上的权衡取舍:与家人待在一起或享受闲暇时间,还是花时间在学习上。又如,学生也面临承担学生贷款还是用贷款买一套房或一辆车之间的权衡取舍。

2. 你正想决定是否去度假。度假的大部分成本(机票、住旅馆的费用、放弃的工资)都用美元来衡量,但度假的收益是心理上的。你将如何比较收益与成本呢?

【解答】

当一件事(如度假)的收益是心理上的感觉时,把这种收益和是否值得去做这件事的成本进行比较是困难的。但是,有两种方法可以衡量这种收益。第一种方法是把去度假和你不去度假将会干什么进行比较。如果你不去度假,是否打算把度假的钱用来买一些东西,比如一套新的高尔夫球杆?这样,你就可以决定是愿意拥有新球杆还是去度假。第二种方法是考虑一下你为了去度假得多努力地工作去赚钱,然后你再来判断度假所带来的心理收益是否值得你付出为此工作而承担的心理成本。

3. 你正计划用星期六的时间去做兼职,但一个朋友请你去滑雪。去滑雪的真实成本是什么?现在假设你已计划星期六在图书馆学习,那么这种情况下去滑雪的成本是什么?请解释。

【解答】

如果你打算去滑雪而不是去做兼职,那么滑雪的成本包括货币成本和时间成本,后者包括你没有去兼职而放弃的工资收入的机会成本。如果是在滑雪和去图书馆学习之间选择,那么滑雪的成本也包括货币成本和时间成本,其中时间成本包括花在学习上的时间价值。

4. 你在篮球比赛中赢了100美元。你可以选择现在花掉它或者在利率为5%的银行账户中存一年。那么现在花掉这100美元的机会成本是什么呢?

【解答】

如果你决定花掉100美元而不是储蓄一年并获得5%的利息收益,那么这意味着你放弃了一年之后使用105美元的机会。

5. 你管理的公司在开发一种新产品的过程中已经投资 500 万美元，但开发工作还没有完成。在最近的一次会议上，你的销售人员报告说，竞争性产品的进入使你们新产品的预期销售额减少为 300 万美元。如果完成这项开发还要花费 100 万美元，你还应该继续进行这项开发吗？为了完成这项开发，你后续的最高花费应该是多少？

   【解答】
   你先前已经投入并不能收回的 500 万美元和你要做的决定之间并没有联系，因为原先的那笔钱是沉没成本。现在重要的是获得边际收益的可能性。如果你再花 100 万美元而赚了 300 万美元，你将会得到 200 万美元的边际收益，那么你应该去做。你确实可以想到这个方案的总损失有 300 万美元（600 万美元的总成本和仅 300 万美元的收益），而认为当初不该开始这个项目。然而，如果不再花费 100 万美元，你将不会有任何收益，而且将会损失 500 万美元。因此，最重要的是尽量最小化你的损失。实际上，为了完成这项开发，你后续的最高花费应该是 300 万美元；对于超过 300 万美元的任何投资，你的边际收益都不会有所增加。

6. 一项 1996 年的法案修改了联邦政府的反贫困计划，对许多福利领取者做了只能领取两年津贴的限制。
   a. 这个变动如何影响对工作的激励？
   b. 这个变动如何反映了平等与效率之间的权衡取舍？

   【解答】
   a. 当福利领取者知道福利将在两年后被取消时，他们找工作的动力比知道他们的福利永远持续下去的情况下要大。
   b. 两年后福利的取消意味着找不到工作的人将没有收入，因此收入分配将变得不平等。但经济会更有效率，因为福利领取者有更大的动力去寻找工作。因此，这个变动会提高效率但减少平等。

7. 解释下列每一项政府活动的动机是关注平等还是关注效率。在关注效率的情况下，讨论所涉及的市场失灵的类型。
   a. 对有线电视的价格进行管制。
   b. 向一些穷人提供可用来购买食物的消费券。
   c. 在公共场所禁止吸烟。
   d. 把标准石油公司（它曾拥有美国 90% 的炼油厂）分拆为几个较小的公司。
   e. 对收入较高的人实行较高的个人所得税税率。
   f. 制定禁止酒后开车的法律。

   【解答】
   a. 效率。市场失灵来自有线电视企业的市场势力。
   b. 平等。
   c. 效率。外部性是由二手烟对不吸烟者的危害引起的。
   d. 效率。市场失灵是由标准石油公司的市场势力引起的。
   e. 平等。
   f. 效率。外部性来自酒驾导致的事故。

8. 从平等和效率的角度讨论下面每种说法。
   a. "应该保证社会上的每个人都得到尽可能好的医疗。"

b. "当工人被解雇时,应该使他们在找到新工作之前能一直领取失业津贴。"

【解答】

a. 如果保证社会上每个人得到尽可能好的医疗,那么比起现在,国家更多的产出将会被投入医疗。这会是有效率的吗?如果你认为医生具有市场势力并通过限制医疗来保持高收入,那么你会认为提供更多的医疗会提高效率。但是更为可能的是,如果政府增加医疗投入,那么经济效率可能会降低,因为提供给人们的医疗可能超过人们会选择购买的水平。从平等的角度来看,只要穷人没有得到充分的医疗,提供更多的医疗就意味着平等的改善。每个人都将获得更平等的经济"馅饼"份额,虽然这个经济"馅饼"是由更多的医疗和更少的其他物品所组成的。

b. 当工人被解雇时,总有呼声基于平等考虑,要求失业保障制度提供给工人一定的失业津贴,直到他们找到工作。毕竟,没有人打算被解雇,因此失业保障从一定角度来看是一种保险。但是,这存在一个效率问题:如果你不工作也能获得收入,那么你为什么要工作呢?如果人们长时间处于失业状态,经济是不能有效运行的,而失业保障鼓励了失业。因此,这实质上是平等和效率之间的权衡取舍。失业保障提供更多的失业津贴,失业的人将会损失更少的收入,但这将鼓励更多的人保持失业状态。因此,平等程度的提高将会降低效率。

9. 你的生活水平在哪些方面不同于你的父母或祖父母在你这个年龄时的生活水平?为什么会发生这些变化?

【解答】

在美国,每35年,平均个人收入大致翻一番,我们的生活水平完全可能好于我们的父母,更好于我们的祖父母。这主要是生产率提高的结果。每小时工作所提供的物品和服务比以前更多了。因此,收入水平一直在增长,生活水平也是如此。

10. 假设美国人决定把他们更多的收入用于储蓄。如果银行把这笔钱借给企业,企业用这笔钱建设新工厂,这种高储蓄会如何加快生产率的提高呢?你认为谁会从更高的生产率中获益呢?社会会得到"免费的午餐"吗?

【解答】

如果美国人把更多的收入用于储蓄,那么有更多的投入用于建设工厂,从而带来产品的增加和生产率的提高,因为同样数量的工人将有更多的装备来进行生产。高生产率将会使工人和企业主获益,前者由于生产更多的产品而获得更高的收入,后者将会由于投资而获益。但不存在"免费的午餐"这种情况,因为当人们储蓄更多时,他们也就放弃了消费。人们得到更高的收入是以购买更少的物品为代价的。

11. 在美国独立战争期间,美国殖民地政府无法筹集到足够的税收来为战争融资。为了弥补这个差额,殖民地政府决定更多地印发货币。通过印发货币来弥补支出有时被称为"通货膨胀税"。你认为当政府增发货币时,谁被"征税"了?为什么?

【解答】

当政府印发货币时,每一个持有货币的人都被征税了,因为货币的价值随货币发行量的增大而降低。

第 2 章
像经济学家一样思考

学习目标

在本章中,学生应理解

- 经济学家如何运用科学方法;
- 假设和模型如何可以阐明这个世界;
- 两个简单的模型——循环流量图和生产可能性边界;
- 微观经济学和宏观经济学的区别;
- 实证表述和规范表述之间的差别;
- 经济学家在政策制定中的作用;
- 经济学家意见分歧的原因。

框架和目的

第 2 章是导言部分三章中的第二章。第 1 章介绍了将在整本教科书中反复出现的经济学十大原理。第 2 章提出了经济学家如何研究问题,而第 3 章将解释个人和国家如何从贸易中获益。

第 2 章的目的是让学生熟悉经济学家如何研究经济问题。通过实践,你将学会如何运用这种无偏见且系统化的方式来研究类似问题。从本章中,学生们将了解经济学家如何运用科学方法、假设在模型构建中的作用以及两种特定经济模型的应用。学生们还将知道经济学家所能扮演的两种角色的重要区别:作为科学家,他们力图解释经济世界;作为政策制定者,他们努力改善世界。

内容提要

- 经济学家们努力以科学家的客观态度来研究他们的学科。像所有科学家一样,他们做出了适当的假设并建立了简化的模型,以便理解我们周围的世界。两个简单的经济模型是循环流量图和生产可能性边界。
- 经济学可划分为两个分领域:微观经济学和宏观经济学。微观经济学家研究家庭和企业做出的决策以及家庭和企业在市场上的相互交易。宏观经济学家研究影响整体经济的力量和趋势。
- 实证表述是关于"世界是什么样子"的论断。规范表述是关于"世界应该是什么样子"的论断。当经济学家做出规范表述时,他们的行为更像是政策顾问而不是科学家。
- 经济学家们向政策制定者提出的建议之所以有时会相互矛盾,不是因为科学判断的差别,就是因为价值观的差别。在另一些时候,经济学家提供的建议是一致的,但由于政治过程施加的力量和约束,政策制定者可能选择不理会这些建议。

教材习题解答

即问即答

1.
   - 从何种意义上说,经济学像一门科学?
   - 假设一个社会只生产食物与衣服,为其画出生产可能性边界。标出一个有效率点、一个无效率点和一个不可能实现的点。说明一场旱灾对此的影响。
   - 定义微观经济学与宏观经济学。

   【解答】
   - 经济学就像一门科学,因为经济学家设计理论、收集数据并分析数据以试图证实或证伪他们的理论。换言之,经济学是建立在科学方法之上的。
   - 图1显示了只生产食物和衣服的社会的生产可能性边界。A点是有效率点(边界上),B点是无效率点(边界内),C点是不可能实现的点(边界外)。

     旱灾的影响如图2所示。旱灾减少了可生产的粮食数量,使生产可能性边界向内移动。(如果旱灾也减少了可用于生产服装的棉花数量,那么纵轴上的截距也会缩短。)

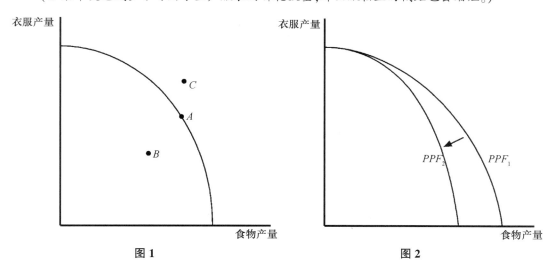

   - 微观经济学是研究家庭和企业如何做出决策以及它们如何在市场上相互交易的学科。宏观经济学是研究整体经济现象,包括通货膨胀、失业和经济增长的学科。

2. ● 举出与你的日常生活有关的一个实证表述的例子和一个规范表述的例子。
   ● 列举出经常听取经济学家建议的三个政府部门。

   【解答】
   ● 一个关于实证表述的例子是:"一杯更高价格的咖啡让我选择购买更多的茶。"这是一个实证表述,因为它做出关于"世界是什么样子"的描述。一个关于规范表述的例子是:"政府应该控制咖啡价格。"这是一个规范表述,因为它做出关于"世界应该是什么样子"的表述。类似的例子很多。
   ● 经常需要经济学家提供建议的美国政府部门包括:致力于制定税收政策的财政部,致力于根据数据分析就业形势的劳工部,致力于执行反托拉斯法的司法部,致力于对政策性提议进行评估的国会预算办公室以及致力于分析经济发展状况的美国联邦储备委员会。也有很多其他的答案。

3. 为什么总统经济顾问们对一个政策问题会存在意见分歧?
   【解答】
   由于科学判断或价值观上的差异,总统经济顾问们对政策问题的建议有可能并不相同。

快速单选

1. 经济模型是_____。
   a. 复制经济运行的机械设备
   b. 对经济的详尽而真实的描述
   c. 经济某些方面的简单再现
   d. 预测经济未来的电脑程序

2. 循环流量图说明在生产要素市场上,_____。
   a. 家庭是卖者,企业是买者
   b. 家庭是买者,企业是卖者
   c. 家庭和企业都是买者
   d. 家庭和企业都是卖者

3. 生产可能性边界内的一点是_____的。
   a. 有效率,但不可能
   b. 可能,但无效率
   c. 既有效率又可能
   d. 既无效率又不可能

4. 一个经济生产热狗与汉堡包。如果一项热狗对健康非常有利的发现改变了消费者的偏好,它将_____。
   a. 扩大生产可能性边界
   b. 收缩生产可能性边界
   c. 使经济沿着生产可能性边界变动
   d. 使经济在生产可能性边界内变动

5. 以下所有话题都在微观经济学研究范围之内,除了_____。
   a. 香烟税对青少年吸烟行为的影响

b. 微软的市场势力在软件定价中的作用
   c. 反贫困计划在减少无家可归者中的效率
   d. 政府预算赤字对经济增长的影响
6. 以下哪一种说法是实证的，而不是规范的？
   a. X 法将减少国民收入。
   b. X 法是一项好的立法。
   c. 国会应该通过 X 法。
   d. 总统应该否决 X 法。

【答案】　1. c　2. a　3. b　4. c　5. d　6. a

复习题

1. 经济学在哪些方面是一门科学？
   【解答】
   经济学是一门科学，因为经济学家使用科学方法，他们设计理论、收集数据并分析数据以试图证实或证伪他们关于世界如何运作的理论。经济学家像其他科学家一样使用理论并观察，但他们进行可控实验的能力有限。相反，他们必须依靠自然实验。

2. 为什么经济学家要做出假设？
   【解答】
   在不影响答案的前提下，经济学家可以做出假设以简化问题。假设可以使世界变得更加容易理解。

3. 经济模型应该准确地描述现实吗？
   【解答】
   一个经济模型不能准确描述现实世界，因为准确描述现实世界的模型太复杂，不容易理解。模型是一种简化，使经济学家能够了解什么是真正重要的。

4. 说出你的家庭参与要素市场的一种方式，以及参与产品市场的一种方式。
   【解答】
   略。

5. 举出一种没有包括在简单的循环流量图中的经济关系。
   【解答】
   略。

6. 画出并解释一个生产牛奶与点心的经济的生产可能性边界。如果一场瘟疫使该经济中的一半奶牛死亡，这条生产可能性边界会发生怎样的变动？
   【解答】
   图 3 表示牛奶与点心的生产可能性边界（PPF_1）。如果一场瘟疫使经济中的一半奶牛死亡，那么牛奶的产量可能会减少，因此生产可能性边界会向内移动（PPF_2）。注意，如果该经济只生产点心，那么它将不需要任何奶牛，因此点心产量不会受到影响。但是如果该经济生产牛奶（无论多少），那么一场瘟疫之后，牛奶的产量将会减少。

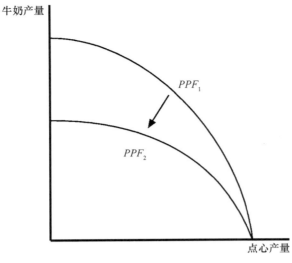

图 3

7. 用生产可能性边界解释"效率"这一概念。

   【解答】
   如果经济中的稀缺资源全部得到利用，那么产出就是有效率的。用生产可能性边界来表示，有效率点在生产可能性边界上，例如图 4 中的 A 点。当该经济能有效率地使用资源时，不减少一种物品的生产就不能增加另一种物品的生产。生产可能性边界以内的点，例如 B 点，就代表无效率的结果，因为在该点不减少一种物品的生产就能增加另一种物品的生产。

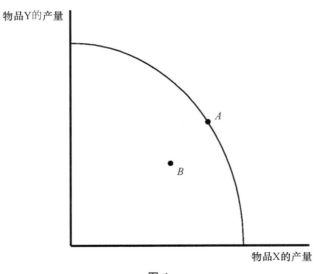

图 4

8. 经济学分为哪两个分领域？解释这两个分领域各自研究什么。

   【解答】

   经济学的两个分领域为微观经济学和宏观经济学。微观经济学研究关于家庭和企业如何做决策以及如何在市场上相互交易。宏观经济学研究整体经济现象，包括通货膨胀、失业和经济增长。

9. 实证表述与规范表述之间的差别是什么？各举出一个例子。

   【解答】

   实证表述是描述性的，它们做出关于"世界是什么样子"的表述，而规范表述是规定性的，它们做出关于"世界应该是什么样子"的表述。实证表述的例子有：货币的快速增长是通货膨胀的起因。规范表述的例子有：政府应该将货币的增速控制在低水平。

10. 为什么经济学家有时会向政策制定者提出相互矛盾的建议？

    【解答】

    经济学家有时会向政策制定者提出互相矛盾的建议有两个原因：(1) 经济学家可能对分析世界如何运行的不同实证理论的有效性看法不一致；(2) 经济学家可能有不同的价值观，因此，对公共政策应该努力实现的目标有不同的规范性观点。

问题与应用

1. 画一张循环流量图。指出模型中分别对应于下列活动的物品与服务流向和货币流向的部分。

   a. Selena 向店主支付 1 美元买了 1 夸脱牛奶。
   b. Stuart 在快餐店工作，每小时赚 8 美元。
   c. Shanna 花 40 美元理发。
   d. Salma 凭借她在 Acme Industrial 公司 10% 的股权赚到了 2 万美元。

   【解答】

   四种交易如图 5 所示。

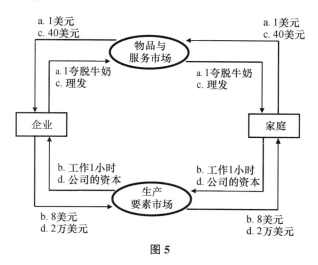

图 5

2. 设想一个生产军用品和消费品的社会,并将它们称为"大炮"和"黄油"。
   a. 画出大炮与黄油的生产可能性边界。用机会成本解释为什么这条边界的形状最有可能是向外凸出。
   b. 标出这个经济不可能实现的一点。再标出可以实现但无效率的一点。
   c. 假设这个社会有两个政党,称为鹰党(想拥有强大的军事力量)和鸽党(想拥有较弱的军事力量)。在生产可能性边界上标出鹰党可能选择的一点和鸽党可能选择的一点。
   d. 假想一个侵略性的邻国削减了军事力量。结果鹰党和鸽党都等量减少了自己原来希望生产的大炮数量。用黄油产量的增加来衡量哪一个党会得到更大的"和平红利",并解释。

【解答】
a. 图6表示大炮与黄油的生产可能性边界。这条边界向外凸出是由于机会成本递增的规律。当经济由生产很多大炮和少量黄油(H点)向生产更少大炮和更多黄油(D点)移动时,每额外生产一单位黄油的机会成本就增加了,因为最适合用于生产大炮的资源转向了黄油的生产。因此,生产额外一单位黄油所需放弃的大炮数量增加了。

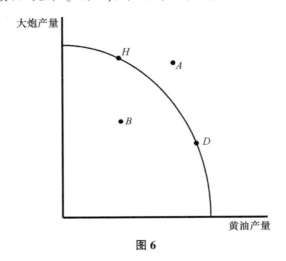

图 6

b. 图6中的A点是经济不可能实现的点,因为它在生产可能性边界外。B点是经济可以实现但无效率的点,因为它在生产可能性边界内。
c. 鹰党可能选择类似H点的点,因为该点上有很多大炮和少量的黄油。鸽党可能选择类似D点的点,因为该点上有很多黄油和少量的大炮。
d. 如果鹰党和鸽党等量减少了它们理想中的大炮数量,鹰党将会得到更大的"和平红利",因为生产可能性边界在H点时比在D点时更加平坦。因此,在大炮减少的数量给定的前提下,从H点开始将比从D点开始,带来黄油数量的更大增加。

3. 第1章讨论的第一个经济学原理是人们面临权衡取舍。用生产可能性边界说明社会在两种"物品"——清洁的环境与工业产量之间的权衡取舍。你认为什么因素决定生产可能性边界的形状和位置?如果工程师开发出了一种污染更少的新的发电方法,生产可能性边界会发生什么变化?

【解答】

见图7。生产可能性边界的形状和位置取决于保持一个清洁环境的成本——环境行业的生产率。环境行业生产率的提高,比如开发出了一种污染更少的新的发电方法,将会导致生产可能性边界的移动,就如图中从 PPF_1 向 PPF_2 的移动一样。

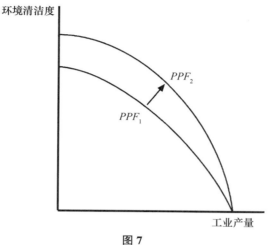

图7

4. 一个经济由 Larry、Moe 和 Curly 这三个工人组成。每个工人每天工作 10 小时,并可以提供两种服务:割草和洗汽车。在 1 小时内,Larry 可以割一块草地或洗一辆汽车,Moe 可以割一块草地或洗两辆汽车,而 Curly 可以割两块草地或洗一辆汽车。

a. 计算在以下情况(即我们所标的 A、B、C 和 D 四种情况)下,每种服务各能提供多少:
- 三个工人把他们所有的时间都用于割草。(A)
- 三个工人把他们所有的时间都用于洗汽车。(B)
- 三个工人都分别把一半时间用于两种活动。(C)
- Larry 分别把一半时间用于两种活动,而 Moe 只洗汽车,Curly 只割草。(D)

b. 画出这个经济的生产可能性边界。用你对 a 的回答来确定图形上的 A、B、C 和 D 点。

c. 解释为什么生产可能性边界的形状是这样的。

d. a 中有哪一种配置是无效率的吗?请解释。

【解答】

a. 在 A 情况下:割了 40 块草地;洗了 0 辆汽车。
在 B 情况下:割了 0 块草地;洗了 40 辆汽车。
在 C 情况下:割了 20 块草地;洗了 20 辆汽车。
在 D 情况下:割了 25 块草地;洗了 25 辆汽车。

b. 该经济的生产可能性边界如图 8 所示。A 点、B 点、D 点在生产可能性边界上,而 C 点在生产可能性边界内。

c. Larry 在两种服务中的效率是一样的。Moe 洗车的效率更高,而 Curly 割草的效率更高。由于边际技术替代率递减,生产可能性曲线是凹向原点的。

d. C 点上的配置是无效率的。只要简单重新分配三个人的时间,就可以洗更多的车和割更多的草。

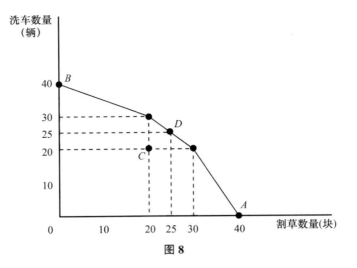

图 8

5. 把下列话题分别归入微观经济学或宏观经济学：
   a. 家庭把多少收入用于储蓄的决策。
   b. 政府管制对汽车废气排放的影响。
   c. 高国民储蓄对经济增长的影响。
   d. 企业关于雇用多少工人的决策。
   e. 通货膨胀率和货币量变动之间的关系。

   【解答】
   a. 家庭把多少收入用于储蓄的决策可归于微观经济学。
   b. 政府管制对汽车废气的影响可归于微观经济学。
   c. 高国民储蓄对经济增长的影响可归于宏观经济学。
   d. 企业关于雇用多少工人的决策可归于微观经济学。
   e. 通货膨胀率和货币量变动之间的关系可归于宏观经济学。

6. 把下列表述分别归入实证表述或规范表述，并解释。
   a. 社会面临通货膨胀与失业之间的短期权衡取舍。
   b. 降低货币增长率将降低通货膨胀率。
   c. 美联储应该降低货币增长率。
   d. 社会应该要求福利领取者去找工作。
   e. 降低税率可以鼓励人们更多地工作和更多地储蓄。

   【解答】
   a. "社会面临通货膨胀和失业之间的短期权衡取舍"是实证表述。它主要涉及经济是什么样子的，而不是涉及经济应该是什么样子。因为经济学家分析了数据并发现通货膨胀和失业之间存在短期负相关，所以该表述是一个事实。
   b. "降低货币增长率将降低通货膨胀率"是实证表述。经济学家发现货币增长和通货膨胀是紧密相关的。该表述描述的是世界是什么样子的，所以它是实证表述。
   c. "美联储应该降低货币增长率"是规范表述。它提出了关于某些事应该怎么做的看法，而不是关于世界是什么样子的描述。

d. "社会应该要求福利领取者去找工作"是规范表述。它没有描述世界是什么样子的。相反,它表达了世界应该是什么样子的,所以该表述是规范表述。

e. "降低税率可以鼓励人们更多地工作和更多地储蓄"是实证表述。经济学家研究了税率和工作之间的关系,也研究了税率和储蓄之间的关系。他们研究发现,这两个实例中都存在负相关关系。因此,该表述反映了世界是什么样子的,是实证表述。

第3章
相互依存性与贸易的好处

学习目标

在本章中,学生应理解
- 当人们互相交易时如何使每个人都获益;
- 绝对优势与比较优势的含义;
- 比较优势如何解释贸易的好处;
- 如何把比较优势原理运用于日常生活和国家政策。

框架和目的

第3章是导言部分三章中的最后一章。第1章介绍经济学十大原理。第2章说明经济学家如何研究问题。第3章说明个人和国家如何从贸易中获益(这是第1章讨论的十大原理之一)。

第3章的目的是证明每个人如何从贸易中获益。贸易使人们可以专门生产自己有比较优势的物品,然后交换其他人生产的物品。由于实现了专业化,总产量增加,通过贸易我们都能从中获得好处。不仅对于个人来说是如此,对于国家来说也是如此。由于每个人都可以从贸易中获益,因此对贸易的限制会减少福利。

内容提要

- 每个人都消费着本国和世界各国许多其他人所生产的物品与服务。相互依存和贸易之所以合意,是因为它可以使每个人都享有更多数量和种类的物品与服务。
- 有两种方法可以用来比较两个人在生产一种物品上的能力。一个可以用较少的投入生产该物品的人被称为在生产该物品上有绝对优势。生产该物品的机会成本较小的人被称为有比较优势。贸易的好处是基于比较优势,而不是绝对优势。
- 贸易可以使每个人的状况都变得更好,因为它使人们可以专门从事自己有比较优势的活动。
- 比较优势原理不仅适用于个人,还适用于国家。经济学家用比较优势原理支持各国间的自由贸易。

教材习题解答

即问即答

1. 画出鲁滨孙·克鲁索的生产可能性边界的例子。鲁滨孙是一个遇难船只的水手,他把他的时间用于采集椰子和捕鱼。如果他独自生活,该生产可能性边界是否限制了他对椰子和鱼的消费?如果他可以与岛上的当地人交易,他还会面临同样的限制吗?

   【解答】
   图1显示了鲁滨孙·克鲁索采集椰子和捕鱼的生产可能性边界。如果他独自生活,生产可能性边界会限制他对椰子和鱼的消费,但是如果他可以与岛上的当地人交易,将有可能在生产可能性边界以外的某个点进行消费。

   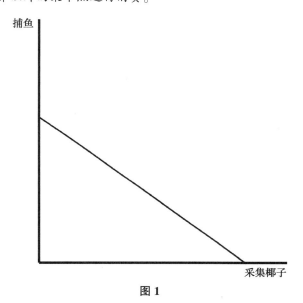

   图1

2. 鲁滨孙·克鲁索每小时可以摘10个椰子或捕1条鱼。他的朋友"星期五"每小时可以摘30个椰子或捕2条鱼。克鲁索捕1条鱼的机会成本是多少?"星期五"的呢?谁在捕鱼方面有绝对优势?谁在捕鱼方面有比较优势?

   【解答】
   克鲁索捕1条鱼的机会成本是10个椰子,因为他能在捕1条鱼的时间里摘10个椰子。"星期五"捕1条鱼的机会成本是15个椰子,因为他能在捕2条鱼的时间里摘30个椰子。"星期五"在捕鱼方面具有绝对优势,因为他每小时能捕2条鱼而克鲁索只能捕1条。但是克鲁索在捕鱼方面具有比较优势,因为他捕1条鱼的机会成本比"星期五"的低。

3. 假设一个技术高超的脑外科医生恰巧也是世界上打字最快的打字员。她应该自己打字,还是雇一个秘书?请解释原因。

   【解答】
   如果一个技术高超的脑外科医生恰巧又是世界上打字最快的打字员,她应该雇用一个秘书,因为秘书每小时打字的机会成本更低。尽管脑外科医生在打字方面有绝对优势,但是秘书在打字方面有比较优势,因为秘书打字的机会成本更低。

快速单选

1. 在1个小时内,Mateo可以洗2辆汽车或修剪1块草坪,Tyler可以洗3辆汽车或修剪1块草坪。谁在洗汽车上有绝对优势?谁在修剪草坪上有绝对优势?
   a. Mateo在洗汽车上有绝对优势,Tyler在修剪草坪上有绝对优势。
   b. Tyler在洗汽车上有绝对优势,Mateo在修剪草坪上有绝对优势。
   c. Mateo的绝对优势在洗汽车上,而不在修剪草坪上。
   d. Tyler的绝对优势在洗汽车上,而不在修剪草坪上。

2. 同样,在1个小时内,Mateo可以洗2辆汽车或修剪1块草坪,Tyler可以洗3辆汽车或修剪1块草坪。谁在洗汽车上有比较优势?谁在修剪草坪上有比较优势?
   a. Mateo在洗汽车上有比较优势,Tyler在修剪草坪上有比较优势。
   b. Tyler在洗汽车上有比较优势,Mateo在修剪草坪上有比较优势。
   c. Mateo的比较优势在洗汽车上,而不在修剪草坪上。
   d. Tyler的比较优势在洗汽车上,而不在修剪草坪上。

3. 两个人生产都有效率,并根据比较优势进行互利的贸易,则:
   a. 他们两人的消费都能达到各自的生产可能性边界之外。
   b. 他们两人的消费都在生产可能性边界之内。
   c. 一个人的消费在生产可能性边界之内,而另一个人的消费在生产可能性边界之外。
   d. 每个人的消费都在自己的生产可能性边界之上。

4. 一国通常会进口哪一种物品?
   a. 该国具有绝对优势的物品。
   b. 该国具有比较优势的物品。
   c. 其他国家具有绝对优势的物品。
   d. 其他国家具有比较优势的物品。

5. 假设在美国生产一架飞机要用1万小时劳动,生产一件衬衣要用2小时劳动。在中国,生产一架飞机要用4万小时劳动,生产一件衬衣要用4小时劳动。这两个国家将进行哪种贸易?
   a. 中国将出口飞机,美国将出口衬衣。
   b. 中国将出口衬衣,美国将出口飞机。
   c. 两国都出口衬衣。
   d. 在这种情况下贸易不会带来好处。

6. Kayla做一顿晚餐用30分钟,洗一次衣服用20分钟。她的室友做这两件事都只要一半的时间。这两个室友应该如何分配工作?
   a. Kayla根据自己的比较优势,应该多做饭。
   b. Kayla根据自己的比较优势,应该多洗衣服。
   c. Kayla根据自己的绝对优势,应该多洗衣服。
   d. 在这种情况下贸易不会带来好处。

【答案】　1. d　2. b　3. a　4. d　5. b　6. d

复习题

1. 在什么情况下,生产可能性边界是直线,而不是外凸的?

   【解答】

   如果一种物品无论生产多少,生产这种物品的机会成本都是不变的,那么这种物品的生产可能性边界是直线。如果一种物品没有使用专门的生产要素,这种情况的可能性很大。

2. 解释绝对优势和比较优势有什么不同。

   【解答】

   绝对优势是一个人、一个企业或一个国家与另一个人、另一个企业或另一个国家的生产率的比较,而比较优势是基于个人、企业、国家的相对机会成本。一个人、一个企业或一个国家可以在每种产品的生产上都具有绝对优势,但是不能在每种产品的生产上都具有比较优势。

3. 举例说明一个人在做某件事上有绝对优势,而另一个人有比较优势。

   【解答】

   例子很多。例如,Roger 能在 10 分钟内准备一顿饭,而 Anita 需要 20 分钟。Roger 能在 3 小时内洗完衣服,而 Anita 需要 4 小时。因此 Roger 在做饭和洗衣服方面都有绝对优势,但是 Anita 在洗衣服方面有比较优势。对于 Anita 来说,洗衣服的机会成本是 12 顿饭;对于 Roger 来说,洗衣服的机会成本则是 18 顿饭。

4. 对贸易来说,是绝对优势重要还是比较优势重要?以你对上一道题的答案为例来解释你的推理。

   【解答】

   在贸易中,比较优势比绝对优势更重要。在问题 3 的例子中,如果 Anita 负责洗至少一部分衣服而 Roger 负责为两个人做饭,那么两人都能更快地做完家务。这是因为 Anita 在洗衣服方面具有比较优势,而 Roger 在做饭方面具有比较优势。

5. 如果双方根据比较优势进行贸易并且双方都从中获益,则贸易的价格应该在哪个范围内?

   【解答】

   为了使贸易的双方都能获益,贸易价格应该位于双方的机会成本之间。

6. 为什么经济学家反对限制各国之间贸易的政策?

   【解答】

   经济学家反对限制国家间贸易的政策,是因为贸易能使所有国家都通过比较优势获益,从而实现更大的繁荣。限制贸易会损害所有国家。

问题与应用

1. Maria 可以每小时读 20 页经济学著作,也可以每小时读 50 页社会学著作。她每天学习 5 小时。

   a. 画出 Maria 阅读经济学和社会学著作的生产可能性边界。

   b. Maria 阅读 100 页社会学著作的机会成本是多少?

   【解答】

   a. 如图 2 所示,如果 Maria 花 5 小时读经济学著作,能读 100 页,那么可以用生产可能性边界的纵轴截距来表示。如果她花 5 小时读社会学著作,能读 250 页,那么可以用生产可能性边界的横轴截距来表示。因为机会成本是不变的,因此生产可能性边界是一条直线。

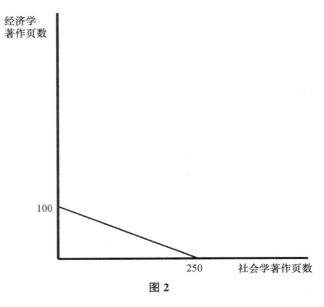

图 2

b. Maria 读 100 页社会学著作需要 2 小时,同样的时间,她可以读 40 页经济学著作。因此,读 100 页社会学著作的机会成本是读 40 页经济学著作。

2. 美国和日本工人每人每年都可以生产 4 辆汽车。一个美国工人每年可以生产 10 吨粮食,而一个日本工人每年可以生产 5 吨粮食。为了简化起见,假设每个国家都有 1 亿名工人。

a. 为这种情况做出类似于教材中图 3-1 的表格。
b. 画出美国和日本经济的生产可能性边界。
c. 对美国来说,生产一辆汽车的机会成本是多少?生产粮食呢?对日本来说,生产一辆汽车的机会成本是多少?生产粮食呢?把这些信息填入类似于教材中表 3-1 的表中。
d. 哪个国家在生产汽车上具有绝对优势?在生产粮食上呢?
e. 哪个国家在生产汽车上具有比较优势?在生产粮食上呢?
f. 没有贸易时,每个国家都有一半工人生产汽车,一半工人生产粮食。两个国家分别能生产多少汽车和粮食呢?
g. 从没有贸易的状况出发,举例说明贸易可以使每个国家的状况都变得更好。

【解答】

a.

	生产所需工人数量(人)	
	一辆车	一吨粮食
美国	1/4	1/10
日本	1/4	1/5

b. 如图 3 所示,每个国家有 1 亿个工人,每个工人每年能生产 4 辆车。如果每个国家所有

工人都生产汽车,那么每年可以生产 4 亿辆汽车。一个美国工人每年能生产 10 吨粮食,如果美国只生产粮食,那么每年能生产 10 亿吨粮食。一个日本工人每年能生产 5 吨粮食,如果日本只生产粮食,那么每年能生产 5 亿吨粮食。美国和日本的生产可能性边界截距见图 3。注意,因为两国的汽车和粮食之间的交换比例是不变的,所以两国的生产可能性边界都是一条直线。

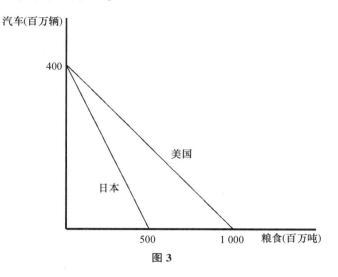

图3

c. 一个美国工人能生产 4 辆汽车或 10 吨粮食,因此生产 1 辆汽车的机会成本是 5/2 吨粮食。同样,生产 1 吨粮食的机会成本是 2/5 辆汽车(4 除以 10)。一个日本工人能生产 4 辆汽车或 5 吨粮食,因此 1 辆汽车的机会成本是 5/4 吨粮食,1 吨粮食的机会成本是 4/5 辆汽车。如下表所示:

	机会成本	
	1 辆汽车 (以放弃的粮食吨数来表示)	1 吨粮食 (以放弃的汽车辆数来表示)
美国	5/2	2/5
日本	5/4	4/5

d. 没有一个国家在生产汽车方面有绝对优势,因为它们有相同的生产率(每个工人有相同的产出);美国在生产粮食方面有绝对优势,因为它有更高的生产率(每个工人都有较高的产出)。

e. 日本在生产汽车方面有比较优势,因为与生产粮食相比,生产汽车有着更低的机会成本。美国在生产粮食方面有比较优势,因为与生产汽车相比,生产粮食有着更低的机会成本。

f. 如果每个国家各有一半的工人分别去生产汽车和粮食,美国将生产 2 亿辆汽车(5 000 万个工人乘以每个工人生产 4 辆汽车)和 5 亿吨粮食(5 000 万个工人乘以每个工人生产 10 吨粮食)。日本将生产 2 亿辆汽车(5 000 万个工人乘以每个工人生产 4 辆汽车)和 2.5 亿吨粮食(5 000 万个工人乘以每个工人生产 5 吨粮食)。

g. 在没有贸易的情况下,每个国家都会生产汽车和粮食。假定美国让一个生产汽车的工人去生产粮食,那么将会少生产4辆汽车而多生产10吨粮食。然后假设让美国用7吨粮食去跟日本换4辆汽车,美国是愿意换的,因为美国生产汽车的成本是10吨粮食。通过贸易,美国仅花费7吨粮食的成本就获得了4辆汽车,节省了3吨粮食,从而状况变得更好。假定日本让一个生产粮食的工人去生产汽车,那么将会多生产4辆汽车而少生产5吨粮食。日本也会愿意进行贸易,因为对于日本来说4辆汽车值5吨粮食。通过贸易,日本比原来多了2吨粮食,从而状况变得更好。通过贸易和一个工人生产的改变,美国和日本不但获得了与贸易前同样数量的汽车,而且获得了更多数量的粮食(美国增加了3吨,日本增加了2吨)。因此,通过贸易和生产的改变,两个国家的状况都变得更好了。

3. Pat 和 Kris 是室友。他们把大部分时间用于学习(理所当然),但也留出一些时间做他们喜欢的事:做比萨饼和制作清凉饮料。Pat 制作1加仑清凉饮料需要4小时,做1块比萨饼需要2小时。Kris 制作1加仑清凉饮料需要6小时,做1块比萨饼需要4小时。
   a. 每个室友做1块比萨饼的机会成本是多少?谁在做比萨饼上有绝对优势?谁在做比萨饼上有比较优势?
   b. 如果 Pat 和 Kris 互相交换食物,谁将用比萨饼换取清凉饮料?
   c. 比萨饼的价格可以用清凉饮料的加仑数来表示。能使两个室友状况都更好的比萨饼交易的最高价格是多少?最低价格是多少?解释原因。

【解答】
   a. Pat 做1块比萨饼的机会成本是1/2加仑清凉饮料,因为她做1块比萨饼的时间(2小时)里能制作1/2加仑清凉饮料。Kris 做1块比萨饼的机会成本是2/3加仑清凉饮料,因为她做1块比萨饼的时间(4小时)里能制作2/3加仑清凉饮料。Pat 在做比萨饼上有绝对优势,因为她用2小时就能做1块比萨饼,而 Kris 要用4小时。Pat 做比萨饼的机会成本比 Kris 低,所以 Pat 在做比萨饼上有比较优势。
   b. 因为 Pat 在做比萨饼上有比较优势,她将会用比萨饼来交换 Kris 做的清凉饮料。
   c. 能使两个室友状况都更好的比萨饼交易的最高价格是2/3加仑清凉饮料。如果价格高于此,Kris 将宁愿自己做比萨饼(机会成本是2/3加仑清凉饮料)而不是交换 Pat 做的比萨饼。能使两个室友状况都更好的比萨饼交易的最低价格是1/2加仑清凉饮料。如果价格低于此,那么 Pat 将宁愿自己制作清凉饮料(她能制作1/2加仑清凉饮料来代替做1块比萨饼)而不是交换 Kris 制作的清凉饮料。

4. 假设加拿大有1000万名工人,而且每个工人每年可生产2辆汽车或30蒲式耳小麦。
   a. 加拿大生产1辆汽车的机会成本是多少?加拿大生产1蒲式耳小麦的机会成本是多少?解释这两种物品的机会成本之间的关系。
   b. 画出加拿大的生产可能性边界。如果加拿大选择消费1000万辆汽车,没有贸易时它可以消费多少小麦?在生产可能性边界上标出这一点。
   c. 现在假设美国计划从加拿大购买1000万辆汽车,每辆汽车用20蒲式耳小麦交换。如果加拿大继续消费1000万辆汽车,这种交易使加拿大可以消费多少小麦?在你的图上标出这一点。加拿大应该接受这笔交易吗?

【解答】
   a. 因为一个加拿大工人一年能生产2辆汽车或30蒲式耳小麦,因此生产1辆汽车的机会成本是 15 蒲式耳小麦。同理,生产 1 蒲式耳小麦的机会成本是 1/15 辆汽车。这两种物品的机会成本互为倒数。

b. 见图 4。如果 1 000 万个工人每人每年生产 2 辆汽车,他们将总共生产 2 000 万辆汽车,这就是生产可能性边界在纵轴上的截距。如果 1 000 万个工人每人每年生产 30 蒲式耳小麦,他们将总共生产 3 亿蒲式耳小麦,这就是生产可能性边界在横轴上的截距。因为汽车和小麦的交换比率总是一样的,所以生产可能性边界是一条直线。

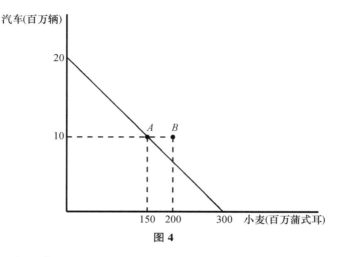

图 4

如果加拿大选择消费 1 000 万辆汽车,这将需要 500 万个工人投入汽车的生产当中。然后让剩下的 500 万个工人去生产小麦,总共将会生产出 1.5 亿蒲式耳小麦(500 万个工人乘以每个工人生产 30 蒲式耳小麦),用图 4 中的 A 点表示。

c. 如果美国从加拿大购买 1 000 万辆汽车,加拿大继续消费 1 000 万辆汽车,那么加拿大将总共需要生产 2 000 万辆汽车,因此加拿大将会在生产可能性边界的纵轴截距上生产。然而,如果加拿大每辆汽车能换回 20 蒲式耳小麦,它将能够消费 2 亿蒲式耳小麦和 1 000 万辆汽车,用图 4 中的 B 点表示。加拿大会接受这笔交易,因为它不但能消费与之前一样数量的汽车,而且还能额外消费 5 000 万蒲式耳小麦。

5. 英格兰和苏格兰都生产烤饼和毛衣。假设一个英格兰工人每小时能生产 50 个烤饼或 1 件毛衣。假设一个苏格兰工人每小时能生产 40 个烤饼或 2 件毛衣。

 a. 在每种物品的生产上,哪个国家有绝对优势?哪个国家有比较优势?

 b. 如果英格兰和苏格兰决定进行贸易,苏格兰将用哪种物品与英格兰交易?解释原因。

 c. 如果一个苏格兰工人每小时只能生产 1 件毛衣,苏格兰仍然能从贸易中得到好处吗?英格兰仍然能从贸易中得到好处吗?解释原因。

【解答】

 a. 英格兰工人在生产烤饼上具有绝对优势,因为英格兰工人在单位时间内能生产更多的烤饼(50 个,相比于苏格兰工人的 40 个)。苏格兰工人在生产毛衣上具有绝对优势,因为苏格兰工人在单位时间内能生产更多的毛衣(2 件,相比于英格兰工人的 1 件)。比较优势也是如此。英格兰工人在生产烤饼上具有比较优势,因为英格兰工人生产 1 个烤饼的机会成本是 1/50 件毛衣(每小时生产 1 件毛衣除以每小时生产 50 个烤饼),而苏格兰工人生产 1 个烤饼的机会成本是 1/20 件毛衣(每小时生产 2 件毛衣除以每小时生产 40 个烤饼)。苏格兰工人在生产毛衣上具有比较优势,因为苏格兰工人生产 1 件毛衣的机会成本是 20 个烤饼(每小时生产 40 个烤饼除以每小时生产 2 件毛衣),而英格兰工人生产 1 件毛衣的机会成本是 50 个烤饼(每小时生产 50 个烤饼除以每小时生产 1 件毛衣)。

b. 如果英格兰和苏格兰决定进行贸易,那么苏格兰就会生产毛衣,而英格兰则会生产烤饼,然后进行交换。在贸易中,每件毛衣的价格在 20~50 个烤饼将使双方受益,因为与它们在本国生产的机会成本相比,进行贸易的价格更低。

c. 即使一个苏格兰工人每小时只能生产 1 件毛衣,苏格兰仍然能从贸易中得到好处,这是因为苏格兰在生产毛衣上仍然具有比较优势。虽然苏格兰生产毛衣的机会成本比起之前变高了(现在为每件毛衣 40 个烤饼,之前为每件毛衣 20 个烤饼),但是英格兰仍能从贸易中得到好处,这是因为英格兰有更高的机会成本(每件毛衣 50 个烤饼)。

6. 下表描述了 Baseballia 国两个城市的生产可能性:

	一个工人每小时生产的红袜子量(双)	一个工人每小时生产的白袜子量(双)
波士顿	3	3
芝加哥	2	1

a. 没有贸易时,波士顿 1 双白袜子的价格(用红袜子表示)是多少?芝加哥 1 双白袜子的价格是多少?
b. 在每种颜色的袜子的生产上,哪个城市有绝对优势?哪个城市有比较优势?
c. 如果这两个城市进行贸易,两个城市将分别出口哪种颜色的袜子?
d. 可以进行交易的价格范围是多少?

【解答】

a. 在没有进行交易时,在波士顿,1 双白袜子的价格等于 1 双红袜子的价格,这是因为两种袜子的生产率是相同的。然而在芝加哥,1 双白袜子的价格等于 2 双红袜子的价格。

b. 波士顿在两种袜子的生产上都具有绝对优势,因为每个波士顿工人(每小时生产 3 双袜子)比每个芝加哥工人(每小时生产 2 双红袜子或 1 双白袜子)能生产更多的袜子。芝加哥在生产红袜子上具有比较优势,因为在芝加哥生产 1 双红袜子的机会成本是 1/2 双白袜子,而在波士顿生产 1 双红袜子的机会成本是 1 双白袜子。波士顿在生产白袜子上具有比较优势,因为在波士顿生产 1 双白袜子的机会成本是 1 双红袜子,而在芝加哥生产 1 双白袜子的机会成本是 2 双红袜子。

c. 如果波士顿和芝加哥进行贸易,那么波士顿将会出口白袜子,因为波士顿在生产白袜子方面有比较优势,而芝加哥则会出口红袜子,因为芝加哥在生产红袜子方面有比较优势。

d. 可以进行交易的价格范围为:1 双白袜子交换 1~2 双红袜子。如果 1 双白袜子的价格低于 1 双红袜子的价格,波士顿将会选择自己生产红袜子(1 双红袜子的生产成本为 1 双白袜子)而不是从芝加哥购买。同样,如果 1 双白袜子的价格高于 2 双红袜子的价格,芝加哥将会选择自己生产白袜子(1 双白袜子的生产成本为 2 双红袜子)而不是从波士顿购买。

7. 一个德国工人生产一辆汽车需要 400 小时,而生产一箱红酒需要 2 小时。一个法国工人生产一辆汽车需要600小时,而生产一箱红酒需要 x 小时。

a. 要从可能的贸易中得到好处,x 的值应该是多少?解释原因。

b. x 的值多大时德国会出口汽车,进口红酒?解释原因。

【解答】

a. 当 $x \neq 3$ 时,两国就有可能从贸易中受益。因为当存在比较优势时,才有可能从贸易中受益。在德国生产1辆汽车的机会成本是200箱红酒(400小时除以每箱红酒2小时)。同样,在德国生产1箱红酒的机会成本是1/200辆汽车。当 $x=3$ 时,在法国生产1辆汽车的机会成本是200箱红酒(600小时除以每箱红酒3小时)。在这种情况下,两个国家都不具有比较优势。当 x 取其他值时,比较优势才会存在。

b. 当 $x<3$ 时,德国会出口汽车而进口红酒。如果德国要出口汽车,那么它必须在汽车生产上具有比较优势,而法国则在生产红酒上具有比较优势。这种情况只有德国在汽车生产方面比法国具有更小的机会成本时才会发生。我们知道,在德国生产1辆汽车的机会成本是200箱红酒。当 $x<3$ 时,在法国生产1辆汽车的机会成本大于200箱红酒。例如,当 $x=2$ 时,在法国生产1辆汽车的机会成本是300箱红酒(600小时除以每箱红酒2小时)。因此,当 $x<3$ 时,德国在汽车生产上具有比较优势,所以它会选择出口汽车和进口红酒。

8. 假设一个美国工人每年能生产100件衬衣或20台电脑,而一个中国工人每年能生产100件衬衣或10台电脑。

a. 画出这两个国家的生产可能性边界。假设没有贸易时,两个国家的工人各用一半时间生产两种物品。在你的图上标出这一点。

b. 如果这两个国家进行贸易,哪个国家将出口衬衣?举出一个具体的数字的例子,并在你的图上标出。哪个国家将从贸易中获益?解释原因。

c. 解释两国可能交易的电脑价格(用衬衣衡量)是多少。

d. 假设中国的生产率赶上了美国,因此,一个中国工人每年可以生产100件衬衣或20台电脑。你预计这时的贸易形式会是什么样的?中国生产率的这种进步将如何影响两国居民的经济福利?

【解答】

a. 两国的生产可能性边界如图5所示。没有贸易时,一个美国工人各用一半的时间生产两种物品,将会生产出50件衬衣和10台电脑。没有贸易时,一个中国工人各用一半的时间生产两种物品,将会生产出50件衬衣和5台电脑。

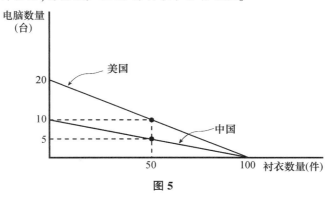

图5

b. 中国将会出口衬衣,因为中国生产衬衣的机会成本更低。对于中国来说,1 件衬衣的机会成本是 1/10 台电脑。对于美国来说,1 件衬衣的机会成本则是 1/5 台电脑。因此,中国在生产衬衣上有比较优势,而美国在生产电脑上有比较优势。

1 件衬衣的价格范围为 1/10～1/5 台电脑。例如,1 件衬衣的价格是 1 台电脑价格的 1/7。假设中国只生产衬衣(100 件衬衣),出口了 50 件衬衣交换 7.14 台电脑(50/7≈7.14)。这种贸易使得中国比起贸易前的状况(50 件衬衣和 5 台电脑)变得更好。美国也从贸易中受益。如果美国只生产电脑(20 台电脑),用 7.14 台电脑和中国交换 50 件衬衣,那么美国将会有 12.86 台电脑和 50 件衬衣,比贸易前的状况(10 台电脑和 50 件衬衣)变得更好。

c. 1 台电脑的价格范围为 5～10 件衬衣。如果 1 台电脑的价格低于 5 件衬衣,那么美国将不愿意出口电脑,因为美国生产 1 件衬衣的机会成本是 1/5 台电脑。如果 1 台电脑的价格高于 10 件衬衣,那么中国将不愿意进口电脑,因为中国生产 1 台电脑的机会成本是 10 件衬衣。

d. 一旦两国之间的生产率相同,那么两国之间的贸易获益就消失了。从贸易中获益是因为它允许各国利用存在的比较优势。如果中国和美国生产衬衣与电脑的机会成本相同,那么双方将不会从贸易中受益。

9. 下列表述正确还是错误?分别做出解释。
   a. "即使一国在生产所有物品上都有绝对优势,两国也能从贸易中得到好处。"
   b. "某些极有才能的人在做每一件事情上都有比较优势。"
   c. "如果某种贸易能给某个人带来好处,那么它就不会也给另一个人带来好处。"
   d. "如果某种贸易对一个人是好事,那么它对另一个人也总是好事。"
   e. "如果贸易能给某个国家带来好处,那么它一定能给该国的每一个人都带来好处。"

【解答】
   a. 正确。两个国家都能从贸易中得到好处,即使其中一个国家在生产所有物品上都有绝对优势。其必要条件是每个国家都有生产某种物品的比较优势。
   b. 错误。没有人在任何事情上都有比较优势。比较优势表示的是一种物品或活动以另一种物品或活动计算的机会成本。如果你在某件事上有比较优势,那么你在其他事情上一定会有比较劣势。
   c. 错误。贸易能给双方带来好处——特别是基于比较优势的贸易。如果双方都不能获益,贸易就不会发生。
   d. 错误。某种贸易要对双方都有好处,贸易价格必须在双方的机会成本之间。
   e. 错误。贸易在提高整个国家福利水平的同时,也可能伤害到这个国家的某些个体的利益。例如,假设一个国家在生产小麦上有比较优势,而在生产汽车上有比较劣势。出口小麦、进口汽车将会提高整个国家的福利水平,因为它将使整个国家消费更多的物品。然而,贸易的出现很可能会损害国内汽车行业的工人和企业的利益。

第 4 章
供给与需求的市场力量

学习目标

在本章中,学生应理解
- 什么是竞争市场;
- 在一个竞争市场中是什么决定一种物品的需求;
- 在一个竞争市场中是什么决定一种物品的供给;
- 供给和需求如何共同决定一种物品的价格与销量;
- 市场经济中价格在稀缺资源配置过程中的关键性作用。

框架和目的

第 4 章是论述供给与需求以及市场如何运行的三章中的第一章。第 4 章说明一种物品的供给和需求如何决定该物品的产量与销售价格。第 5 章通过介绍弹性——供给量和需求量对经济变量变动的敏感性——的概念来提高我们对供给和需求讨论的精确性。第 6 章将分析政府政策对市场上价格和数量的影响。

第 4 章的目的是建立供求模型。供求模型是我们在教科书中其他部分讨论的基础。因此,花在学习这一章中的概念上的时间将为你在经济学的整个学习过程中带来收益。许多教师都认为,这一章是教科书中最重要的一章。

内容提要

- 经济学家用供求模型来分析竞争市场。在竞争市场上,有许多买者和卖者,他们每个人对市场价格的影响很小,甚至没有影响。
- 需求曲线表示价格如何决定一种物品的需求量。根据需求定理,随着一种物品价格的下降,其需求量增加。因此,需求曲线向右下方倾斜。
- 除了价格,决定消费者想购买多少物品的其他因素包括收入、替代品和互补品的价格、爱好、预期和买者的数量。如果这些因素中的一种改变了,那么需求曲线就会移动。
- 供给曲线表示价格如何决定一种物品的供给量。根据供给定理,随着一种物品价格的上升,其供给量增加。因此,供给曲线向右上方倾斜。
- 除了价格,决定生产者想出售多少物品的其他因素包括投入品价格、技术、预期和卖者的数量。如果这些因素中的一种改变了,那么供给曲线就会移动。

- 供给曲线与需求曲线的交点决定了市场均衡。当价格为均衡价格时,需求量等于供给量。
- 买者与卖者的行为会自然而然地使市场趋向于均衡。当市场价格高于均衡价格时,存在物品的过剩,引起市场价格下降。当市场价格低于均衡价格时,存在物品的短缺,引起市场价格上升。
- 为了分析某个事件如何影响一个市场,我们用供求图来考察该事件对均衡价格和均衡数量的影响。我们遵循三个步骤进行:第一,确定该事件是使供给曲线移动,还是使需求曲线移动(还是使两者都移动)。第二,确定曲线移动的方向。第三,比较新均衡与原来的均衡。
- 在市场经济中,价格是引导经济决策从而配置稀缺资源的信号。对于经济中的每一种物品来说,价格确保供给与需求达到平衡。均衡价格决定了买者选择购买多少这种物品,以及卖者选择生产多少这种物品。

教材习题解答

即问即答

1. - 什么是市场?
   - 一个完全竞争的市场具有哪些特征?

   【解答】
   - 市场是某种特定物品和服务的买方(决定需求)与卖方(决定供给)。
   - 完全竞争市场具有的特征是:市场上有无数的买者与卖者,物品完全无差别,因此任何一个买者或卖者对市场价格的影响都是微不足道的。

2. 编出一个比萨饼月需求表的例子,并画出隐含的需求曲线。举出一个将使这条需求曲线移动的因素的例子,并简要解释你的推理。比萨饼价格的变动会使这条需求曲线移动吗?

   【解答】
   比萨饼的月需求表如下:

比萨饼的价格(美元)	比萨饼的需求量(个)
0.00	10
0.25	9
0.50	8
0.75	7
1.00	6
1.25	5
1.50	4
1.75	3
2.00	2
2.25	1
2.50	0

比萨饼的需求曲线如图1所示：

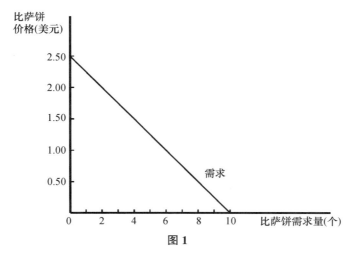

图 1

引起需求曲线移动的因素有很多,比如收入、相关物品(如苏打水和热狗)的价格、口味、对未来收入或价格的预期、买者的数量。

比萨饼价格的改变不会引起需求曲线的移动,只会引起在同一条曲线上从一个点到另一个点的变动。

3. 编出一个比萨饼月供给表的例子,并画出隐含的供给曲线。举出一个将使这条供给曲线移动的因素的例子,并简要解释你的推理。比萨饼价格的变动会使这条供给曲线移动吗?

【解答】

比萨饼的月供给表如下:

比萨饼的价格(美元)	比萨饼的供给量(个)
0.00	0
0.25	100
0.50	200
0.75	300
1.00	400
1.25	500
1.50	600
1.75	700
2.00	800
2.25	900
2.50	1 000

比萨饼的供给曲线如图2所示。

引起供给曲线移动的因素有很多,比如投入品(如番茄酱和奶酪)价格的变化、技术的改变

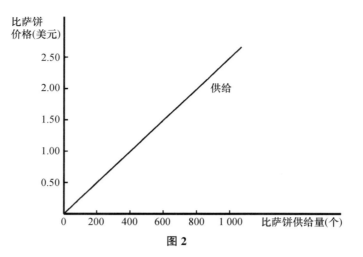

图 2

(如效率更高的比萨饼烤箱或自动拌面机)、对未来比萨饼价格预期的改变和卖者数量的改变。

比萨饼价格的改变不会引起供给曲线的移动,只会引起在供给曲线上一点到另一点的变动。

4. ● 用供求图分析,如果西红柿价格上升,比萨饼市场会发生什么变动。
   ● 用供求图分析,如果汉堡包价格下降,比萨饼市场会发生什么变动。

【解答】
   ● 如果西红柿的价格上升,那么比萨饼的供给曲线就会向左移动,因为投入品价格上升增加了生产比萨饼的成本,但是需求曲线不会移动。供给曲线向左移动会引起均衡价格的上升和均衡数量的下降,如图3所示。

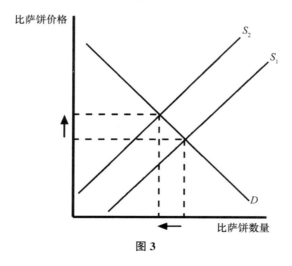

图 3

   ● 如果汉堡包的价格下降,那么比萨饼的需求曲线就会向左移动,因为汉堡包较低的价格会导致人们买更多的汉堡包和更少的比萨饼,但是供给曲线不会移动。需求曲线向左移动会导致均衡价格和均衡数量的下降,如图4所示。

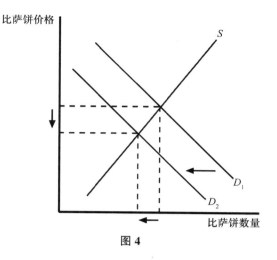

图 4

快速单选

1. 以下哪一种变动不会使汉堡包的需求曲线移动？
   a. 热狗的价格。
   b. 汉堡包的价格。
   c. 汉堡包面包的价格。
   d. 汉堡包消费者的收入。

2. _____增加将引起沿着既定需求曲线的变动，这种变动被称为_____的变动。
   a. 供给，需求
   b. 供给，需求量
   c. 需求，供给
   d. 需求，供给量

3. 电影票和电影视频服务是替代品。如果电影视频服务的价格上升，电影票市场会发生什么变动？
   a. 供给曲线向左移动。
   b. 供给曲线向右移动。
   c. 需求曲线向左移动。
   d. 需求曲线向右移动。

4. 发现新的大油田将使汽油的_____曲线移动，引起均衡价格_____。
   a. 供给，上升
   b. 供给，下降
   c. 需求，上升
   d. 需求，下降

5. 如果经济进入衰退而且收入下降，低档物品市场会发生什么变动？
   a. 价格和数量都提高。
   b. 价格和数量都下降。
   c. 价格提高，数量下降。

d. 价格下降，数量提高。
6. 以下哪一种情况会引起果酱的均衡价格上升和均衡数量减少？
   a. 作为果酱互补品的花生酱的价格上升。
   b. 作为果酱替代品的棉花软糖的价格上升。
   c. 作为果酱投入品的葡萄的价格上升。
   d. 在果酱作为正常物品时，消费者的收入增加。

【答案】 1. b 2. b 3. d 4. b 5. a 6. c

复习题

1. 什么是竞争市场？简单描述一种不是完全竞争的市场。

   【解答】
   完全竞争市场的特征是：具有无数买者和卖者，物品完全无差别，每个买者和卖者对市场价格的影响都是微不足道的。另一种市场类型是完全垄断市场，其中只存在一个卖者。在完全垄断市场和完全竞争市场之间还有其他市场类型。

2. 什么是需求表和需求曲线？它们之间是什么关系？为什么需求曲线向右下方倾斜？

   【解答】
   需求表表示的是物品价格与需求量之间的关系。需求曲线是关于物品价格和数量之间关系的一条向下倾斜的直线。需求曲线与需求表是相关联的，因为需求曲线只是将需求表中的所有点用图形表示出来。

   需求曲线向下倾斜是因为需求定理——在其他条件相同的情况下，当物品的价格上升时，其需求量就会下降。当物品的价格上升时人们就会买更少的这种物品，是因为他们买不起与之前同样数量的该物品，或者转而购买了其他物品。

3. 消费者爱好的变化引起沿着需求曲线的变动，还是需求曲线的移动？价格的变化引起沿着需求曲线的变动，还是需求曲线的移动？请解释。

   【解答】
   消费者爱好的改变会导致需求曲线的移动。如果消费者爱好的改变增加了其对物品的需求，那么消费者就会在每一个价格水平上想要购买更多的这类物品。价格的改变导致沿着需求曲线的变动。因为价格用纵轴表示，价格的改变表示沿着需求曲线的变动。

4. Harry的收入减少了，结果他买了更多的南瓜汁。南瓜汁是低档物品，还是正常物品？Harry的南瓜汁需求曲线会发生什么变化？

   【解答】
   因为当Harry的收入下降时，他会购买更多的南瓜汁，所以南瓜汁对他来说是低档物品。由于收入减少，他对南瓜汁的需求曲线向右移动。

5. 什么是供给表和供给曲线？它们之间是什么关系？为什么供给曲线向右上方倾斜？

   【解答】
   供给表表示的是物品的价格和生产者愿意并且能够提供的物品数量之间的关系。供给曲线是一条关于物品价格和供给量之间关系的向上倾斜的曲线。供给表和供给曲线是相关联的，因为供给曲线只是将供给表中的所有点用图形表示出来。

   供给曲线向右上方倾斜是因为当物品价格上升时，供给者的利润就会增加，他们就会向市场提供更多的产品。其结果就是供给定理——在其他条件相同的情况下,当物品的价格上升时,物品的供给量也会增加。

6. 生产者技术的变化引起沿着供给曲线的变动,还是供给曲线的移动?价格的变化引起沿着供给曲线的变动,还是供给曲线的移动?

【解答】
生产者技术的变化会引起供给曲线的移动。价格的变化会引起沿着供给曲线的变动。

7. 给市场均衡下定义。描述使市场向均衡变动的力量。

【解答】
市场均衡就是需求量正好等于供给量的点。如果价格高于均衡价格,那么卖者想卖的数量就比买者想买的数量更多,物品存在剩余。卖者会通过降低价格增加他们的销售,直到达到均衡价格。当价格低于均衡价格时,买者想买的数量比卖者想卖的数量多,物品存在短缺。卖者会在不减少买者的前提下提高价格,直到达到均衡价格。

8. 啤酒与比萨饼是互补品,因为人们常常边吃比萨饼、边喝啤酒。当啤酒价格上升时,比萨饼市场的供给、需求、供给量、需求量以及价格会发生什么变动?

【解答】
当啤酒的价格上升时,比萨饼的需求就会下降,因为啤酒和比萨饼是互补品,而人们想买更少的啤酒。当比萨饼的需求下降时,其需求曲线就会向左移动,如图5所示。比萨饼的供给曲线不会受影响。随着需求曲线的向左移动,均衡价格和均衡数量都下降了,如图5所示,比萨饼的供给量和需求量都下降了。因此,比萨饼市场的供给不变,需求下降,需求量和供给量下降,价格下降。

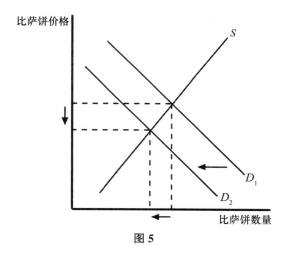

图5

9. 描述市场经济中价格的作用。

【解答】
价格在经济市场中扮演着重要的角色,它能让市场处于均衡状态。如果价格偏离均衡价格,供给量与需求量是不相等的。由此导致的剩余或短缺会使供给者去调整价格,直到回到均衡状态。因此,价格是指导经济决策和配置稀缺资源的信号。

问题与应用

1. 用供求图分别解释以下表述：
   a. "当寒流袭击佛罗里达时，全国超市中的橙汁价格都上升。"
   b. "当每年夏天新英格兰地区天气变暖时，加勒比地区旅馆房间的价格直线下降。"
   c. "当中东爆发战争时，汽油价格上升，而二手凯迪拉克车的价格下降。"

   【解答】
   a. 寒流破坏了橙子作物，减少了橙子的产量，提高了橙子的价格。由于橙子是橙汁最重要的投入品，这减少了橙汁的供给量。从图6可以看出，橙汁的供给曲线向左移动，新的均衡价格比之前的均衡价格要高。

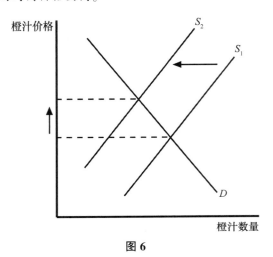

图 6

   b. 为了躲避寒冷的天气，人们经常从新英格兰来加勒比地区旅游，以至于冬天加勒比地区旅馆的需求高。而夏天很少有人来加勒比地区旅游，因为北方气候更宜人。从图7可以看出，结果是需求曲线向左移动，夏天加勒比地区旅馆房间的均衡价格比冬天要低。

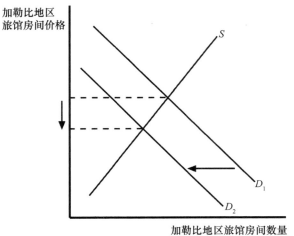

图 7

c. 当中东地区爆发战争时,很多市场都会受到影响。因为很大比例的石油产量来自中东地区,而战争会破坏石油的供给,使得汽油的供给曲线向左移动,如图8所示。结果是汽油的均衡价格上升。随着汽油价格的上升,耗油的汽车(比如二手凯迪拉克)的行驶成本上升。因此,对二手凯迪拉克车的需求就会减少,汽车市场中的人们就会发现凯迪拉克车不像以前那样具有吸引力。并且,一些本来已经拥有凯迪拉克的人会尝试去卖掉它们。结果是二手凯迪拉克车的需求曲线向左移动,供给曲线向右移动,如图9所示。最终二手凯迪拉克车的均衡价格比原来有所降低。

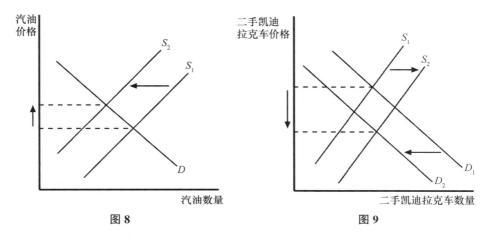

图 8　　　　　　　　　　　图 9

2. "对练习本需求的增加提高了练习本的需求量,但没有提高练习本的供给量。"这句话是对还是错?解释原因。

【解答】
这个说法是错误的。如图10所示,在均衡时,练习本需求的增加会导致练习本的需求量和供给量都上升。

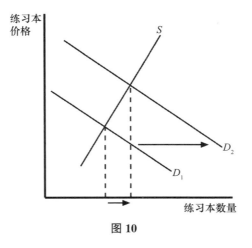

图 10

3. 考虑家用旅行车市场。根据下面所列的事件,分别指出哪一种需求或供给的决定因素将受到影响。同时还要指出,需求或供给是增加了,还是减少了。然后画图说明该事件对家用旅行车价格和数量的影响。

a. 人们决定多生孩子。
b. 钢铁工人罢工,致使钢材价格上涨。
c. 工程师开发出用于家用旅行车生产的新的自动化机器。
d. 运动型多功能车价格上升。
e. 股市崩溃减少了人们的财产。

【解答】

a. 如果人们决定要更多的孩子,就会希望有更大的交通工具来带孩子外出,所以,对家用旅行车的需求就会增加。但是供给不会受到影响。结果是家用旅行车的均衡数量和均衡价格都会上升,如图 11 所示。

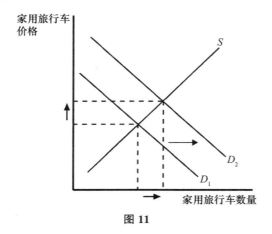

图 11

b. 如果钢铁工人的罢工使得钢材的价格有所上升,生产家用旅行车的成本将会上升,家用旅行车的供给会下降,需求不受影响。结果是家用旅行车的均衡价格上升,均衡数量下降,如图 12 所示。

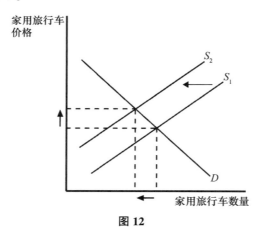

图 12

c. 新的自动化机器的开发对于家用旅行车的生产来说是一个科技上的进步。这能降低企业的生产成本,使得家用旅行车的供给上升,需求不受影响。结果是家用旅行车的均衡价格降低,均衡数量上升,如图 13 所示。

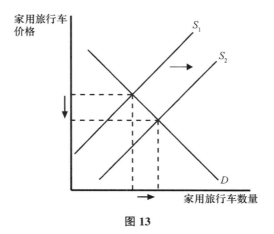

图 13

d. 运动型多功能车价格的上升会影响对家用旅行车的需求,因为它是家用旅行车的替代品。结果是对家用旅行车的需求增加,供给不受影响。家用旅行车的均衡数量和均衡价格都会上升,如图 11 所示。

e. 股市崩溃导致人们所拥有的财富减少,从而导致他们的收入减少,也会导致对家用旅行车的需求减少,因为家用旅行车是一种正常物品。供给不受影响。因此,家用旅行车的均衡价格和均衡数量都会下降,如图 14 所示。

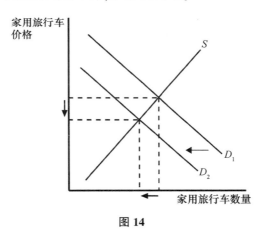

图 14

4. 考虑电影视频服务、电视和电影院门票市场。
    a. 对每一对物品,确定它们是互补品还是替代品:
        - 电影视频服务和电视机
        - 电影视频服务和电影票
        - 电视机和电影票
    b. 假设技术进步降低了制造电视机的成本。画一个图说明电视机市场会发生什么变动。
    c. 再画两个图说明电视机市场的变动如何影响电影视频服务市场和电影票市场。

【解答】
a. 电影视频服务和电视机有可能成为互补品,因为没有电视机就无法观看电影视频服务。电影视频服务和电影票有可能是替代品,因为你既可以在家,也可以在电影院观看电影。同样的道理,电视机和电影票也是替代品。
b. 技术进步会使得生产电视机的成本下降,从而使得电视机的供给曲线向右移动。需求曲线不发生变动。这样会导致电视机的均衡价格有所下降,均衡数量上升,如图 15 所示。

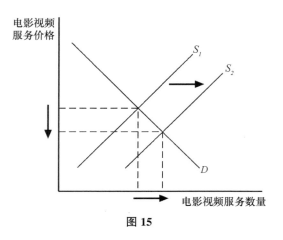

图 15

c. 电视机的价格降低会导致对电影视频服务的需求增加,因为电影视频服务和电视机是互补品。电影视频服务需求上升会导致电影视频服务的均衡数量和均衡价格都上升,如图 16 所示。电视机价格的降低会使得对电影票的需求下降,因为两者是替代品。电影票需求的下降会导致电影票的均衡价格和均衡数量都下降,如图 17 所示。

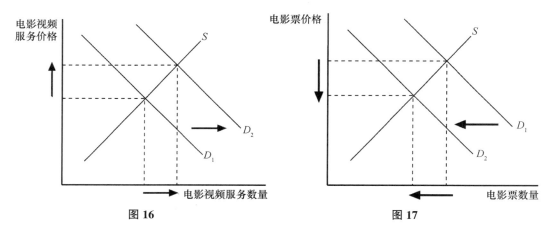

图 16　　　　　　　　　　　　图 17

5. 过去 40 年间,技术进步降低了电脑芯片的成本。你认为这会对电脑市场产生怎样的影响?对电脑软件呢?对打字机呢?
【解答】
技术的进步使得生产电脑芯片的成本降低了,从而生产电脑的成本也降低了。结果是电脑的供给曲线向右移动,如图18所示。均衡价格降低了,均衡数量却上升了。

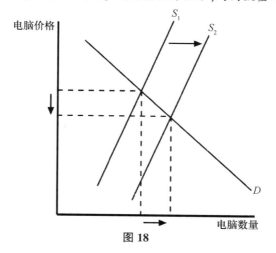
图18

由于软件是电脑的互补品,更低的电脑均衡价格带来对软件的更大需求。如图19所示,结果是软件的均衡价格和均衡数量同时上升。

由于电脑是打字机的替代品,电脑均衡价格的下降带来对打字机的需求下降。如图20所示,结果是打字机的均衡价格和均衡数量同时下降。

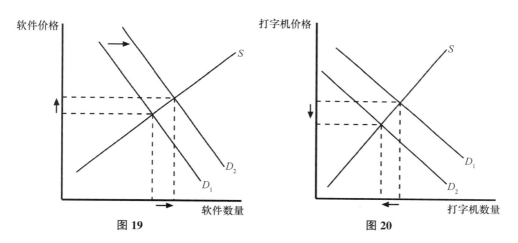
图19　　　　图20

6. 运用供求图说明下列事件对运动衫市场的影响。
   a. 南卡罗来纳州的飓风损害了棉花作物。
   b. 皮夹克价格下降。
   c. 所有大学都要求学生穿合适的服装做早操。
   d. 新织布机被发明出来。
   【解答】
   a. 当飓风袭击南卡罗来纳州,破坏了当地的棉花作物时,生产运动衫的成本就会上升,结果是运动衫的供给曲线向左移动,如图21所示。新的运动衫的均衡价格会更高并且均衡数量会下降。

b. 皮夹克价格下降会导致更多的人买皮夹克,并降低对运动衫的需求。结果是运动衫的均衡价格和均衡数量都下降了,如图 22 所示。

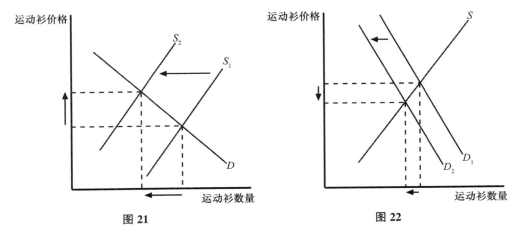

图 21　　　　　　　　　　　　图 22

c. 大学要求学生做早操时穿合适的运动服装,这会导致对运动衫需求的增加,如图 23 所示。结果是运动衫的均衡价格和均衡数量的同步上升。

d. 新织布机的发明会提高运动衫的产量。结果是运动衫均衡价格的下降和均衡数量的上升,如图 24 所示。

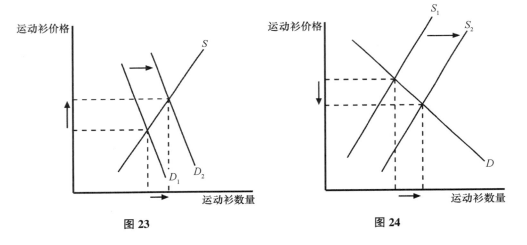

图 23　　　　　　　　　　　　图 24

7. 番茄酱是热狗的互补品(以及调味品)。如果热狗价格上升,那么番茄酱市场会发生什么变动？番茄市场呢？番茄汁市场呢？橙汁市场呢？

【解答】
番茄酱是热狗的互补品。因此,当热狗的价格上升时,热狗的需求量会相应下降,这也会导致番茄酱需求量的下降。最终的结果会是番茄酱的均衡价格和均衡数量同时下降。番茄酱的数量下降会导致番茄的需求量同步下降,所以番茄的均衡数量和均衡价格下降。而番茄的价格下降会导致生产番茄汁的成本下降,于是番茄汁的供给曲线向外移动,导致番茄汁的均衡价格下降,均衡数量上升。番茄汁的价格下降又会使得人们更多地用番茄汁来代替橙汁,橙汁的需求量相应下降,导致橙汁的均衡价格和均衡数量同步下降。现在你可以清楚地知道为什么热狗价格的上升会相应地导致橙汁价格的下降!

8. 比萨饼市场的需求与供给表如下:

价格(美元)	需求量(个)	供给量(个)
4	135	26
5	104	53
6	81	81
7	68	98
8	53	110
9	39	121

a. 画出需求曲线与供给曲线。该市场上的均衡价格和均衡数量是多少?
b. 如果该市场上实际价格高于均衡价格,什么会使市场趋向于均衡?
c. 如果该市场上实际价格低于均衡价格,什么会使市场趋向于均衡?

【解答】
a. 当比萨饼的价格在 6 美元,数量在 81 个时,比萨饼的供给量和需求量相等,如图 25 所示。

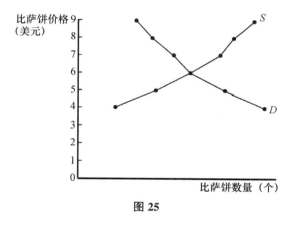

图 25

b. 如果价格高于 6 美元,供给量会大于需求量,所以供应商会通过降价的方式来提升销量。
c. 如果价格低于 6 美元,需求量会大于供给量,所以供应商可以在不影响销量的情况下涨价。
  在 b 和 c 两种情况下,价格都会持续调整,直至达到 6 美元,只有在这个价格水平下才不存在剩余或短缺。

9. 考虑以下事件:科学家发现,多吃橙子可以降低患糖尿病的风险;同时农民用了新的肥料,提高了橙子的产量。说明并解释这些变化对橙子的均衡价格和均衡数量有什么影响。

【解答】

吃橙子有益健康的新闻会导致对橙子的需求增加,从而使橙子的均衡价格和均衡数量都上升。如果农民使用新的肥料使得橙子树更加多产,橙子的供给量就会上升,导致均衡价格的下降和均衡数量的上升。如果两者同时发生,均衡数量必然上升,但是均衡价格的升降是不确定的。

10. 因为百吉圈与奶酪通常一起食用,所以它们是互补品。
    a. 我们观察到奶酪的均衡价格与百吉圈的均衡数量同时上升。什么因素会引起这种变动——是面粉价格下降,还是牛奶价格下降? 说明并解释你的答案。
    b. 再假设奶酪的均衡价格上升了,但百吉圈的均衡数量减少了。什么因素会引起这种变动——是面粉价格上升,还是牛奶价格上升? 说明并解释你的答案。

【解答】

a. 面粉是制作百吉圈的原料,面粉价格的下跌导致百吉圈的供给曲线向右移动。结果如图 26 所示,百吉圈的均衡价格下降,均衡数量却上升了。

因为奶酪是百吉圈的互补品,所以百吉圈均衡价格的下降导致对奶酪的需求增加,如图 27 所示。结果是奶酪的均衡价格和均衡数量都上升。

所以,面粉价格的下跌实际上导致了奶酪均衡价格和百吉圈均衡数量的上升。

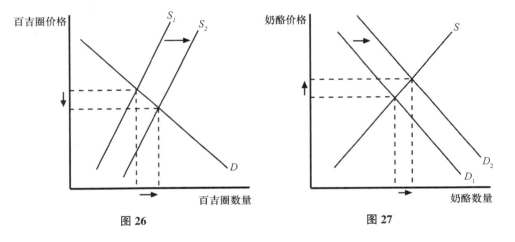

图 26　　　　　　　　　　图 27

如果牛奶的价格下降了会发生什么呢? 因为牛奶是制作奶酪的原料,所以牛奶价格的下降导致奶酪供给量的上升。这会导致奶酪价格的下降,而不是奶酪价格的上升,如图 28 所示。所以牛奶价格的下降并不是题干中所述现象的原因。

b. 在 a 部分,我们可以发现,面粉价格的下跌在导致奶酪均衡价格上涨的同时,也会导致百吉圈均衡数量的上升。如果面粉价格上升,那么导致的结果是相反的:它将会导致奶酪均衡价格和百吉圈均衡数量的下降。因为题干中已经说了奶酪的均衡价格上升了,因此不会是面粉价格上涨导致的。

如果牛奶价格上升了会发生什么呢? 从 a 部分,我们可以发现,牛奶价格的下降会导致奶酪价格的下降,因此牛奶价格的上升也会导致奶酪价格的上升。因为百吉圈和奶酪是互补品,奶酪价格的上升会导致对百吉圈需求的下降,如图 29 所示。结果是百吉圈均衡数量的下降。所以牛奶价格的上升会导致奶酪均衡价格的上升和百吉圈均衡数量的下降。

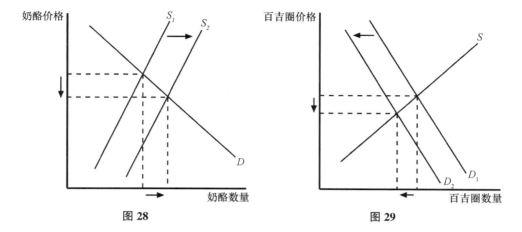

图28　　　　　　　　　图29

11. 假设你们大学里篮球票的价格是由市场力量决定的。现在,需求与供给表如下:

价格(美元)	需求量(张)	供给量(张)
4	10 000	8 000
8	8 000	8 000
12	6 000	8 000
16	4 000	8 000
20	2 000	8 000

a. 画出需求曲线和供给曲线。这条供给曲线有什么不寻常之处？为什么会是这样的？

b. 篮球票的均衡价格和均衡数量是多少？

c. 你们大学明年计划招收5 000名学生。新增的学生对篮球票的需求表如下:

价格(美元)	需求量(张)
4	4 000
8	3 000
12	2 000
16	1 000
20	0

现在把原来的需求表与新生的需求表加在一起,计算整个大学的新需求表。新的均衡价格和均衡数量是多少？

【解答】

a. 如图30所示,供给曲线是垂直的。供给量是一个常量,因为篮球场座位的数量是确定的,不随价格改变。

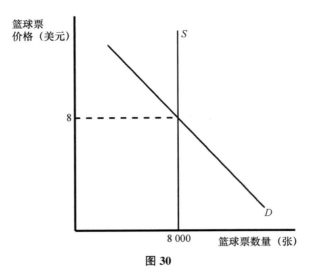

图 30

b. 当价格为 8 美元时,供给量和需求量相等。均衡数量是 8 000 张票。

c. 如下表所示,当新的均衡价格为 12 美元时,供给量和需求量相等。均衡数量仍然是 8 000 张票。

价格(美元)	需求量(张)	供给量(张)
4	14 000	8 000
8	11 000	8 000
12	8 000	8 000
16	5 000	8 000
20	2 000	8 000

第5章
弹性及其应用

学习目标

在本章中，学生应理解

- 需求弹性的含义；
- 决定需求弹性的因素是什么；
- 供给弹性的含义；
- 决定供给弹性的因素是什么；
- 在三种完全不同的市场（小麦市场、石油市场和非法毒品市场）上运用弹性的概念。

框架和目的

第 5 章是论述供给与需求以及市场如何运行的三章中的第二章。第 4 章介绍了供给和需求。第 5 章说明买者和卖者对市场状况变动会做出多大反应。第 6 章将分析政府政策对竞争市场的影响。

第 5 章的目的是提高供求模型的精确性。本章我们引入弹性的概念，它衡量买者与卖者对价格和收入这类经济变量变动的反应程度。弹性的概念使我们可以定量观察供给与需求的变动对均衡价格和均衡数量的影响。

内容提要

- 需求价格弹性衡量的是需求量对价格变动的反应程度。如果某种物品可以得到相近的替代品、是奢侈品而不是必需品、市场边界狭窄，或者买者有相当长的时间对价格变动做出反应，那么，这种物品就倾向于更富有弹性。
- 可以用需求量变动百分比除以价格变动百分比来计算需求价格弹性。如果需求量变动比例小于价格变动比例，那么弹性小于 1，就可以说需求缺乏弹性。如果需求量变动比例大于价格变动比例，那么弹性大于 1，就可以说需求富有弹性。
- 总收益，即对一种物品的总支付量，等于该物品的价格乘以销售量。对于缺乏弹性的需求曲线，其总收益与价格变动方向相同；对于富有弹性的需求曲线，其总收益与价格变动方向相反。
- 需求收入弹性衡量的是需求量对消费者收入变动的反应程度。需求的交叉价格弹性衡量一种物品需求量对另一种物品价格变动的反应程度。

- 供给价格弹性衡量的是供给量对价格变动的反应程度。这种弹性往往取决于所考虑的时间长短。在大多数市场上,供给在长期中比在短期中更富有弹性。
- 可以用供给量变动百分比除以价格变动百分比来计算供给价格弹性。如果供给量变动比例小于价格变动比例,那么弹性小于1,就可以说供给缺乏弹性。如果供给量变动比例大于价格变动比例,那么弹性大于1,就可以说供给富有弹性。
- 供求工具可以被运用于许多不同类型的市场。本章运用它们分析了小麦市场、石油市场和非法毒品市场。

教材习题解答

即问即答

1. - 给出需求价格弹性的定义。
   - 解释总收益和需求价格弹性之间的关系。

   【解答】
   - 需求价格弹性衡量的是物品需求量对价格变动的反应程度,等于需求量变动百分比除以价格变动百分比。
   - 当需求缺乏弹性(需求价格弹性小于1)时,物品价格上升会增加总收益,物品价格下降会减少总收益。当需求富有弹性(需求价格弹性大于1)时,物品价格上升会减少总收益,物品价格下降会增加总收益。当需求是单位弹性(需求价格弹性等于1)时,物品价格的变化不会影响总收益。

2. - 说明供给价格弹性的定义。
   - 解释为什么在长期内的供给价格弹性与在短期内不同。

   【解答】
   - 供给价格弹性测量的是物品供给量对价格变动的反应程度,等于供给量变动百分比除以价格变动百分比。
   - 物品的供给价格弹性在长期和短期内不同是因为在短期内,厂商不能改变其生产规模以增加或减少物品的生产。因此,短期内物品的供给量对物品价格变动的反应并不明显。但是从长期来看,厂商可以新建厂房,扩大生产规模,关闭旧的工厂,或者选择进入或退出市场。因此,长期中,物品供给量可以更好地反映物品价格的变化。

3. 一场摧毁了一半农作物的旱灾对农民来说可能是一件好事吗?如果这样的旱灾对农民来说是好事,为什么在未发生旱灾的年头,农民不去摧毁自己的农作物?

   【解答】
   如果对农作物的需求缺乏弹性,则一场摧毁了一半农作物的旱灾对农民(至少那些没有受到旱灾影响的农民)来说可能是一件好事。供给曲线的左移会导致价格上升,如果需求价格弹性小于1,最终会增加农民的总收入。
   在未发生旱灾时,农民不会去摧毁自己的农作物,是因为他是市场价格的接受者。只有当所有的农民一起摧毁他们的部分农作物(比如通过政府的某项计划)时,才能使农民的状况更好。

快速单选

1. 一种没有任何相近替代品的挽救生命的药物将具有_____。
   a. 很小的需求弹性
   b. 很大的需求弹性
   c. 很小的供给弹性
   d. 很大的供给弹性

2. 一种物品的价格从 8 美元上升到 12 美元,需求从 110 单位减少为 90 单位。用中点法计算的弹性是_____。
   a. 1/5
   b. 1/2
   c. 2
   d. 5

3. 向右下方倾斜的线性需求曲线是_____。
   a. 缺乏弹性的
   b. 单位弹性的
   c. 富有弹性的
   d. 在一些点缺乏弹性,在另一些点富有弹性

4. 企业可以在一定时期内进入和退出一个市场意味着在长期中,_____。
   a. 需求曲线更有弹性
   b. 需求曲线更少弹性
   c. 供给曲线更有弹性
   d. 供给曲线更少弹性

5. 如果一种物品的_____,该物品的供给增加将减少生产者得到的总收益。
   a. 需求曲线缺乏弹性
   b. 需求曲线富有弹性
   c. 供给曲线缺乏弹性
   d. 供给曲线富有弹性

6. 随着时间的推移,技术进步增加了消费者的收入并降低了智能手机的价格。如果需求的收入弹性大于_____而且如果需求的价格弹性大于_____,那么这些力量都会增加消费者对智能手机的支出。
   a. 0,0
   b. 0,1
   c. 1,0
   d. 1,1

【答案】 1. a 2. b 3. d 4. c 5. a 6. c

复习题

1. 给需求价格弹性和需求收入弹性下定义。

【解答】

需求价格弹性衡量需求量对价格变化的反应程度。需求收入弹性衡量需求量对消费者收入变化的反应程度。

2. 列出并解释本章中所讨论的决定需求价格弹性的四个因素。

【解答】

决定需求价格弹性的四个因素包括：相似替代品的可得性，物品是必需品还是奢侈品，市场的定义和时间范围。有相似替代品的物品往往富有弹性；奢侈品比必需品的价格弹性更大；市场定义更狭窄的物品的弹性更大；时间越长，需求弹性越大。

3. 如果弹性大于1，需求是富有弹性还是缺乏弹性？如果弹性等于零，需求是完全有弹性还是完全无弹性？

【解答】

弹性大于1意味着需求是富有弹性的，当弹性大于1时，需求量变动百分比大于价格变动百分比。弹性等于零意味着需求是完全无弹性的，此时价格变动不会引起需求量变动。

4. 在一个供求图上标明均衡价格、均衡数量和生产者得到的总收益。

【解答】

图1是供求图，图中显示了均衡价格 P、均衡数量 Q 和生产者获得的总收益。总收益等于均衡价格 P 乘以均衡数量 Q，即图中的矩形面积。

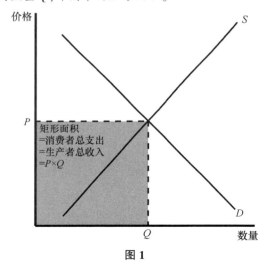

图1

5. 如果需求是富有弹性的，价格上升会如何改变总收益？解释原因。

【解答】

如果需求是富有弹性的，价格上升会减少总收益。由于需求是富有弹性的，需求量的变化比例会大于价格的变化比例，因此，总收益变化和价格变化方向相反，价格上升，总收益下降。

6. 如果一种物品的需求收入弹性小于零，那么我们把这种物品称为什么？

【解答】

需求收入弹性小于零的物品称为低档物品，因为随着收入的增加，对该物品的需求将会减少。

7. 如何计算供给价格弹性？供给价格弹性衡量什么？

   【解答】

   供给价格弹性等于供给量变动百分比除以价格变动百分比，衡量的是物品供给量对价格变动的反应程度。

8. 如果一种物品可获取的量是固定的，而且再也不能多生产，供给的价格弹性是多少？

   【解答】

   如果一件物品可获得的供给量是固定的，且再也不能多生产，则供给价格弹性是零。无论价格如何改变，供给量也不会改变。

9. 一场风暴摧毁了蚕豆苗的一半。当需求非常富有弹性还是非常缺乏弹性时，这个事件对农民的伤害更大？解释原因。

   【解答】

   当对蚕豆的需求富有弹性时，蚕豆苗的一半被摧毁更可能给农民造成损失。蚕豆苗的一半被摧毁导致供给曲线左移，价格上升。当需求富有弹性时，需求量的下降大于价格的上升，因此价格上升会导致总收益减少。

问题与应用

1. 在下列每一对物品中，你认为哪一种物品的需求更富有弹性？为什么？

   a. 指定教科书或神秘小说。

   b. 贝多芬音乐唱片或一般古典音乐唱片。

   c. 在未来 6 个月内乘坐地铁的人数或在未来 5 年内乘坐地铁的人数。

   d. 清凉饮料或水。

   【解答】

   a. 神秘小说更富有弹性。因为神秘小说有相似的替代品且属于奢侈品。而指定教科书没有相似的替代品且属于必需品。如果神秘小说的价格上升，读者会选择其他类型的小说或选择购买更少的小说。但是如果指定教科书价格上升，读者只能付更高的价格。因此，指定教科书的需求量对价格的反应程度要低于神秘小说的需求量对价格的反应程度。

   b. 一般来说，贝多芬音乐唱片的需求弹性比古典音乐唱片大。贝多芬音乐唱片比古典音乐唱片的市场要小，因此更容易找到相似的替代品。如果贝多芬音乐唱片的价格上升，人们可以选择其他的古典音乐唱片来替代，比如莫扎特音乐唱片。但是如果所有古典音乐唱片的价格都上升，那么替代会变得很难（从古典音乐转换成说唱音乐是不可能的）。因此，古典音乐唱片的需求量对价格的反应程度要低于贝多芬音乐唱片的需求量对价格的反应程度。

   c. 在未来 5 年内乘坐地铁的人数比在未来 6 个月内乘坐地铁的人数更富有弹性。时间越长，物品的需求弹性越大。如果地铁票价只是暂时上升，消费者无法在不付出更大成本或带来更多不便的情况转用其他的交通工具。但是，如果地铁票价长时间都保持在很高的水平，人们会逐渐转用其他可替代的交通方式。因此，未来 6 个月内乘坐地铁的需求量对价格变化的反应程度要低于未来 5 年内乘坐地铁的需求量对价格变化的反应程度。

d. 清凉饮料的需求弹性比水大。清凉饮料有相似的替代品且属于奢侈品,而水没有相似的替代品且属于必需品。如果水的价格上升,消费者只能付更高的价格。但是如果清凉饮料的价格上升,消费者可以很容易地选择其他的苏打水或饮料。因此,水的需求量对价格变化的反应程度要低于清凉饮料的需求量对价格变化的反应程度。

2. 假设公务乘客和度假乘客对从纽约到波士顿之间航班机票的需求如下:

价格(美元)	需求量(张)(公务乘客)	需求量(张)(度假乘客)
150	2 100	1 000
200	2 000	800
250	1 900	600
300	1 800	400

a. 当票价从 200 美元上升到 250 美元时,公务乘客的需求价格弹性为多少?度假乘客的需求价格弹性为多少?(用中点法计算。)

b. 为什么度假乘客与公务乘客的需求价格弹性不同?

【解答】

a. 当票价从 200 美元上升到 250 美元时,公务乘客的需求价格弹性是

[(2 000-1 900)/1 950]/[(250-200)/225] = 0.05/0.22 = 0.23

度假乘客的需求价格弹性是

[(800-600)/700]/[(250-200)/225] = 0.29/0.22 = 1.32

b. 度假乘客的需求价格弹性比公务乘客的需求价格弹性大,因为度假乘客比公务乘客更容易选择替代品,比如度假乘客可以选择不同的交通方式(如自驾车或者坐火车)、不同的目的地、不同的出发日期、不同的返还日期,甚至可以选择不出行。公务乘客是不可能这样的,因为他们的日程表更难调整。

3. 假设取暖用油的需求价格弹性在短期中是 0.2,而在长期中是 0.7。

a. 如果每加仑取暖用油的价格从 1.8 美元上升到 2.2 美元,短期中取暖用油的需求量会发生什么变动?长期中呢?(用中点法计算。)

b. 为什么这种弹性取决于时间长短?

【解答】

a. 价格变化的百分比等于(2.20-1.80)/2.00×100% = 20%。如果需求价格弹性是 0.2,需求量在短期内会下降 4%(即 0.20×0.20)。如果需求价格弹性是 0.7,需求量在长期内会下降 14%(即 0.70×0.20)。

b. 随着时间推移,消费者会通过购买天然气或者电暖炉等可替代的热源来进行调整。因此他们在长期内比在短期内更容易对取暖用油的价格做出反应。

4. 价格变动引起一种物品的需求量减少了 30%,而这种物品的总收益增加了 15%。这种物品的需求曲线是富有弹性的还是缺乏弹性的?解释原因。

【解答】

根据需求定理,如果需求量下降,价格必然是上升了。价格上升如果想使总收益增加,那么价格上升的百分比必须比需求量减少的百分比要大。因此,其需求曲线是缺乏弹性的。

5. 咖啡和面包圈是互补品。两者的需求都缺乏弹性。一场飓风摧毁了一半咖啡豆。用图形

回答以下问题,并做适当标记:

a. 咖啡豆的价格会发生什么变化?

b. 一杯咖啡的价格会发生什么变化?用于咖啡的总支出会发生什么变化?

c. 面包圈的价格会发生什么变化?用于面包圈的总支出会发生什么变化?

【解答】

a. 咖啡豆的市场效应如图2所示,当一场飓风摧毁了一半咖啡豆时,咖啡豆的供给减少,价格上升,数量下降。

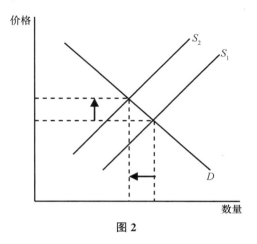

图 2

b. 对一杯咖啡的影响如图2所示,当咖啡豆(作为咖啡生产的重要投入品)价格上升时,咖啡的供给量会下降。因而一杯咖啡的价格上升,数量下降。因为咖啡的需求是缺乏弹性的,当一杯咖啡价格上升时,用于咖啡的总支出会上升。

c. 对面包圈市场的影响如图3所示,当咖啡价格上升并且需求量下降时,消费者会消费更少的面包圈,因为咖啡和面包圈是互补品。当需求减少时,面包圈的价格下降。因为面包圈的需求是缺乏弹性的,当面包圈价格下降时,用于面包圈的总支出会减少。

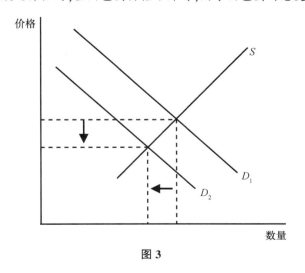

图 3

6. 上个月咖啡的价格大幅度上升,而卖出的数量仍然不变。五个人提出了各自的解释。
   Leonard：需求增加了,但供给完全无弹性。
   Sheldon：需求增加了,但它是完全无弹性的。
   Penny：需求增加了,但供给同时减少了。
   Howard：供给减少了,但需求是单位弹性。
   Raj：供给减少了,但需求是完全无弹性的。
   谁讲的可能是正确的?用图形解释你的答案。

   【解答】
   如果咖啡价格大幅上涨而销售量保持不变,Leonard、Penny 和 Raj 的解释可能是正确的,而 Sheldon 和 Howard 的解释是错误的。有关每种解释的说明,请参见下面的图 4 至图 8。

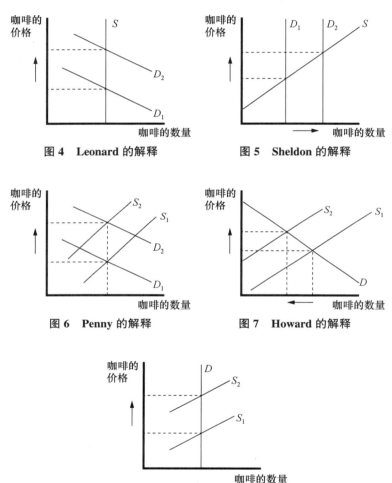

图 4　Leonard 的解释　　　图 5　Sheldon 的解释

图 6　Penny 的解释　　　图 7　Howard 的解释

图 8　Raj 的解释

在图 4 中,供给完全缺乏弹性,需求增加。结果,数量不变,但价格上涨,所以 Leonard 的解释可能是正确的。在图 5 中,需求完全没有弹性,而且需求还在增加。结果,价格和数量都增加了,所以 Sheldon 的解释不可能是正确的。在图 6 中,需求增加而供给减少。如果需求增加和供给减少相同的幅度,价格增加而数量保持不变,则 Penny 的解释可能是正确的。在图 7 中,需求具有单位弹性,供给减少。结果,数量减少,价格上涨,所以 Howard 的解释不正确。在图 8 中,需求完全没有弹性,供给减少。结果,价格上涨,数量保持不变,因此 Raj 的解释可能是正确的。

7. 假设你的比萨饼需求表如下:

价格 (美元)	需求量(张) (收入=20 000 美元)	需求量(张) (收入=24 000 美元)
8	40	50
10	32	45
12	24	30
14	16	20
16	8	12

a. 用中点法计算如果(i)你的收入是 20 000 美元和(ii)你的收入是 24 000 美元,当比萨饼价格从 8 美元上升到 10 美元时你的需求价格弹性。

b. 计算如果(i)价格是 12 美元和(ii)价格是 16 美元,当你的收入从 2 万美元增加到 2.4 万美元时你的需求收入弹性。

【解答】

a. 在你的收入为 20 000 美元的情况下,当比萨饼的价格从 8 美元上升到 10 美元时,你的需求价格弹性是[(40-32)/36]/[(10-8)/9]=0.22/0.22=1。在你的收入为 24 000 美元的情况下,你的需求价格弹性是[(50-45)/47.5]/[(10-8)/9]=0.11/0.22=0.5。

b. 如果价格是 12 美元,当收入从 20 000 美元增加到 24 000 美元时,你的需求收入弹性是[(30-24)/27]/[(24 000-20 000)/22 000]=0.22/0.18=1.22。

如果价格是 16 美元,当收入从 20 000 美元增加到 24 000 美元时,你的需求收入弹性是[(12-8)/10]/[(24 000-20 000)/22 000]=0.40/0.18=2.22。

8. 《纽约时报》(1996 年 2 月 17 日)报道,在地铁票价上升之后乘客减少了:"1995 年 12 月,即价格上涨 25 美分到了 1.5 美元的第一个月以后,乘客减少了近四百万人次,比上一年的 12 月减少了 4.3%。"

a. 用这些数据估算地铁乘客的需求价格弹性。

b. 根据你的估算,当票价上升时,地铁当局的收益会有什么变化?

c. 为什么你估算的弹性可能是不可靠的?

【解答】

a. 价格变化的百分比(使用中点公式)为(1.50-1.25)/(1.375)×100%=18.18%。因此,需求的价格弹性为 4.3/18.18=0.24,这意味着需求极度缺乏弹性。

b. 由于需求缺乏弹性,地铁当局的收益会随着票价的上涨而增加。

c. 所估算的弹性可能不可靠,因为这只是票价上涨后的第一个月。随着时间的推移,人们可能会转向其他交通方式来应对价格的上涨。所以长期中的弹性可能比短期中的弹性要大。

9. 两个司机——Walt 和 Jessie——分别开车到加油站。在看价格之前,Walt 说:"我想加 10 加仑汽油。"Jessie 说:"我想加 10 美元汽油。"每个司机的需求价格弹性是多少?

【解答】

Walt 的需求价格弹性是 0，因为不管价格是多少，他都想加相同数量的汽油。Jessie 的需求价格弹性是 1，因为不管价格是多少，他都想加相同金额的汽油，这意味着他加的汽油数量变动百分比等于价格变动百分比。

10. 考虑针对吸烟的公共政策。

    a. 研究表明，香烟的需求价格弹性大约是 0.4。如果现在每盒香烟为 5 美元，并且政府想减少 20% 的吸烟量，那么它应该将香烟价格提高多少？

    b. 如果政府永久性地提高香烟价格，这项政策对从现在起 1 年内吸烟量的影响更大，还是对从现在起 5 年内吸烟量的影响更大？

    c. 研究还发现，青少年的需求价格弹性大于成年人。为什么这可能是正确的？

【解答】

a. 香烟的需求价格弹性是 0.4，减少 20% 的吸烟量需要价格提高 50%，因为 20/50=0.4。香烟目前价格是 5 美元，这需要每包香烟价格提高到 8.33 美元。用中点法计算，即 (8.33−5)/6.67=0.50。

b. 这个政策对从现在起 5 年内吸烟量的影响比从现在起 1 年内吸烟量的影响更大，长期中的弹性较大，因为人们减少吸烟量需要花一些时间，在短期内很难戒掉吸烟习惯。

c. 因为青少年收入不像成年人那样多，他们很可能有一个更高的需求价格弹性，而且成年人更容易染上烟瘾，当价格提高时，他们减少吸烟需求量更难。

11. 你是一位博物馆馆长。博物馆经营缺乏资金，因此你决定增加收入。你应该提高还是降低门票的价格？解释原因。

【解答】

为了确定应该提高还是降低门票价格，你需要知道需求是富有弹性还是缺乏弹性。如果需求是富有弹性的，降低门票价格会增加总收入；如果需求是缺乏弹性的，提高门票价格会增加总收入。

12. 请解释下列情况为什么可能是正确的：全世界范围内的干旱会增加农民通过出售粮食得到的总收入，但如果只有堪萨斯州出现干旱，堪萨斯州农民得到的总收入就会减少。

【解答】

如果对粮食的需求是缺乏弹性的，全世界范围内的干旱会增加农民总收入。干旱减少了粮食的供给，但如果需求是缺乏弹性的，减少供给会导致价格大幅提高，结果农民的总收入增加。如果只是堪萨斯州出现干旱，由于堪萨斯州的产量在所有农作物产量中占的比例太小，不足以影响价格(或者只有轻微的影响)。因此，当堪萨斯州的粮食产量减少时，该州农民的总收入就减少了。

第 6 章
供给、需求与政府政策

学习目标

在本章中,学生应理解
- 政府实行价格上限政策的影响;
- 政府实行价格下限政策的影响;
- 对一种物品征税如何影响它的价格和销售量;
- 对买者征税和对卖者征税的结果是相同的;
- 税收负担如何在买者与卖者之间分摊。

框架和目的

第 6 章是论述供给与需求以及市场如何运行的三章中的第三章。第 4 章提出了供求模型。第 5 章通过提出弹性——供给量和需求量对经济状况变动的敏感程度——的概念来提高供求模型的精确性。第 6 章用第 4 章和第 5 章学过的供求工具说明政府政策对竞争市场的影响。

第 6 章的目的是考察两种类型的政府政策——价格控制和税收。价格控制确定了一种物品可以销售的最高或最低价格,而税收在买者支付的价格和卖者得到的价格之间打入了一个楔子。我们可以用供求模型来分析这些政策。我们将发现,政府政策有时会产生意想不到的结果。

内容提要

- 价格上限是某种物品与服务的法定最高价格。租金控制是一个例子。如果价格上限低于均衡价格,则价格上限是限制性的,需求量大于供给量。由于价格上限引起短缺,卖者必须以某种方式在买者中配给物品或服务。
- 价格下限是某种物品或服务的法定最低价格。最低工资是一个例子。如果价格下限高于均衡价格,则价格下限是限制性的,供给量大于需求量。由于价格下限引起过剩,必然要以某种方式在卖者中配给买者的物品或服务需求。
- 当政府对一种物品征税时,该物品的均衡数量减少。也就是说,对某一市场征税缩小了该市场的规模。
- 对一种物品的征税是在买者支付的价格和卖者得到的价格之间打入的一个楔子。当市场向新均衡变动时,买者为该物品支付的价格高了,而卖者从该物品得到的价格低了。从这种意义上说,买者与卖者分摊了税收负担。税收归宿(也就是税收负担的分摊)并不取决于是向买者征税,还是向卖者征税。
- 税收归宿取决于供给和需求的价格弹性。税收负担更多地落在缺乏弹性的市场一方,因为市场的这一方较难通过改变购买量或销售量来对税收做出反应。

教材习题解答

即问即答

1. 给价格上限和价格下限下定义,并各举出一个例子。哪一个会引起短缺?哪一个会引起过剩?为什么?

   【解答】
   价格上限(price ceiling)指出售一种物品的法定最高价格。价格上限的例子包括租金控制、20世纪70年代对石油的价格控制以及在干旱时期对水价进行控制。价格下限(price floor)是指出售一种物品的法定最低价格。价格下限的例子包括最低工资和农产品价格补贴。限制性的价格上限将会导致短缺,因为供给者将不会制造足够的物品来满足需求。限制性的价格下限将会导致过剩,因为供给者制造了比需求量更多的物品。

2. 用一个供求分析图说明,对汽车购买者征收每辆1 000美元的税将如何影响汽车销售量和汽车价格。用另一个图说明,对汽车销售者征收每辆1 000美元的税将如何影响汽车销售量和汽车价格。在这两个图中说明汽车买者支付的价格的变化,以及汽车卖者得到的价格的变化。

   【解答】
   在没有征税时,如图1所示,需求曲线为D_1,供给曲线为S,均衡价格为P_1,相应的均衡数量为Q_1。如果对汽车买者征税,需求曲线将会根据税收金额(1 000美元)向下移动至D_2。需求曲线的下移将导致在均衡点时汽车销售者得到的价格下降到P_2,销售数量降低到Q_2。销售者得到的价格减少了P_1-P_2,在图中用ΔP_S表示。汽车买者的购买价格为$P_2+1\ 000$美元,比征税前的价格增加了$(P_2+1\ 000\text{美元})-P_1$,在图中用$\Delta P_B$表示。

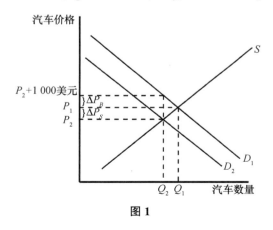

图1

如果对汽车销售者进行征税,如图 2 所示,供给曲线将由于 1 000 美元税收由 S_1 向上移动到 S_2。供给曲线的向上移动导致汽车买者购买汽车的价格上升到 P_2,均衡数量降低到 Q_2。汽车买者的购买价格上升了 P_2-P_1,在图中用 ΔP_B 表示。汽车销售者出售汽车的价格为 P_2-1000 美元,下降了 $P_1-(P_2-1000$ 美元$)$,在图中用 ΔP_S 表示。

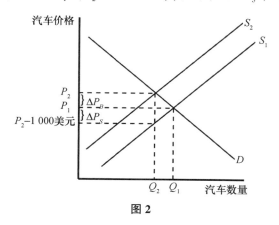

图 2

快速单选

1. 当政府设置限制性价格下限时,它会引起_____。
   a. 供给曲线向左移动
   b. 需求曲线向右移动
   c. 物品短缺
   d. 物品过剩

2. 在有限制性价格上限的市场上,价格上限上升会_____供给量,_____需求量,并减少_____。
   a. 增加,减少,过剩
   b. 减少,增加,过剩
   c. 增加,减少,短缺
   d. 减少,增加,短缺

3. 对一种物品的消费者征收每单位 1 美元的税收相当于_____。
   a. 向这种物品的生产者征收每单位 1 美元的税收
   b. 对这种物品的生产者支付每单位 1 美元的补贴
   c. 使该物品的每单位价格提高了 1 美元的价格下限
   d. 使该物品的每单位价格提高了 1 美元的价格上限

4. 以下哪一种情况会增加供给量,减少需求量,并提高消费者支付的价格?
   a. 实施限制性价格下限。
   b. 取消限制性价格下限。
   c. 把税收加在生产者一方。
   d. 取消对生产者征税。

5. 以下哪一种情况会增加供给量,增加需求量,并降低消费者支付的价格?

a. 实施限制性价格下限。
　　b. 取消限制性价格下限。
　　c. 把税收加在生产者一方。
　　d. 取消对生产者征税。
6. 如果_____,那么税收负担将主要落在消费者身上。
　　a. 向消费者收税
　　b. 向生产者收税
　　c. 供给缺乏弹性,需求富有弹性
　　d. 供给富有弹性,需求缺乏弹性

【答案】
1. d　2. c　3. a　4. a　5. d　6. d

复习题

1. 举出一个价格上限的例子和一个价格下限的例子。

【解答】
价格上限的例子有纽约市的租金控制系统。价格下限的例子有最低工资。还有其他很多合适的例子。

2. 什么引起了一种物品的短缺?是价格上限还是价格下限?用图形证明你的答案。

【解答】
当存在限制性的价格上限时,会出现物品的短缺。限制性的价格上限是指低于均衡价格的价格上限。在这种情形下物品的需求量会超过物品的供给量,造成物品短缺。如图3所示。

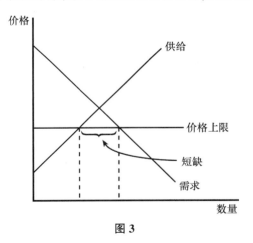

图3

3. 当不允许一种物品的价格使供给与需求达到平衡时,配置资源的机制是什么?

【解答】
当不允许一种物品的价格使供给与需求达到平衡时,必须用一些其他的方法来配置资源。如果物品供大于求,正如有限制性的价格下限时一样,会出现物品的过度供给,卖者也许会通过迎合买者的个人偏好来吸引买者。如果物品供不应求,正如有限制性的价格上限时一样,会出现物品短缺,卖者可以根据自己的个人偏好进行配给,或者让买者排队等候。

4. 解释为什么经济学家通常都反对价格控制。

   【解答】
   价格在通过平衡供求关系来协调经济活动上起着关键的作用,因此经济学家通常反对价格控制。当政策制定者对价格进行控制时,他们常常扭曲了引导资源合理配置的信号。除此之外,价格控制也经常损害政策制定者想要帮助的人群的利益。

5. 假设政府取消向一种物品的买者征税,而向这种物品的卖者征同样的税。税收政策的这种变动如何影响买者为这种物品向卖者支付的价格、买者所支付的(包括税在内的)货币量、卖者得到的(扣除税收的)货币量以及销售量?

   【解答】
   取消买者的税收并替换为对卖者征税,提高了买者付给卖者的价格(提高的幅度为税收金额),但不影响买者所支付的货币量,不影响卖者得到的扣除税收的货币量,提高了卖者得到的价格,对于物品的销售量没有影响。

6. 一种物品的税收如何影响买者支付的价格、卖者得到的价格以及销售量?

   【解答】
   对某种物品征税会提高买者支付的价格,降低卖者得到的价格,并且减少销售量。

7. 什么决定了税收负担在买者和卖者之间的分配?为什么?

   【解答】
   税收负担在买者和卖者之间的分配取决于需求弹性和供给弹性。弹性代表买者和卖者离开这个市场的意愿大小,并取决于他们的替代品。当政府向一种物品征税后,买卖双方中没有更好替代品的一方不能轻易离开这个市场,并将为此承受更多的税收负担。

问题与应用

1. 古典音乐的爱好者说服了国会实行每张门票40美元的价格上限。这种政策使听古典音乐会的人多了还是少了?解释原因。

   【解答】
   如果每张门票40美元的价格上限低于均衡价格,那么需求会超过供给,会导致门票的短缺。这一政策会使去听古典音乐会的人减少,因为低票价会导致门票供给的减少。

2. 政府确信奶酪自由市场的价格太低了。
   a. 假设政府对奶酪市场实行限制性价格下限。用供求图说明,这种政策对奶酪价格和奶酪销售量的影响。此时是存在奶酪的短缺还是过剩?
   b. 奶酪生产者抱怨价格下限减少了他们的总收益。这种情况可能吗?解释原因。
   c. 针对奶酪生产者的抱怨,政府同意以价格下限购买全部过剩奶酪。与基本的价格下限政策相比,谁从这种新政策中获益?谁受损失?

   【解答】
   a. 政府对奶酪实行限制性价格下限的情况如图4所示。在没有价格下限的情况下,均衡价格与数量分别为 P_1、Q_1。当价格下限设置为 P_f 时($P_f>P_1$),需求的数量下降为 Q_2,供给的数量上升为 Q_3,导致奶酪出现 Q_3-Q_2 的剩余。
   b. 如果需求是富有弹性的,那么生产者抱怨他们的总收益下降是正确的。因为需求富有弹性时,数量下降百分比将会超过价格上升百分比,因此他们的总收益将会下降。
   c. 如果政府以价格下限购买所有过剩的奶酪,那么生产者将会获益,纳税人的福利将减

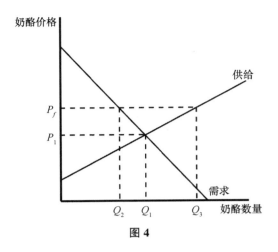

图4

少。生产者将会生产数量为 Q_3 的奶酪并且他们的总收益将会上升。然而消费者只会购买数量为 Q_2 的奶酪,因此他们的福利状况与之前相同。纳税人将会受损失,因为购买那部分剩余奶酪的钱会通过更高税收的方式由纳税人支付。

3. 最近的研究发现,飞盘的需求与供给表如下:

每个飞盘的价格 (美元)	需求量 (百万个)	供给量 (百万个)
11	1	15
10	2	12
9	4	9
8	6	6
7	8	3
6	10	1

a. 飞盘的均衡价格和均衡数量是多少?

b. 飞盘制造厂说服了政府相信,飞盘的生产增进了科学家对空气动力学的了解,因此对于国家安全是很重要的。关注此事的国会投票通过了实行比均衡价格高2美元的价格下限。新的市场价格是多少?可以卖出多少个飞盘?

c. 愤怒的大学生在华盛顿游行并要求飞盘降价。更为关注此事的国会投票通过取消了价格下限,并将以前的价格下限降低1美元作为价格上限。新的市场价格是多少?可以卖出多少个飞盘?

【解答】

a. 飞盘的均衡价格为8美元,均衡数量为600万个。

b. 价格下限为10美元,由于该价格下限是限制性的,因此新的市场价格为10美元。在这个价格下,只能卖出200万个飞盘,因此需求量只有这么多。

c. 如果价格上限是9美元,那么将没有任何影响,因为市场的均衡价格为8美元,低于这个限价,因此市场价格仍然会是8美元,可以卖出600万个飞盘。

4. 假设联邦政府要求喝啤酒者每购买一箱啤酒就支付2美元税收(实际上,联邦政府和州政府都对啤酒征收某种税)。

a. 画出没有税收时啤酒市场的供求图。说明消费者支付的价格、生产者得到的价格以及啤酒销售量。消费者支付的价格和生产者得到的价格之间的差额是多少？
b. 现在画出有税收时啤酒市场的供求图。说明消费者支付的价格、生产者得到的价格以及啤酒销售量。消费者支付的价格和生产者得到的价格之间的差额是多少？啤酒的销售量是增加了还是减少了？

【解答】

a. 图5显示的是在没有税收情况下的市场。均衡价格为P_1，均衡数量为Q_1，消费者支付的价格与生产者得到的价格都是P_1。

b. 增加税收这个因素，如图6所示，在供给和需求之间打入了2美元的税收楔子。顾客将要支付P_2的价格，然而生产者得到的价格是P_2-2美元，生产者与消费者的价差为2美元，啤酒的销售量减少到Q_2。

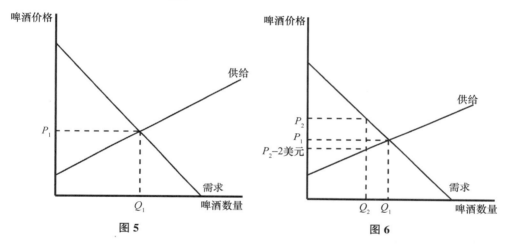

图5   图6

5. 一个参议员想增加税收收入并使工人的状况变好。一个工作人员建议增加由企业支付的工薪税，并将这些额外收入中的一部分用来减少工人支付的工薪税。这一建议能实现参议员的目标吗？解释原因。

【解答】

增加由企业支付的工薪税，并将这些额外收入中的一部分用于减少工人支付的工薪税，并不能使工人的境况变得更好。因为税收负担的分配是由供给和需求的弹性决定的，而不是由支付税收的一方承担。由于税收楔子变大了，一个可能的情况是，分担税负的企业和工人的境况都变差了。

6. 如果政府对豪华轿车征收500美元的税，那么消费者所支付价格的上涨幅度是大于500美元，小于500美元，还是正好为500美元？解释原因。

【解答】

价格的上升将会少于500美元。税收将会由消费者和企业分担（由消费者支出增加的部分和企业收入减少的部分共同构成了税收）。有两种情况除外，即供给曲线完全富有弹性或者需求曲线完全没有弹性。在这两种情况下，消费者将要承担全部税收，即需要多支付500美元。

7. 国会和总统认为，美国应该通过减少使用汽油来减轻空气污染。他们决定对所销售的每加仑汽油征收 0.5 美元的税收。

a. 他们应该对生产者征税,还是对消费者征税?用供求图加以详细解释。
b. 如果汽油的需求较富有弹性,那么这种税对减少汽油消费量更为有效,还是更为无效?用文字和图形做出解释。
c. 这种税使汽油消费者受益还是受损?为什么?
d. 这种税使石油行业工人受益还是受损?为什么?

【解答】

a. 对生产者征税还是对消费者征税是不重要的——二者效果相同。如图 7 所示,当没有税收时需求曲线是 D_1,供给曲线是 S_1。如果对生产者征税,供给曲线向左移动到 S_2,移动幅度为税收额(50 美分)。然后,均衡数量变成了 Q_2,消费者支出的价格是 P_2,生产者获得的(税后)收入是 P_2-50 美分。如果对消费者征税,需求曲线将会向左移动到 D_2,移动幅度为税收额(50 美分)。(当对消费者征税时)需求曲线左移的大小和(当对生产者征税时)供给曲线左移的大小完全相同。所以,均衡数量仍是 Q_2,消费者支出的价格仍是 P_2(包含支付给政府的税),生产者获得的收入仍是 P_2-50 美分。

b. 需求曲线越有弹性,税收在减少汽油消费量方面就会越有效。需求弹性越大意味着价格上升时,消费量减少得越快。图 8 显示了这个结果。需求曲线 D_1 表示一个富有弹性的需求曲线,而需求曲线 D_2 的弹性相对要小。当需求富有弹性时,税收会造成销售量更大幅度的下降。

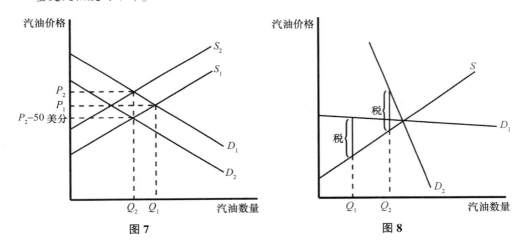

图 7   图 8

c. 汽油消费者会因为征税而受损,因为他们要用更高的价格购买更少的汽油。
d. 石油行业的工人也会受损。当汽油产量下降时,一些工人会因此而失业。当生产者获得更少的收入时,工人的工资将会下降。

8. 本章中的一个案例研究讨论了联邦最低工资法。
   a. 假设最低工资高于低技能劳动市场上的均衡工资。在低技能劳动市场的供求图上,标明市场工资、受雇工人数量,以及失业工人数量。再标明对低技能工人的总工资支付。
   b. 现在假设劳工部部长建议提高最低工资。这种提高对就业会有什么影响?就业变动取决于需求弹性还是供给弹性?还是同时取决于这两者?还是两者都不取决于?
   c. 这种最低工资的提高对失业会有什么影响?失业变动取决于需求弹性还是供给弹性?

还是同时取决于这两者？还是两者都不取决于？

d. 如果对低技能劳动力的需求是缺乏弹性的,提高最低工资的建议会增加还是减少对低技能工人的工资支付总量？如果对低技能劳动力的需求是富有弹性的,你的答案会有什么改变？

【解答】

a. 图9表示最低工资标准的效应。当没有最低工资时,市场工资是 W_1, Q_1 的劳动者将被雇用。当最低工资 W_m 高于 W_1 时,市场工资就是 W_m,被雇用的劳动者数量就是 Q_2,那么未被雇用的劳动者是 Q_3-Q_2。四边形 ABCD 的面积就是劳动者总工资支付额,等于工资 W_m 与劳动者数量 Q_2 的乘积。

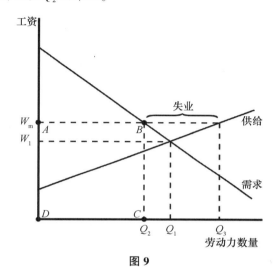

图9

b. 随着最低工资的提高,就业将相对减少。对就业影响的大小仅仅取决于需求弹性。供给弹性根本不起作用,因为存在劳动力的超额供给。

c. 最低工资的提高将会增加失业。失业人数上升的大小由供给弹性和需求弹性共同决定。需求弹性决定了劳动力需求量的改变,供给弹性决定了劳动力供给量的改变。劳动力的供给量和需求量之间的差额就是失业的数量。

d. 如果低技能劳动力的需求是缺乏弹性的,最低工资的上升将会使得低技能劳动力的工资支付总额上升。在需求缺乏弹性的条件下,就业人数下降百分比将会低于工资上升百分比,所以工资支付总额会上升。然而,如果低技能劳动力的需求是富有弹性的,就业人数下降百分比将会超过工资上升百分比,从而工资支付总额将会下降。

9. 在 Fenway 公园,波士顿红袜队的主场,只有 38 000 个座位,因此发售的门票也固定在这个数量上。由于看到了增加收入的黄金机会,波士顿市向每张票的买者征收 5 美元的税收。波士顿的球迷很有市民风范,顺从地为每张票交纳了 5 美元。画图说明上述税收的影响。税收负担落在谁身上——球队所有者、球迷,还是两者兼而有之？为什么？

【解答】

因为座位的供给完全没有弹性,所以税收负担会落到球队所有者身上。图10表示购买者为门票支付的价格的下降幅度和税的量相等。

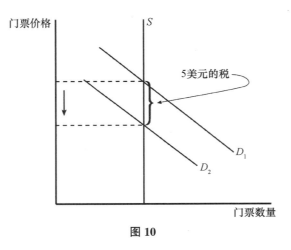

图 10

10. 一个市场的供给与需求曲线描述如下：

$$Q^S = 2P$$
$$Q^D = 300-P$$

a. 解出均衡价格和均衡数量。

b. 如果政府实行 90 美元的价格上限，会有短缺或者过剩（或者两者都不）出现吗？价格是多少？供给量是多少？需求量是多少？以及有多大短缺或过剩？

c. 如果政府实行 90 美元的价格下限，会有短缺或过剩（或者两者都不）出现吗？价格是多少？供给量是多少？需求量是多少？以及有多大短缺或过剩？

d. 如果不实行价格控制，而是政府向每个生产者征收 30 美元税收。因此，新的供给曲线是：

$$Q^S = 2(P-30)$$

会有短缺或过剩（或者两者都不）出现吗？价格是多少？供给量是多少？需求量是多少？以及有多大短缺或过剩？

【解答】

a. 假设供给量等于需求量，求解均衡价格和均衡数量：$2P=300-P$，所以 $P=100$ 美元。当均衡价格为 100 美元时，均衡数量为 $2\times100=200$。

b. 如果政府规定价格上限为 90 美元，就会出现短缺。价格上限低于均衡价格，因此是限制性的价格上限。在 90 美元的最高价格下，供给量为 $2\times90=180$ 个单位，需求量为 $300-90=210$ 个单位。此时存在 30 个单位的短缺。

c. 如果政府规定价格下限为 90 美元，则既不会出现短缺，也不会出现剩余。价格下限低于均衡价格，因此它不是限制性的价格下限。价格下限为 90 美元，市场交易以 100 美元的均衡价格为准。供给量和需求量将为 200 个单位的均衡数量。

d. 如果政府对生产者征收 30 美元的税，则既不会出现短缺，也不会出现过剩，但交易的数量比不征税时要少。根据新的供给曲线，$2(P-30)=300-P$，得出 $P=120$ 美元，$Q=300-120=180$。买家支付的价格是 120 美元。在支付 30 美元的税后，生产者保留每个单位 90 美元。需求量和供给量为 180 个单位。

第 7 章
消费者、生产者与市场效率

学习目标

在本章中,学生应理解
- 买者对一种物品的支付意愿与需求曲线之间的联系;
- 如何定义并衡量消费者剩余;
- 卖者生产一种物品的成本与供给曲线之间的联系;
- 如何定义并衡量生产者剩余;
- 供给与需求的均衡使市场上总剩余最大化。

框架和目的

第 7 章是论述福利经济学与市场效率的三章中的第一章。第 7 章用供求模型研究作为福利与市场效率衡量标准的消费者剩余和生产者剩余。第 8 章和第 9 章将用这些概念来确定税收与限制国际贸易的赢家和输家。

第 7 章的目的是提出福利经济学——研究资源配置如何影响经济福利。第 4—6 章中,当我们提出"什么是市场上的均衡价格和均衡数量"时,我们是在实证的框架内运用供给与需求。现在我们要解决规范问题:"市场的均衡价格和均衡数量是资源配置问题最优的可能解,还是仅仅是使供给与需求平衡的价格和数量?"我们将发现,在大多数情况下,均衡价格和均衡数量也是使福利最大化的价格和数量。

内容提要

- 消费者剩余等于买者对一种物品的支付意愿减去其实际为此所支付的量,它衡量买者从参与市场中得到的利益。可以通过找出需求曲线以下和价格以上的面积,来计算消费者剩余。
- 生产者剩余等于卖者出售其物品得到的量减去其生产成本,它衡量卖者从参与市场中得到的利益。可以通过找出价格以下和供给曲线以上的面积,来计算生产者剩余。
- 使消费者剩余和生产者剩余的总和最大化的资源配置被称为是有效率的。决策者通常关心经济结果的效率及平等。
- 供给和需求的均衡使消费者剩余与生产者剩余的总和达到最大化。这就是说,市场上看不见的手指引着买者与卖者有效地配置资源。
- 在存在市场势力或外部性等市场失灵的情况下,市场不能有效地配置资源。

教材习题解答

即问即答

1. 画出火鸡的需求曲线。在你画的图中,标出一种火鸡的价格并说明该价格下的消费者剩余。用文字解释这种消费者剩余衡量的内容。

   【解答】

   图 1 表示火鸡的需求曲线。火鸡的价格是 P_1,该价格下的消费者剩余用 CS 表示。消费者剩余是买者愿意为一种物品支付的量减去其为此实际支付的量。它衡量买者从参与市场中得到的利益。

   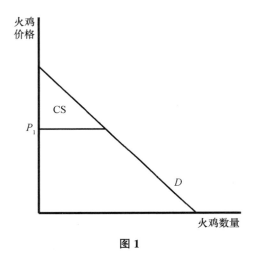

   图 1

2. 画出火鸡的供给曲线。在你的图中标出一种火鸡的价格并说明该价格下的生产者剩余。用文字解释这种生产者剩余衡量的内容。

   【解答】

   图 2 表示火鸡的供给曲线。火鸡的价格是 P_1,该价格下的生产者剩余用 PS 表示。生产者剩余是卖者出售一种物品得到的量减去其生产成本(通过供给曲线衡量)。它衡量了卖者从参与市场中得到的利益。

3. 画出火鸡的供给曲线和需求曲线。标出均衡状态下的生产者剩余和消费者剩余。解释为什么生产更多的火鸡会使总剩余减少。

   【解答】

   图 3 表示火鸡的供给曲线和需求曲线。火鸡的价格是 P_1,消费者剩余是 CS,生产者剩余是 PS。生产比均衡数量更多的火鸡将会降低总剩余,因为对于这些额外数量的火鸡,买者的边际效用将会低于卖者的边际成本。

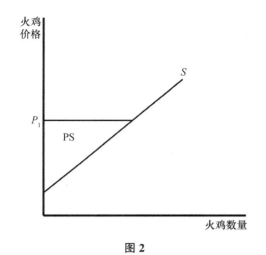

图 2

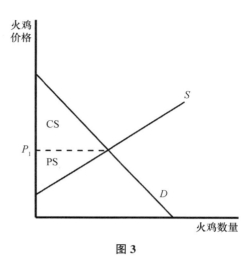

图 3

快速单选

1. Jen 对她的时间的评价为每小时 60 美元。她用 2 小时为 Colleen 按摩。Colleen 愿意为按摩支付 300 美元,但他们通过谈判把价格定为 200 美元。在这个交易中,_____。
   a. 消费者剩余比生产者剩余多 20 美元
   b. 消费者剩余比生产者剩余多 40 美元
   c. 生产者剩余比消费者剩余多 20 美元
   d. 生产者剩余比消费者剩余多 40 美元

2. 点心的需求曲线是向右下方倾斜的。当点心的价格是 2 美元时,需求量是 100。如果价格上升到 3 美元,消费者剩余会发生什么变动?
   a. 减少小于 100 美元。
   b. 减少多于 100 美元。
   c. 增加少于 100 美元。
   d. 增加多于 100 美元。

3. John 当大学教师每学期的收入为 300 美元。当大学把支付给教师的价格提高到 400 美元时,Emily 也进入市场并开始当教师。由于这种价格上升,生产者剩余增加了多少?
   a. 少于 100 美元。
   b. 在 100 美元到 200 美元之间。
   c. 在 200 美元到 300 美元之间。
   d. 多于 300 美元。

4. 有效的资源配置使_____最大化。
   a. 消费者剩余
   b. 生产者剩余
   c. 消费者剩余加生产者剩余
   d. 消费者剩余减生产者剩余

5. 当市场均衡时,买者是支付愿望_____的人,而卖者是成本_____的人。

a. 最高,最高
   b. 最高,最低
   c. 最低,最高
   d. 最低,最低
6. 生产大于供求均衡的产量是无效率的,因为边际买者的支付意愿是_____。
   a. 负数
   b. 零
   c. 正数但小于边际卖者的成本
   d. 正数并大于边际卖者的成本

【答案】 1. a 2. a 3. b 4. c 5. b 6. c

复习题

1. 解释买者的支付意愿、消费者剩余和需求曲线如何相关。

   【解答】
   买者的支付意愿、消费者剩余和需求曲线密切相关。需求曲线的高度代表买者的支付意愿。消费者剩余是位于需求曲线之下、价格之上的区域,它等于买者愿意支付的价格减去实际支付的价格。

2. 解释卖者的成本、生产者剩余和供给曲线如何相关。

   【解答】
   卖者的成本、生产者剩余和供给曲线密切相关。供给曲线的高度代表卖者的成本。生产者剩余是位于价格之下、供给曲线之上的区域,它等于卖者收到的价格减去每一位卖者生产该物品的成本。

3. 在供求图中,标出市场均衡时的生产者剩余和消费者剩余。

   【解答】
   图 4 为标出了生产者剩余和消费者剩余的供求图。

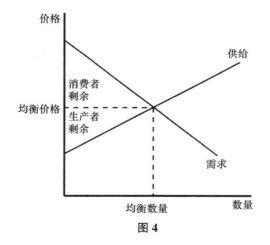

图 4

4. 什么是效率?它是经济决策者的唯一目标吗?

   【解答】
   一种资源的配置如果能使总剩余(消费者剩余与生产者剩余之和)最大化,那么它是有效率的。但是效率也许并不是经济决策者的唯一目标,经济决策者同样关心平等——经济财富在社会成员之间的合理分配。

5. 说出两种类型的市场失灵。解释为什么每一种都可能使市场结果无效率。

【解答】
市场失灵的两种类型是市场势力和外部性。市场势力可能导致市场结果无效率,因为企业可能会使价格和数量不同于完全竞争下的价格和数量水平,从而无法实现总剩余最大化。外部性是没有被买者和卖者考虑的外部影响,其结果是自由市场不能使总剩余最大化。

问题与应用

1. Melissa 用 240 美元购买了一个 iPhone,并得到了 160 美元的消费者剩余。
   a. 她的支付意愿是多少?
   b. 如果她在降价销售时买了售价为 180 美元的 iPhone,她的消费者剩余会是多少?
   c. 如果 iPhone 的价格是 500 美元,她的消费者剩余会是多少?

【解答】
   a. 支付意愿是实际支付的价格与消费者剩余之和。因此,Melissa 的支付意愿是 400 美元(240 美元+160 美元)。
   b. 在 180 美元为价格时,她的消费者剩余为 400 美元-180 美元=220 美元。
   c. 如果 iPhone 的价格是 500 美元,Melissa 将不会购买,因为该价格超过了她的支付意愿。因此,她不会有消费者剩余。

2. 加利福尼亚早来的寒流使柠檬变酸。柠檬市场上的消费者剩余会有什么变动?柠檬水市场上的消费者剩余会有什么变动?用图形说明你的答案。

【解答】
如果加利福尼亚早来的寒流使柠檬变酸,柠檬的供给曲线将会向左移动,如图 5 所示。其结果是柠檬价格上升,消费者剩余从 $A+B+C$ 下降为 A。因此,消费者剩余下降了 $B+C$。
在柠檬水市场,柠檬成本的上升减少了柠檬水的供给,如图 6 所示。其结果是柠檬水价格上升,消费者剩余从 $D+E+F$ 下降到 D,损失了 $E+F$。我们注意到一个市场的消费者剩余的变动通常会对另一个市场的消费者剩余产生影响。

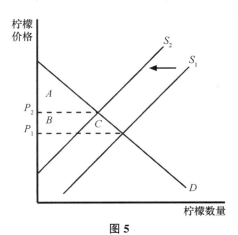

图 5

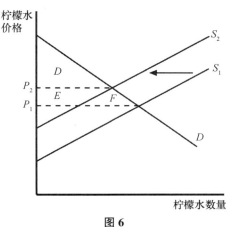

图 6

3. 假设对法国面包的需求增加。在法国面包市场上,生产者剩余会发生什么变动?在面粉市场上,生产者剩余会发生什么变动?用图形说明你的答案。

【解答】
对法国面包需求的上升引起法国面包市场上消费者剩余的上升,如图7所示。需求曲线向右移动引起价格的上升,这使得生产者剩余从 A 变为 $A+B+C$。

法国面包销售量的上升引起了对面粉需求的上升,如图8所示。结果面粉价格上升,使得生产者剩余从 D 变为 $D+E+F$。我们注意到一个市场的生产者剩余的变动通常会对另一个市场的生产者剩余产生影响。

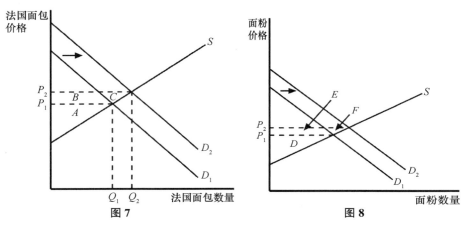

图7　　　　　　　　　图8

4. 这是一个大热天,Bert 口干舌燥。下面是他对一瓶水的评价:

对第一瓶水的评价　　　　　7美元
对第二瓶水的评价　　　　　5美元
对第三瓶水的评价　　　　　3美元
对第四瓶水的评价　　　　　1美元

a. 根据以上信息推导出 Bert 的需求表。画出他对瓶装水的需求曲线。
b. 如果一瓶水的价格是4美元,Bert 会买多少瓶水?Bert 从他的购买中得到了多少消费者剩余?在你的图形中标出 Bert 的消费者剩余。
c. 如果价格下降到2美元,需求量会有何变化?Bert 的消费者剩余会有何变化?用你的图形说明这些变化。

【解答】
a. Bert 的需求表是:

价格	需求数量(瓶)
超过7美元	0
5—7美元	1
3—5美元	2
1—3美元	3
少于1美元	4

Bert 的需求曲线如图9所示。

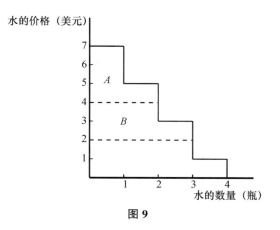

图 9

b. 当每瓶水的价格是 4 美元时,Bert 会买 2 瓶水。他的消费者剩余是图 9 中的 A。他对第一瓶水的最高支付价格是 7 美元,但他仅支付了 4 美元,因此他的消费者剩余是 3 美元。他对第二瓶水的最高支付价格是 5 美元,但是他仅支付了 4 美元,因此他的消费者剩余是 1 美元。因此 Bert 的总消费剩余是 3 美元+1 美元=4 美元,即图 9 中的 A。

c. 当每瓶水的价格从 4 美元降到 2 美元时,Bert 会买 3 瓶水,增加了 1 瓶水。他的消费者剩余由图 9 中的 A 和 B 组成,增加了 B。他从第一瓶水得到了 5 美元的消费者剩余(7 美元−2 美元),从第二瓶水得到了 3 美元的消费者剩余(5 美元−2 美元),从第三瓶水得到了 1 美元的消费者剩余(3 美元−2 美元),总消费者剩余为 9 美元。因此当每瓶水的价格从 4 美元降到 2 美元时,他的消费者剩余增加了 5 美元,即图 9 中的 B。

5. Ernie 有一台抽水机。由于抽大量的水比抽少量的水困难,因此随着抽的水越来越多,生产一瓶水的成本增加。下面是他生产每瓶水的成本:

第一瓶水的成本　　　　　1 美元
第二瓶水的成本　　　　　3 美元
第三瓶水的成本　　　　　5 美元
第四瓶水的成本　　　　　7 美元

a. 根据以上信息推导出 Ernie 的供给表。画出他的瓶装水的供给曲线。

b. 如果一瓶水的价格是 4 美元,Ernie 会生产并销售多少瓶水? Ernie 从这种销售中得到了多少生产者剩余? 在你的图形中标出 Ernie 的生产者剩余。

c. 如果价格上升为 6 美元,供给量会有何变化? Ernie 的生产者剩余会有何变化? 在你的图形中标出这些变化。

【解答】

a. Ernie 对水的供给表是:

价格	供给数量(瓶)
超过 7 美元	4
5—7 美元	3
3—5 美元	2
1—3 美元	1
少于 1 美元	0

Ernie 的供给曲线如图 10 所示。

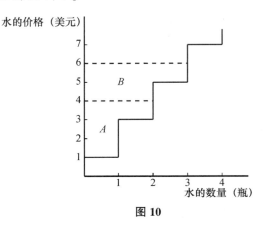

图 10

b. 当每瓶水的价格为 4 美元时,Ernie 会出售 2 瓶水。他的生产者剩余是图 10 中的 A。他出售第一瓶水得到了 4 美元,但是成本仅为 1 美元,因此 Ernie 获得了 3 美元的生产者剩余。同样,他出售第二瓶水也得到了 4 美元,但是生产成本为 3 美元,因此他获得了 1 美元的生产者剩余。因此 Ernie 的总生产者剩余为 3 美元+1 美元=4 美元,即图 10 中的 A。

c. 当每瓶水的价格从 4 美元上升到 6 美元时,Ernie 会出售 3 瓶水,增加了 1 瓶水。他的生产者剩余由图 10 中的 A 和 B 组成,增加了 B。他从第一瓶水得到了 5 美元的生产者剩余(6 美元-1 美元),从第二瓶水得到了 3 美元的生产者剩余(6 美元-3 美元),从第三瓶水得到了 1 美元的生产者剩余(6 美元-5 美元),总生产者剩余为 9 美元。因此当每瓶水的价格从 4 美元上升到 6 美元时,他的生产者剩余增加了 5 美元,即图 10 中的 B。

6. 考虑一个由问题 4 中的 Bert 作为买者、问题 5 中的 Ernie 作为卖者组成的市场。
   a. 用 Ernie 的供给表和 Bert 的需求表找出价格为 2 美元、4 美元和 6 美元时的供给量和需求量。这些价格中哪一种能使供求达到均衡?
   b. 在这种均衡时,消费者剩余、生产者剩余和总剩余各是多少?
   c. 如果 Ernie 少生产并且 Bert 少消费一瓶水,总剩余会发生什么变动?
   d. 如果 Ernie 多生产并且 Bert 多消费一瓶水,总剩余会发生什么变动?

【解答】
a. 根据 Ernie 的供给表和 Bert 的需求表,供给量和需求量如下:

价格(美元)	供给量(瓶)	需求量(瓶)
2	1	3
4	2	2
6	3	1

只有价格为 4 美元时,供给和需求达到均衡,均衡数量是 2。

b. 当价格为 4 美元时,消费者剩余是 4 美元,生产者剩余是 4 美元(计算方法参考问题 4

和问题 5)。总剩余为 4 美元+4 美元=8 美元。

c. 如果 Ernie 少生产 1 瓶水,他的生产者剩余将会降到 3 美元(计算方法参考问题 5)。如果 Bert 少消费 1 瓶水,他的消费者剩余将会降到 3 美元(计算方法参考问题 4)。因此总剩余将会降到 3 美元+3 美元=6 美元。

d. 如果 Ernie 多生产 1 瓶水,他的成本将会是 5 美元,但是价格只有 4 美元,因此他的生产者剩余将下降 1 美元。如果 Bert 多消费 1 瓶水,他的最高支付价格将会是 3 美元,但是价格是 4 美元,因此他的消费者剩余将会下降 1 美元。因此总剩余下降了 1 美元+1 美元=2 美元。

7. 在过去十年间,生产平板电视的成本降低了。让我们考虑这一事实的某些含义。
   a. 用供求图说明生产成本下降对平板电视的价格和销售量的影响。
   b. 用你的图形说明消费者剩余和生产者剩余发生了什么变化。
   c. 假定平板电视的供给是非常富有弹性的。谁从生产成本下降中获益最大?是平板电视的消费者还是生产者?

【解答】
a. 平板电视生产成本的下降导致供给曲线向右移动,如图 11 所示。结果,平板电视的均衡价格下降了,均衡数量上升了。

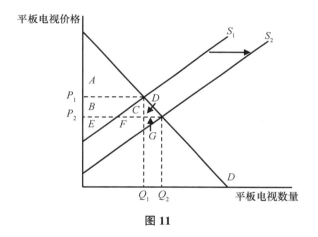

图 11

b. 平板电视价格的下降使消费者剩余从 A 增加到 A+B+C+D,增加了 B+C+D。供给曲线移动之前,生产者剩余为 B+E(供给曲线以上和价格之下的区域)。在供给曲线移动之后,生产者剩余为 E+F+G。因此生产者剩余变动为 F+G-B,这个变动可能是正的,也可能是负的。销售量的增加导致生产者剩余的增加,而价格的下降导致生产者剩余的减少。消费者剩余提高了 B+C+D,生产者剩余提高了 F+G-B,总剩余提高了 C+D+F+G。

c. 如果平板电视的供给是富有弹性的,那么供给曲线的移动将使消费者受益最大。考虑最极端的例子,假定供给曲线是水平的,如图 12 所示,那么就不存在生产者剩余。消费者获得了价格下降带来的所有收益,这使得消费者剩余从 A 变为 A+B。

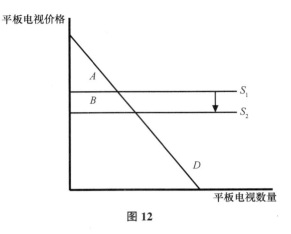

图 12

8. 有四位消费者愿意为理发支付下列价格：

   Gloria   35 美元
   Jay   10 美元
   Claire   40 美元
   Phil   25 美元

   有四家理发店，其成本如下：

   A 理发店   15 美元
   B 理发店   30 美元
   C 理发店   20 美元
   D 理发店   10 美元

   每家店只能为一个人理发。从效率来看，应该有多少次理发？哪些店应该理发？哪些消费者应该理发？最大可能的总剩余是多少？

【解答】

图 13 显示了理发的供给和需求曲线。供给和需求在理发数量为 3 次时达到均衡，价格在

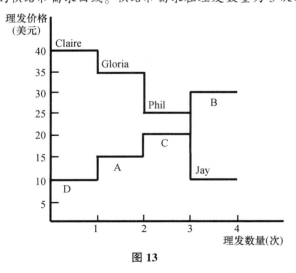

图 13

20美元和25美元之间。A、C、D理发店应该为Claire、Gloria和Phil理发。Jay的支付意愿太低,B理发店的价格太高,因此没有参与理发。总剩余最大化的区域位于需求曲线和供给曲线之间,总共55美元[第一次理发的总剩余(40美元-10美元),加上第二次理发的总剩余(35美元-15美元),加上第三次理发的总剩余(25美元-20美元)]。

9. 过去几十年经济中最大的变化之一是技术进步使生产电脑的成本降低了。
   a. 画出供求图说明电脑市场上价格、数量、消费者剩余和生产者剩余发生了什么变动。
   b. 四十年前学生在写文章时一般用打字机,今天他们都用电脑。电脑和打字机是互补品还是替代品?用供求图说明打字机市场上的价格、数量、消费者剩余和生产者剩余发生了什么变动。电脑技术进步对打字机生产者而言是好事还是坏事?
   c. 电脑和软件是互补品还是替代品?用供求图说明软件市场上的价格、数量、消费者剩余和生产者剩余发生了什么变动。电脑技术进步对软件生产者而言是好事还是坏事?
   d. 上述分析有助于解释为什么软件生产者比尔·盖茨是世界上最富有的人之一吗?

【解答】

a. 如图14所示,市场上电脑生产成本的下降,将使供给曲线从 S_1 向右下方移动到 S_2,因此电脑的均衡价格下降而均衡产量上升。电脑价格的下降使得消费者剩余从 A 增加到 $A+B+C+D$,增加额为 $B+C+D$。

供给曲线移动前,生产者剩余为 $B+E$(供给曲线上方与价格之下的区域)。供给曲线移动后,生产者剩余为 $E+F+G$。因此,生产者剩余变动额为 $F+G-B$,可能是正数也可能是负数。数量的增加导致生产者剩余的增加,价格的下降导致生产者剩余的减少。由于消费者剩余增加 $B+C+D$,生产者剩余增加 $F+G-B$,所以总剩余增加 $C+D+F+G$。

b. 打字机和电脑是替代品。电脑价格的下降会使人们用电脑替代打字机,从而使得打字机的需求曲线向左移动,打字机的均衡价格和均衡数量下降,如图15所示。在打字机市场,消费者剩余从 $A+B$ 变为 $A+C$,净变化为 $C-B$。生产者剩余从 $C+D+E$ 变为 E,净损失 $C+D$。电脑技术的进步对打字机生产者而言是坏事,因为这导致了他们的生产者剩余下降。

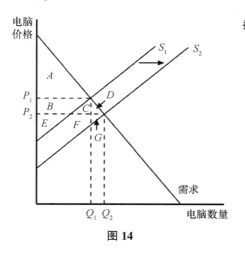

图14

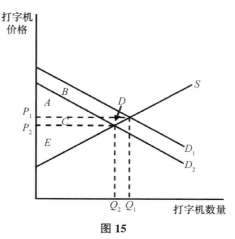

图15

c. 软件和电脑是互补品。当电脑价格下降时,对软件的需求会增加,从而使得软件需求曲线向右移动,导致软件的均衡价格和均衡数量都增加,如图 16 所示。在软件市场,消费者剩余从 B+C 变为 A+B,净变化为 A−C;生产者剩余从 E 变为 C+D+E,增加了 C+D。软件生产者会因为电脑技术的进步而获益。

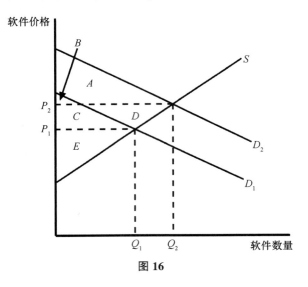

图 16

d. 是的,这种分析有助于解释为什么比尔·盖茨是世界上最富有的人之一。他的公司生产很多软件,而软件市场上的生产者剩余随着电脑技术的进步而不断增加。

10. 你的朋友正在考虑两家手机服务提供商。A 提供商每月收取固定服务费 120 美元,无论打多少次电话都是如此。B 提供商不收取固定服务费,而是每打 1 分钟电话收费 1 美元。你的朋友对每月打电话时间的需求由方程 $Q^D = 150 - 50P$ 给出,其中 P 是每分钟电话的价格。

a. 对每个提供商,你的朋友多打 1 分钟电话的费用是多少?
b. 根据你对 a 的回答,你的朋友用每个提供商的服务会打多少分钟电话?
c. 她每个月向每个提供商付费多少?
d. 她从每个提供商得到的消费者剩余是多少?(提示:画出需求曲线,并回忆一下三角形的面积公式。)
e. 你会推荐你的朋友选择哪一个提供商?为什么?

【解答】

a. 对于提供商 A,多打 1 分钟电话的费用为 0 美元;对于提供商 B,多打 1 分钟电话的费用为 1 美元。

b. 对于提供商 A,我的朋友会打 150 分钟(150−50×0)电话;对于提供商 B,我的朋友会打 100 分钟(150−50×1)电话。

c. 对于提供商 A,她每月会支付 120 美元;对于提供商 B,她每月会支付 100 美元。

d. 我的朋友的需求曲线如图 17 所示。对于提供商 A,她会打 150 分钟电话,她的消费者剩余 = 1/2×3×150−120 = 105。对于提供商 B,她会打 100 分钟电话,她的消费者剩余 = 1/2×2×100 = 100。

e. 我会推荐我的朋友选择提供商 A，因为她可以从提供商 A 那里得到更多的消费者剩余。

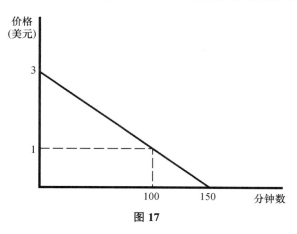

图 17

11. 考虑医疗保险如何影响所进行的医疗服务量。假设一般的治疗成本为 100 美元，但一个有医疗保险的人只需自付 20 美元，他的保险公司支付剩下的 80 美元。（保险公司将通过保险费来收回这 80 美元，但一个人所支付的保险费不取决于他接受了多少治疗。）
   a. 画出医疗市场上的需求曲线（在你的图形中，横轴应该代表治疗的次数）。标出如果治疗价格为 100 美元，治疗的需求量。
   b. 在你的图上标出如果消费者每次治疗只支付 20 美元，治疗的需求量。如果每次治疗的社会成本的确是 100 美元，而且如果个人有如上所述的医疗保险，这一治疗数量能使总剩余最大化吗？解释原因。
   c. 经济学家经常指责医疗保险制度会导致人们滥用医疗。根据你的分析，说明为什么医疗的使用被认为是"滥用"了。
   d. 哪种政策可以防止这种滥用？

【解答】
a. 医疗保险需求如图 18 所示。如果每次医疗服务的价格为 100 美元，那么医疗服务量为 Q_1。

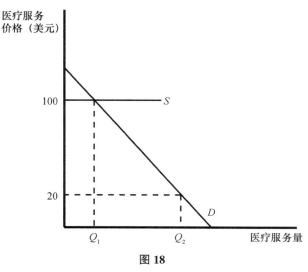

图 18

b. 如果消费者每次治疗只支付 20 美元，那么需求量为 Q_2。因为社会成本为 100 美元，医疗服务量超过了社会最优量，从而不能使总剩余最大化。使总剩余最大化的医疗服务量为 Q_1，小于 Q_2。

c. 消费者为医疗服务支付的价格低于医疗服务的成本，从而导致医疗服务被滥用。因此，医疗市场的经济总剩余减少了。

d. 为防止这种滥用，消费者必须承担医疗服务的边际成本，但这将要求取消医疗保险。另一种可能性是由支付大多数医疗服务边际成本（在本例中为 80 美元）的保险公司自行决定可以支付哪些医疗服务费用。但是保险公司并不能从医疗服务中受益，因此保险公司的决策可能并不能反映医疗服务对消费者的价值。

第8章
应用:税收的代价

学习目标

在本章中,学生应理解

- 税收如何减少消费者剩余和生产者剩余;
- 税收的无谓损失的含义和原因;
- 为什么一些税收的无谓损失大于另一些税收的无谓损失;
- 税收收入和税收的无谓损失如何随税收的规模变动而变动。

框架和目的

第8章是论述福利经济学的三章中的第二章。在关于供给与需求的上一篇中,第6章介绍了税收,并说明了税收如何影响市场上的价格和销售量。第6章还讨论了决定税收负担如何在市场上的买者和卖者之间分摊的因素。第7章提出了福利经济学——关于资源配置如何影响经济福利的研究。第8章把前两章学过的内容结合起来,并分析税收对福利的影响。第9章将分析贸易限制对福利的影响。

第8章的目的是运用第7章所学到的福利经济学的内容来分析在第6章中谈到的税收问题。我们将知道,税收给市场上的买者和卖者带来的成本通常大于政府筹集到的收入。我们还将学习决定税收的成本大于政府筹集到的收入的程度的因素。

内容提要

- 一种物品的税收使该物品买者与卖者的福利减少了,而且消费者剩余和生产者剩余的减少常常超过了政府筹集到的收入。总剩余——消费者剩余、生产者剩余和税收收入之和——的减少被称为税收的无谓损失。
- 税收带来无谓损失是因为它使买者少消费,使卖者少生产,而且,这种变动使市场规模缩小到使总剩余最大化的水平之下。由于供给弹性和需求弹性衡量市场参与者对市场状况变动的反应程度,所以弹性越大意味着无谓损失越大。
- 税收增加越多,对激励的扭曲越大,无谓损失也就越大。但由于税收减小了市场规模,税收收入不会一直增加。税收收入起初随着税收规模的扩大而增加,但如果税收规模达到足够大,税收收入就会开始下降。

教材习题解答

即问即答

1. 画出甜点的供给曲线与需求曲线。如果政府对甜点征税,说明买者支付的价格、卖者得到的价格以及销售量的变动。用你的图说明税收的无谓损失,并解释无谓损失的含义。

   【解答】
   图1表示甜点的供给曲线与需求曲线,Q_1是均衡数量,P_1则是均衡价格。当政府对甜点征税时,买者支付的价格上升到P_B,卖者得到的价格下降到P_S,而销售量从Q_1减少到Q_2。图中需求曲线下方、供给曲线上方与销售量Q_1和Q_2之间的三角形面积就是税收的无谓损失(DWL)。无谓损失就是税收引起的总剩余减少。

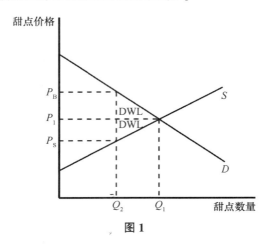

图1

2. 啤酒的需求比牛奶的需求更富有弹性。是啤酒税的无谓损失大,还是牛奶税的无谓损失大?为什么?

   【解答】
   需求曲线越富有弹性,税收的无谓损失就越大。因此,啤酒税的无谓损失将要比牛奶税的无谓损失更大,因为啤酒的需求比牛奶的需求更富有弹性。

3. 如果政府将汽油税翻番,你能肯定汽油税的收入将增加吗?你能肯定汽油税的无谓损失将增加吗?解释原因。

   【解答】
   如果政府将汽油税翻番,汽油税的收入可能增加也可能减少,取决于税收规模在拉弗曲线向上倾斜的部分还是向下倾斜的部分。然而,如果政府将汽油税翻番,你可以肯定的是无谓损失将增加,因为无谓损失总是随着税率的提高而增加。

快速单选

1. 在哪一种情况下对一种物品征税会产生无谓损失?
   a. 消费者剩余和生产者剩余的减少大于税收收入。
   b. 税收收入大于消费者剩余和生产者剩余的减少。

c. 消费者剩余的减少大于生产者剩余的减少。

d. 生产者剩余的减少大于消费者剩余的减少。

2. Sofia 每周付给 Sam 50 美元的剪草坪费。当政府对 Sam 的剪草坪收入征收 10 美元的税时，他把价格提高到 60 美元。在这一较高价格时，Sofia 仍然雇用他。生产者剩余、消费者剩余和无谓损失的变化分别是多少？

   a. 0 美元, 0 美元, 10 美元

   b. 0 美元, -10 美元, 0 美元

   c. 10 美元, -10 美元, 10 美元

   d. 10 美元, -10 美元, 0 美元

3. 鸡蛋的供给曲线是线性的，且向右上方倾斜；需求曲线是线性的，且向右下方倾斜。如果鸡蛋税从 2 美分增加到 3 美分，税收的无谓损失将_____。

   a. 增加 50% 以下，甚至有可能减少

   b. 正好增加 50%

   c. 增加 50% 以上

   d. 答案取决于供给和需求哪个更富有弹性

4. 花生酱有向右上方倾斜的供给曲线和向右下方倾斜的需求曲线。如果税收从每磅 10 美分增加到 15 美分，政府的税收收入将_____。

   a. 增加 50% 以下，甚至有可能减少

   b. 正好增加 50%

   c. 增加 50% 以上

   d. 答案取决于供给和需求哪个更富有弹性

5. 拉弗曲线说明，在某些情况下，政府可以对一种物品减税，并增加_____。

   a. 无谓损失

   b. 政府税收收入

   c. 均衡数量

   d. 消费者支付的价格

6. 如果决策者想通过对一种物品征税来增加收入而又减少无谓损失，那么他就应该找到一种需求弹性_____而供给弹性_____的物品。

   a. 小, 小   b. 小, 大

   c. 大, 小   d. 大, 大

【答案】 1. a 2. b 3. c 4. a 5. b 6. a

复习题

1. 当对一种物品征税时，消费者剩余和生产者剩余会发生怎样的变动？税收收入与消费者剩余和生产者剩余相比较如何？解释原因。

   【解答】
   当对一种物品征税时，消费者剩余和生产者剩余都会减少。消费者剩余和生产者剩余的减少超过了政府筹集到的收入，因此社会总剩余就减少了。税收扭曲了买者和卖者的激励，从而引起了资源配置的无效率。

2. 画出对某种物品征收销售税的供求图。在图上注明无谓损失,标明税收收入。

【解答】

图2说明了对某种物品征收销售税的无谓损失和税收收入。如果没有税收,均衡数量将是 Q_1,均衡价格将是 P_1,消费者剩余将是 $A+B+C$,生产者剩余则将是 $D+E+F$。征税之后,在买者支付的价格 P_B 与卖者收到的价格 P_S 之间就会打入一个楔子,也就是 $P_B = P_S +$ 税。销售量则减少到 Q_2。现在,消费者剩余为 A,生产者剩余为 F,同时政府收入为 $B+D$。税收的无谓损失则是 $C+E$,因为这是销售量从 Q_1 减少到 Q_2 所损失的面积。

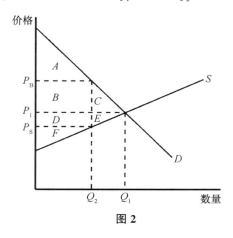

图 2

3. 供给弹性与需求弹性如何影响税收的无谓损失?为什么会有这种影响?

【解答】

需求和供给的弹性越大,税收的无谓损失就越大。因为弹性衡量的是买者和卖者对于价格变动的反应程度,更富有弹性意味着税收会引起数量上更大幅度的下降,也就意味着对市场更大的扭曲。

4. 为什么专家们对劳动税无谓损失大小的看法不一致?

【解答】

专家们关于劳动税无谓损失大小的看法不一致,是因为他们对劳动供给弹性有不同的看法。有些专家认为,劳动供给是相当缺乏弹性的,因此劳动税引起的无谓损失很小。但是另外一些专家认为工人们可以运用多种方式去调整他们的工作时间,因此劳动供给是比较富有弹性的,因此劳动税引起的无谓损失很大。

5. 当税收增加时,无谓损失和税收收入会发生怎样的变动?

【解答】

税收的无谓损失的增加幅度与税收的增加幅度不是同比例变动的。税收收入刚开始会随着税收的增加而增加,但是随着税收的进一步增加,税收收入最终会减少。

问题与应用

1. 比萨饼市场的特征是需求曲线向右下方倾斜,供给曲线向右上方倾斜。

   a. 画出竞争市场的均衡图。标出价格、数量、消费者剩余和生产者剩余。存在无谓损失吗?解释原因。

   b. 假设政府令每个比萨饼店每卖出一个比萨饼缴纳1美元税。说明这种税对比萨饼市场的影响,确定并标出消费者剩余、生产者剩余、政府收入及无谓损失。每块面积与税前相比有何变动?
c. 如果取消税收,比萨饼买者和卖者的状况会变好,但政府会失去税收收入。假设消费者和生产者自愿把他们的部分收入交给政府。各方(包括政府)的状况能比有税收时更好吗?用你的图上所标出的面积做出解释。

【解答】
a. 图3表示比萨饼市场。均衡价格是 P_1,均衡数量是 Q_1,消费者剩余是 $A+B+C$,生产者剩余是 $D+E+F$。图中不存在无谓损失,因为贸易的所有潜在利润都已经得到实现;在需求曲线和供给曲线之间的整个区域就是总剩余量:$A+B+C+D+E+F$。

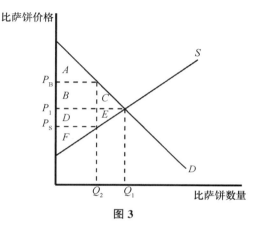

图3

b. 每卖出一个比萨饼缴纳1美元的税,买者支付的价格 P_B 就会高于卖者得到的价格 P_S,即 $P_B=P_S+1$ 美元。数量减少到 Q_2,消费者剩余是 A,生产者剩余是 F,政府收入是 $B+D$,无谓损失是 $C+E$。消费者剩余比税前减少了 $B+C$,生产者剩余比税前减少了 $D+E$,政府收入比税前增加了 $B+D$,无谓损失比税前增加了 $C+E$。

c. 如果政府取消税收,消费者和生产者自愿将 $B+D$ 转交给政府,得以让政府去弥补税收收入的损失,那么各方的状况都会比有税收时更好。在没有税收的情况下,均衡数量会是 Q_1,均衡价格会是 P_1。消费者剩余将会是 $A+C$,因为消费者得到 $A+B+C$ 的剩余,然后自愿将 B 转交给政府。生产者剩余将会是 $E+F$,因为生产者得到 $D+E+F$ 的剩余,然后自愿将 D 转交给政府。消费者和生产者都会比有税收时的状况更好。如果消费者和生产者把比 $B+D$ 更多一点的部分转交给政府,那么这三方(包括政府)的状况都会比之前更好。这些说明了税收政策的无效率。

2. 评价以下两句话。你同意吗?为什么?
a. "一种没有无谓损失的税收不能为政府筹集任何收入。"
b. "不能为政府筹集收入的税收不会有任何无谓损失。"

【解答】
a. "一种没有无谓损失的税收不能为政府筹集任何收入"的说法是不正确的。一个反例是当供给或者需求完全缺乏弹性时的税收。此时税收既没有影响数量,也没有产生无谓损失,但却增加了收入。
b. "不能为政府筹集收入的税收不会有任何无谓损失"的说法是不正确的。一个反例是对卖者征收100%的税收。由于物品销售要征收100%的税，卖者就不会供给任何物品，因此该税收不能为政府筹集收入。然而该税收会产生大量的无谓损失，因为它使销售量减少到零。

3. 考虑橡皮筋市场。
   a. 如果这个市场供给非常富有弹性，而需求非常缺乏弹性，橡皮筋的税收负担将如何在消费者和生产者之间分摊？运用消费者剩余和生产者剩余工具来回答。
   b. 如果这个市场供给非常缺乏弹性，而需求非常富有弹性，橡皮筋的税收负担将如何在消费者和生产者之间分摊？把你的答案和a的答案进行对比。

【解答】
   a. 如果橡皮筋市场的供给非常富有弹性，而需求非常缺乏弹性，则橡皮筋的税收负担主要由买者来承担。如图4所示，消费者剩余的减少非常明显，即减少了 A+B，但是生产者剩余的减少量仅为 C+D。
   b. 如果橡皮筋市场的供给非常缺乏弹性，而需求非常富有弹性，则橡皮筋的税收负担主要由卖者来承担。如图5所示，消费者剩余的减少并不明显，仅为 A+B，然而生产者剩余大幅下降，即下降了 C+D。与a的答案相比，生产者分摊了更多的税收负担，同时消费者分摊了相对少的税收负担。

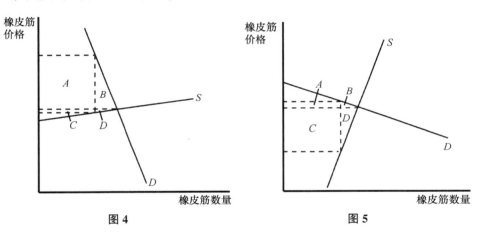

图4　　　　　　　　　　图5

4. 假设政府征收燃油税。
   a. 这种税的无谓损失是在征税后第一年大，还是第五年大？解释原因。
   b. 从这种税中得到的收入是在征税后第一年多，还是第五年多？解释原因。

【解答】
   a. 燃油税的无谓损失很可能在征税后的第五年比第一年更大。在征税的第一年，由于那些拥有燃油加热器的人们不可能立刻替换掉它们，故燃油需求是相对缺乏弹性的。但是随着时间的推移，他们可能转向其他的能源来源。购买新的加热器的人们将更可能选择使用天然气或电力产品，因此税收将对燃油的销售量有很大的影响。因此，随着时间的推移，燃油税的无谓损失将会更大。
   b. 从燃油税中得到的收入很可能在征税后第一年比第五年更多。在第一年，需求更缺乏弹性，因此销售量不会大幅减少，税收收入相对较高。随着时间的推移，更多的人选择用新的能源代替燃油,燃油的销售量就会下降,税收收入也将随之减少。

5. 有一天在上完经济学课以后,你的朋友建议说:对食物征税是筹集收入的一个好方法,因为食物的需求是相当缺乏弹性的。从什么意义上说,对食物征税是筹集税收收入的"好"方法?从什么意义上说,它并不是筹集税收收入的"好"方法?

【解答】
食物的需求是相当缺乏弹性的,对食物征税只会产生很小的无谓损失,这是筹集税收收入的一个好方法。因此对食物征税比对其他物品征税的效率更高。但是从公平的角度来看,它并不是筹集税收收入的一个好办法,因为较贫穷的人们花费了他们收入当中占比较高的金额在食物上。对食物征税对他们产生的影响将远远大于对较富有的人产生的影响。

6. 前纽约州参议员 Daniel Patrick Moynihan 曾经提出一个法案,该法案要对某种空心子弹征收 10 000% 的税。
   a. 你认为这种税能筹集到大量税收收入吗?为什么?
   b. 即使这种税不能筹集到税收收入,Moynihan 参议员为什么还要提议征收这种税呢?

【解答】
   a. 这种税的税率如此之高,以至于不可能筹集到多少税收收入。由于税率较高,市场上的均衡数量很可能达到或接近于零。
   b. Moynihan 参议员的目的可能是禁止空心弹的使用。在这种情况下,该税收可能跟完全的禁令一样有效。

7. 政府对购买袜子征税。
   a. 说明这种税对袜子市场的均衡价格和均衡数量的影响。确定在征税前后的以下面积:消费者总支出、生产者总收益和政府税收收入。
   b. 生产者得到的价格上升了还是下降了?你能判断出生产者的总收益增加了还是减少了吗?解释原因。
   c. 消费者支付的价格上升了还是下降了?你能判断出消费者的总支出增加了还是减少了吗?详细解释。(提示:考虑弹性。)如果消费者总支出减少了,消费者剩余增加了吗?解释原因。

【解答】
   a. 图6表示袜子市场和税收对它产生的影响。在征税前,袜子的均衡数量是 Q_1,均衡价格是 P_1,消费者的总支出和生产者的总收益持平,为 $P_1 \times Q_1$,等同于 $B+C+D+E+F$,政府税收收入为零。在征税后,在买者支付的价格 P_B 与卖者收到的价格 P_S 之间就会产生一个楔子,也就是 $P_B=P_S+$税。销售量则减少到 Q_2。这样消费者的总支出就是 $P_B \times Q_2$,等同于 $A+B+C+D$,生产者的总收益就是 $P_S \times Q_2$,即 $C+D$,同时政府税收收入是 $Q_2 \times$税,即 $A+B$。
   b. 除了在供给完全富有弹性或需求完全缺乏弹性的情况下,生产者得到的价格会由于税收而下降。生产者的总收益减少了,减少的部分等于 $B+E+F$。
   c. 除了在需求完全富有弹性或供给完全缺乏弹性的情况下,消费者支付的价格会由于税收而上升。消费者总支出是增加还是减少取决于需求是否富有弹性。如果需求是富有弹性的,那么数量减少的比例将超过价格上升的比例,因此消费者总支出将减少。如果需求是缺乏弹性的,那么数量减少的比例将小于价格上升的比例,因此消费者总支出将增加。无论消费者总支出是增加还是减少了,消费者总剩余都减少了,因为价格上升了,同时数量减少了。

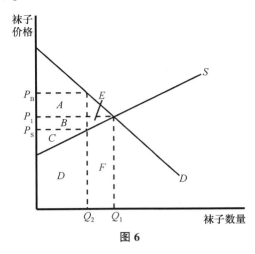

图 6

8. 本章分析了对物品征税的福利影响。现在考虑相反的政策。假定政府补贴一种物品:每销售 1 单位该物品,政府向买者支付 2 美元。该补贴如何影响消费者剩余、生产者剩余、税收收入和总剩余?补贴会引起无谓损失吗?解释原因。

【解答】

图 7 表示政府对某一物品补贴 2 美元产生的影响。没有补贴前,均衡价格是 P_1,均衡数量是 Q_1。有了补贴后,购买者支付价格 P_B,生产者得到的价格是 $P_S(P_S=P_B+2$ 美元$)$,同时销售量为 Q_2。下面的表格表示该补贴对消费者剩余、生产者剩余、政府税收收入以及总剩余的影响。因为市场总剩余减少了 $D+H$,所以该补贴会引起一定数量上的无谓损失。

	补贴前	补贴后	变化
消费者剩余	$A+B$	$A+B+E+F+G$	$+(E+F+G)$
生产者剩余	$E+I$	$B+C+E+I$	$+(B+C)$
政府税收收入	0	$-(B+C+D+E+F+G+H)$	$-(B+C+D+E+F+G+H)$
总剩余	$A+B+E+I$	$A+B-D+E-H+I$	$-(D+H)$

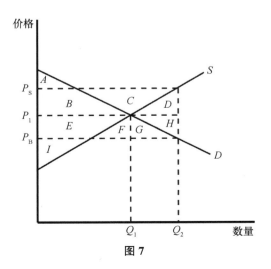

图 7

9. 小镇的旅馆房间价格为每天每间 100 美元,一般每天租出去 1 000 个房间。

   a. 为了筹集收入,市长决定对旅馆每个租出去的房间收取 10 美元的税。在征税之后,旅馆房间的价格上升到 108 美元,租出去的房间减少为 900 个。计算这种税为小镇筹集到多少收入,以及税收的无谓损失。

   b. 市长现在把税收翻一番,即增加到 20 美元。价格上升到 116 美元,租出去的房间减少为 800 个。计算税收增加后的税收收入和无谓损失。它们是等于、大于,还是小于原来的两倍?解释原因。

【解答】

   a. 图 8 显示了对旅馆每个租出去的房间征收 10 美元的税而产生的影响。A+B 代表这种税为小镇筹集到的收入,等于 10 美元×900=9 000 美元。C+D 代表税收的无谓损失,等于 0.5×10 美元×100=500 美元。

   b. 图 9 表示对旅馆每个租出去的房间征收 20 美元的税而产生的影响。A+B 代表这种税为小镇筹集到的收入,等于 20 美元×800=16 000 美元。C+D 代表税收的无谓损失,等于 0.5×20 美元×200=2 000 美元。

   当税收翻番后,税收收入的增加小于原来的两倍,而税收的无谓损失的增加大于原来的两倍。因为更高的税收引起了对市场更大的扭曲。

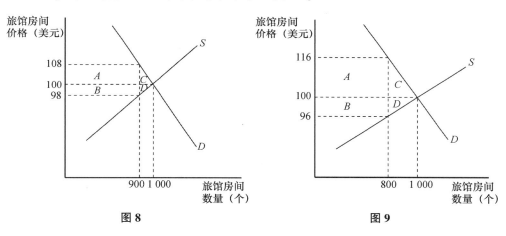

图 8   图 9

10. 假设某个市场可由以下供给和需求方程来描述:
$$Q^S = 2P$$
$$Q^D = 300 - P$$

   a. 求解均衡价格和均衡数量。

   b. 假设对买者征收税收 T,因此新的需求方程式是:
$$Q^D = 300 - (P+T)$$
   求解新的均衡。卖者得到的价格、买者支付的价格和销售量会发生什么变动?

   c. 税收收入是 $T \times Q$。用你对问题 b 的答案求解作为 T 的函数的税收收入。画出 T 在 0 和 300 之间时这种关系的图形。

   d. 税收的无谓损失是供给曲线和需求曲线之间三角形的面积。回忆一下,三角形的面积是 1/2×底×高,以此求解作为 T 的函数的无谓损失。画出 T 在 0 和 300 之间时这种关系的图形。(提示:从侧面看,无谓损失三角形的底是 T,高是有税收时的销售量与无税收时的销售量之差。)

e. 现在政府对每单位该物品征收 200 美元的税。这是一种好政策吗?为什么?你能提出更好的政策吗?

【解答】

a. 假设供给量等于需求量,即 $2P=300-P$,得到 $P=100$。将 $P=100$ 代回供给和需求的方程后得到 $Q=200$。

b. 现在 P 是卖者得到的价格,$P+T$ 是买者支付的价格。需求量等于供给量,则有 $2P=300-(P+T)$。由此可得 $P=100-T/3$。该价格就是卖者得到的价格。买者支付的价格等于卖者得到的价格加上税收($P+T=100+2T/3$)。目前的销售量则是 $Q=2P=200-2T/3$。

c. 因为税收收入是 $T×Q$,而 $Q=200-2T/3$,税收收入等于 $200T-2T^2/3$。图 10 用曲线显示了它们之间的关系。税收收入在 $T=0$ 和 $T=300$ 时是零。

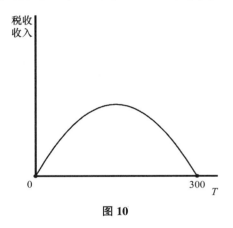

图 10

d. 如图 11 所示,代表无谓损失的三角形的面积为 1/2×底×高,无谓损失三角形的底(T)也就是税前与税后的价格之差,高是税前与税后的销售量之差($2T/3$)。因此无谓损失等于 $1/2×T×2T/3=T^2/3$。如图 12 所示,当 T 从 0 上升到 300 时,无谓损失从 0 上升到 30 000 美元。

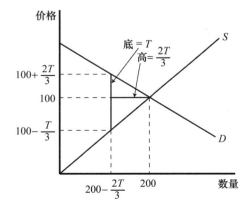

图 11

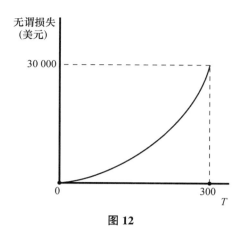

图 12

e. 政府对每单位该物品征收 200 美元的税是一种不利政策,因为在该税收水平上,税收收入是在下降。政府可以将对每单位该物品征收的税减少到 150 美元,这样就能得到更多的税收收入(当税收是 150 美元时,税收收入达到 15 000 美元,而当税收是 200 美元时,税收收入是 13 333 美元),同时无谓损失减少了(当税收分别为 150 美元和 200 美元时,无谓损失分别是 7 500 美元和 13 333 美元)。

第9章
应用:国际贸易

学习目标

在本章中,学生应理解
- 一国是进口还是出口一种物品由什么决定;
- 在国际贸易中谁获益,谁受损;
- 国际贸易中赢家的收益大于输家的损失;
- 关税和进口配额的福利影响;
- 人们用来支持贸易限制的各种论据。

框架和目的

第9章是论述福利经济学的三章中的第三章。第7章介绍了福利经济学——研究资源配置如何影响经济福利。第8章把福利经济学的内容运用于税收。第9章把第7章中介绍的福利经济学的工具运用于国际贸易的研究(我们在第3章中第一次介绍了国际贸易)。

第9章的目的是运用有关福利经济学的知识更准确地研究贸易的好处,在第3章中我们只研究了比较优势和贸易的好处。在本章中我们将提出决定一国进口还是出口一种物品的条件,并找出当一国进口或出口一种物品时,谁获益,谁受损。我们将发现,当允许自由贸易时,赢家的收益大于输家的损失。由于贸易有好处,我们将说明对自由贸易的限制减少了贸易的好处,并与税收类似地引起无谓损失。

内容提要

- 通过比较没有国际贸易时的国内价格和世界价格,可以确定自由贸易的影响。国内价格低表明,该国在生产这种物品上有比较优势,该国将成为出口者。国内价格高表明,世界其他国家在生产这种物品上有比较优势,该国将成为进口者。
- 当一国允许贸易并成为一种物品的出口国时,该物品生产者的状况变好了,消费者的状况变差了。当一国允许贸易并成为一种物品的进口国时,该物品消费者的状况变好了,生产者的状况变差了。在这两种情况下,贸易的好处都大于损失。
- 关税——对进口物品征收的一种税——使市场向没有贸易时的均衡移动,因此,减少了贸易的好处。虽然国内生产者的状况变好了,政府筹集了收入,但消费者的损失大于这些好处。
- 有各种限制贸易的观点：保护工作岗位、保卫国家安全、帮助幼稚产业、防止不公平竞争以及对外国的贸易限制做出反应。尽管这些观点在某些情况下有些道理，但经济学家相信，自由贸易通常是一种更好的政策。

教材习题解答

即问即答

1. Autarka国不允许国际贸易。在Autarka国，你可以用3盎司黄金买一件羊毛套装。同时，你在邻国可以用2盎司黄金买一件同样的羊毛套装。如果Autarka国打算允许自由贸易，它将进口还是出口羊毛套装？为什么？

   【解答】
   因为邻国羊毛套装的价格比Autarka国更便宜，所以如果Autarka国打算允许自由贸易，它将进口羊毛套装。

2. 画出Autarka国羊毛套装的供给曲线与需求曲线。当允许贸易时，一件羊毛套装的价格从3盎司黄金下降为2盎司黄金。在你画的图中，标明消费者剩余的变动、生产者剩余的变动和总剩余的变动。羊毛套装进口关税将如何改变上述结果？

   【解答】
   图1显示了Autarka国羊毛套装的供给曲线和需求曲线。在没有贸易的情况下，羊毛套装的价格是3盎司黄金，消费者剩余是区域A，生产者剩余是B+C，总剩余是A+B+C。当允许贸易时，价格下降为2盎司黄金，消费者剩余增加到A+B+D（增加了B+D），生产者剩余下降到C（减少了B），因此总剩余增加到A+B+C+D（增加了D）。羊毛套装进口关税将减少消费者剩余的增长，减少生产者剩余的下降，同时减少总剩余的增加。

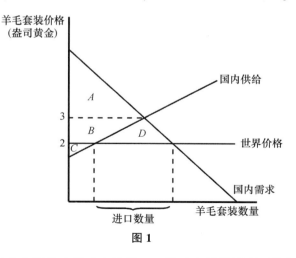

图1

3. Autarka国的纺织行业主张禁止羊毛套装进口。描述它的游说者可能提出的五种观点。对其中每一种观点做出回应。

【解答】

关于纺织行业主张禁止羊毛套装进口,游说者可能提出五种论点赞成该禁令:(1)羊毛套装进口会影响工作岗位;(2)羊毛套装行业对国家安全至关重要;(3)羊毛套装行业才刚起步,需要保护其免受来自国外的竞争;(4)其他国家不公平地对它们的羊毛套装行业进行补贴;(5)禁止羊毛套装进口可以在国际谈判中被用作谈判筹码。

从支持羊毛套装自由贸易的立场来说,你应该做出如下回应:(1)即使自由贸易会减少羊毛套装行业的工作岗位,但它在其他行业会创造很多工作机会,并使 Autarka 国人民享受到更高的生活水平;(2)羊毛套装在军事上的角色可能被夸大了;(3)对一个行业的成长来说,政府的保护是没必要的,它需要靠自我去成长;(4)Autarka 国国民能够以补贴价格购买羊毛套装是件好事;(5)对自由贸易进行限制的威胁可能会适得其反,它会导致更低的贸易水平,导致每个人得到更低的经济福利。

快速单选

1. 如果一个不允许钢铁进行国际贸易的国家的国内价格低于世界价格,那么_____。
   a. 该国在生产钢铁中有比较优势,如果开放贸易会成为钢铁出口国
   b. 该国在生产钢铁中有比较优势,如果开放贸易会成为钢铁进口国
   c. 该国在生产钢铁中没有比较优势,如果开放贸易会成为钢铁出口国
   d. 该国在生产钢铁中没有比较优势,如果开放贸易会成为钢铁进口国

2. 当 Ectenia 国在咖啡豆方面对世界开放贸易时,国内咖啡豆的价格下降。以下哪一个选项说明了这种情况?
   a. 国内咖啡产量增加,而且 Ectenia 变成了咖啡进口国。
   b. 国内咖啡产量增加,而且 Ectenia 变成了咖啡出口国。
   c. 国内咖啡产量减少,而且 Ectenia 变成了咖啡进口国。
   d. 国内咖啡产量减少,而且 Ectenia 变成了咖啡出口国。

3. 当一国开放一种产品的贸易并成为一个进口国时,将带来哪种结果?
   a. 生产者剩余减少,但消费者剩余和总剩余都增加。
   b. 生产者剩余减少,消费者剩余增加,而进口对总剩余的影响不确定。
   c. 生产者剩余和总剩余都增加,但消费者剩余减少。
   d. 生产者剩余、消费者剩余和总剩余都增加。

4. 如果进口一种产品的国家征收关税,这就会增加_____。
   a. 国内需求量
   b. 国内供给量
   c. 从国外的进口量
   d. 以上全部

5. 以下哪一种贸易政策将有利于生产者,损害消费者,并增加一国贸易量?
   a. 增加对进口国征收的关税。
   b. 减少对进口国征收的关税。
   c. 当世界价格高于国内价格时,开始允许贸易。
   d. 当世界价格低于国内价格时,开始允许贸易。

6. 征收关税和在进口配额下发放许可证的主要差别是关税增加了_____。

a. 消费者剩余
b. 生产者剩余
c. 国际贸易
d. 政府收入

【答案】 1. a　2. c　3. a　4. b　5. c　6. d

复习题

1. 一国在没有国际贸易时的国内价格向我们传达了关于该国比较优势的哪些信息？

   【解答】
   一国在没有国际贸易时，如果国内价格高于世界价格，则该国在生产这种物品上没有比较优势；如果国内价格低于世界价格，那么该国在生产这种物品上就有比较优势。

2. 一国什么时候成为一种物品的出口者？什么时候成为进口者？

   【解答】
   在一国的国内价格低于世界价格时，该国将出口该物品。因此，当该国在生产这种物品上有比较优势，且允许自由贸易时，该国将成为出口者。在一国的国内价格高于世界价格时，该国将进口该物品。因此，当该国在生产这种物品上没有比较优势，且允许自由贸易时，该国将成为进口者。

3. 画出一个进口国的供求图。在允许贸易之前，消费者剩余和生产者剩余是多少？有自由贸易时，消费者剩余和生产者剩余是多少？总剩余有什么变化？

   【解答】
   图2显示了一个进口国的供给曲线和需求曲线。在允许贸易之前，消费者剩余是 A，生产者剩余是 $B+C$。允许自由贸易后，消费者剩余是 $A+B+D$，生产者剩余是 C。总剩余的变化是增加了 D。

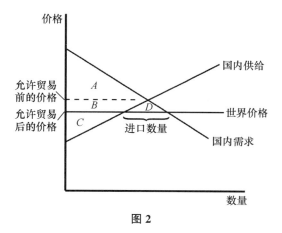

图2

4. 描述什么是关税以及关税的经济影响。

   【解答】
   关税是对在国外生产而在国内销售的物品征收的一种税。如果一个国家是一种物品的进口国，关税会减少进口量，并使国内市场向没有贸易时的均衡移动，提高了物品价格，减少了消费者剩余和总剩余,然而增加了生产者剩余和政府收入。

5. 列出经常用来支持贸易限制的五种观点。经济学家如何对这些观点做出回应?

   【解答】
   经常用来支持贸易限制的五种观点:(1) 工作岗位论;(2) 受竞争威胁的行业可能对国家安全至关重要;(3) 贸易限制有助于新兴行业的建立;(4) 一些国家不正当地补贴它们的企业,因此国际市场上的竞争是不公平的;(5) 贸易限制有利于谈判中的讨价还价。经济学家不同意上述观点,理由如下:(1) 自由贸易在消灭一些工作岗位的同时也创造了另一些工作岗位;(2) 关于国家安全的理由可能被夸大了;(3) 政府无法轻松地确定哪个新兴行业值得保护;(4) 如果各国补贴它们的出口,则会使进口国的消费者受益;(5) 将贸易限制作为讨价还价筹码的策略是有风险的,因为它可能会适得其反,致使该国在没有贸易时的情况更糟。

6. 实现自由贸易的单边方法和多边方法之间有什么区别?各举一个例子。

   【解答】
   实现自由贸易的单边方法是一国单方面取消自己的贸易限制,多边方法是多个国家相互进行谈判以共同减少贸易限制。英国在19世纪就采取了单边方法,智利和韩国在近年也采取了这种方法。多边方法的例子包括1993年的北美自由贸易协定(NAFTA)和第二次世界大战后的关税及贸易总协定(GATT)。

问题与应用

1. 没有贸易时,世界红酒的价格低于加拿大的现行价格。

   a. 假设加拿大的红酒进口只是世界红酒总产量的一小部分,画出自由贸易下加拿大红酒市场的图形。在一个适当的表中,列出消费者剩余、生产者剩余和总剩余。

   b. 现在假设墨西哥湾流的异常移动使欧洲的夏天气候异常寒冷,降低了大部分的葡萄收成。这种冲击对世界红酒价格有什么影响?用你在问题a中的图和表说明对加拿大的消费者剩余、生产者剩余和总剩余的影响。谁是赢家?谁是输家?加拿大作为一个整体,状况变好了还是变坏了?

   【解答】
   a. 图3显示了自由贸易下的加拿大红酒市场,红酒的世界价格为 P_1。此时的消费者剩余、生产者剩余和总剩余如下表的第1列所示。

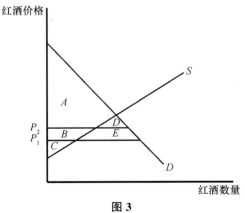

图 3

	P_1	P_2	变动
消费者剩余	$A+B+D+E$	$A+D$	$-B-E$
生产者剩余	C	$B+C$	$+B$
总剩余	$A+B+C+D+E$	$A+B+C+D$	$-E$

b. 墨西哥湾流的异常移动降低了欧洲大部分的葡萄收成,从而提升了红酒的世界价格至 P_2。上表显示了消费者剩余、生产者剩余和总剩余的新面积,同时显示了这些剩余的变动。消费者是输家,生产者是赢家,加拿大作为一个整体,状况变得更坏了。

2. 假设国会对进口汽车征收关税,以保护美国汽车工业免受外国竞争,并且假设美国在世界汽车市场上是一个价格接受者。用图形说明:进口量的变化、美国消费者的损失、美国制造商的收益、政府收入以及关税带来的无谓损失。消费者的损失可以分为三部分:转移给国内生产者的收益、转移给政府的收入及无谓损失。用你的图形确定这三个部分。

【解答】
对进口汽车征收关税的影响如图4所示。在没有关税时,汽车价格为 P_W,美国的供给量为 Q_1^S,美国的购买量为 Q_1^D。美国进口 $Q_1^D-Q_1^S$ 的汽车。征收关税会提高汽车的价格至 P_W+t,随之美国制造商的汽车供给量也会增加至 Q_2^S,而购买量会减少至 Q_2^D。这就使进口量减少至 $Q_2^D-Q_2^S$。下表列明了征收关税前后的消费者剩余、生产者剩余、政府收入和总剩余。由于消费者剩余减少了 $C+D+E+F$,而生产者剩余增加了 C,政府收入增加了 E,无谓损失就是 $D+F$。消费者剩余损失总量 $C+D+E+F$ 分为以下几部分:C 转移给生产者,E 转移给政府,$D+F$ 就是无谓损失。

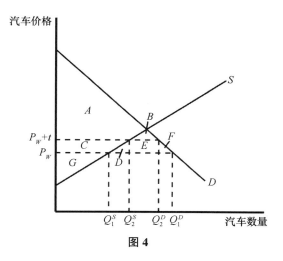

图4

	征收关税前	征收关税后	变动
消费者剩余	A+B+C+D+E+F	A+B	−C−D−E−F
生产者剩余	G	C+G	+C
政府收入	0	E	+E
总剩余	A+B+C+D+E+F+G	A+B+C+E+G	−D−F

3. 当中国的纺织业扩张时,世界供给的增加降低了纺织品的世界价格。
   a. 画出一个适当的图来分析这种价格变动如何影响像美国这样的纺织品进口国的消费者剩余、生产者剩余和总剩余。
   b. 现在画出一个适当的图来说明这种价格变动如何影响像多米尼加共和国这样的纺织品出口国的消费者剩余、生产者剩余和总剩余。
   c. 比较你对 a 和 b 的答案。相同之处是什么?不同之处是什么?哪一个国家应担心中国纺织品行业的扩张?哪一个国家应欢迎这种情况?解释原因。

【解答】
   a. 对于一个纺织品进口国来说,世界价格的降低产生的影响如图 5 所示。原始价格为 P_{W1},原始的进口量为 $Q_1^D - Q_1^S$。新的世界价格为 P_{W2},新的进口量为 $Q_2^D - Q_2^S$。下面的表格显示了消费者剩余、生产者剩余和总剩余及变动情况。国内消费者的境况变好了,而国内生产者的境况变差了。总剩余增加了 $D+E+F$。

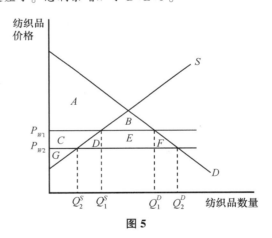

图 5

	P_{W1}	P_{W2}	变动
消费者剩余	A+B	A+B+C+D+E+F	C+D+E+F
生产者剩余	C+G	G	−C
总剩余	A+B+C+G	A+B+C+D+E+F+G	D+E+F

   b. 对于一个像多米尼加共和国这样的纺织品出口国来说,世界价格的降低产生的影响如图 6 所示。原始价格为 P_{W1},原始的出口量为 $Q_1^S - Q_1^D$。新的世界价格为 P_{W2},新的出口量为 $Q_2^S - Q_2^D$。下表显示了消费者剩余、生产者剩余和总剩余及变动情况。国内消费者的境况变好了,而国内生产者的境况变差了。总剩余减少了 D。

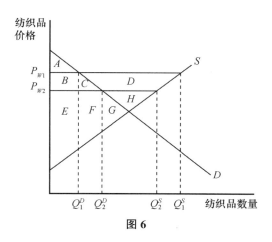

图6

	P_{W1}	P_{W2}	变动
消费者剩余	A	A+B+C	B+C
生产者剩余	B+C+D+E+F+G+H	E+F+G+H	−B−C−D
总剩余	A+B+C+D+E+F+G+H	A+B+C+E+F+G+H	−D

c. 总的来说,进口国从纺织品世界价格的下降中获益,而出口国却从中受损。

4. 考虑本章中支持限制贸易的观点。

   a. 假设你是一个木材业的游说者,该行业因低价格的国外竞争而受损。你认为五种限制贸易的观点中,哪两个或三个能最有效地说服普通议员?解释你的理由。

   b. 现在假设你是一个聪明的经济学专业学生(希望这不是一个难以实现的假设)。虽然所有支持限制贸易的观点都有缺点,但请选择两个或三个看来对你最具经济学意义的观点。对于其中每种支持限制贸易的观点,给出支持它或反对它的经济学原理。

【解答】

a. 这有多种可能的答案,其中一种正确答案是工作岗位论和不公平竞争论。木材行业雇用了很多工人,这些工人可能没经过在其他行业中工作的良好培训,因此如果实行自由贸易,他们就会因为价格更低的进口物品而失去工作。其他国家对木材行业的管制可能不那么严格,从而使竞争者的产品更加廉价。

b. 这有多种可能的答案,其中一种正确答案是国家安全论和幼稚产业论。支持国家安全论的经济学原理是,如果某种物品对国家安全非常重要,我们就不应该在该物品的生产上依赖进口。反对国家安全论的经济学原理是,贸易限制的支持者可能夸大该物品对国家安全的重要性。支持幼稚产业论的经济学原理是,需要对新兴产业中的企业进行保护,使其免受来自国外的竞争,以确保该产业的成熟。反对幼稚产业论的经济学原理是,政府很难预见哪个产业是有利可图并值得保护的。

5. Textilia 国不允许服装进口。在没有贸易的均衡下,一件 T 恤衫的价格为 20 美元,均衡产量为 300 万件。有一天该国总统在度假时读了亚当·斯密的《国富论》,他决定向世界开放 Textilia 国的市场。T 恤衫的市场价格下降到世界价格 16 美元。Textilia 国消费的 T 恤衫增加到 400 万件,而生产的 T 恤衫减少到 100 万件。

   a. 用一个图描述以上情况。你的图上应该标明所有数字。

b. 计算开放贸易引起的消费者剩余、生产者剩余和总剩余的变动。

【解答】

a. 图7显示了Textilia国的T恤衫市场。在没有贸易时,一件T恤衫的国内价格为20美元,当价格下降为16美元时,T恤衫的进口量为300万件。

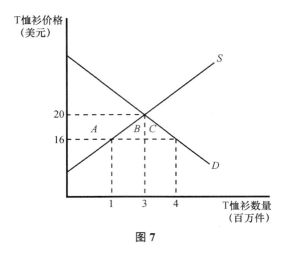

图7

b. 消费者剩余增加了$A+B+C$。其中,$A=4\times1+0.5\times4\times2=8$,$B=0.5\times4\times2=4$,$C=0.5\times4\times1=2$。消费者剩余增加了1 400万美元。生产者剩余减少了A,即生产者剩余减少了800万美元。总剩余增加了$B+C$,即总剩余增加了600万美元。

6. 中国是一个粮食(如小麦、玉米和大米)的生产大国。若干年前,中国政府由于担心粮食出口提高了国内消费者的食品价格,所以对粮食出口征税。

a. 画出一个说明出口国粮食市场的图形。把这个图作为回答以下问题的出发点。
b. 出口税对国内粮食价格有什么影响?
c. 它如何影响国内消费者的福利、国内生产者的福利及政府收入?
d. 用消费者剩余、生产者剩余和税收收入的总和来衡量中国的总福利会发生什么变化?

【解答】

a. 图8表示一个出口国的粮食市场。世界价格为P_W。

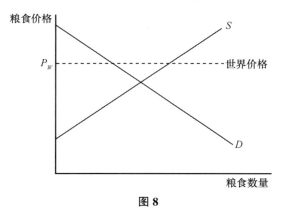

图8

b. 出口税将降低出口国收到的有效世界价格。

c. 出口税将使国内消费者剩余增加,国内生产者剩余减少,政府收入增加。

d. 因为生产者剩余的下降量高于消费者剩余和政府收入变化的总和,所以总剩余下降。出口税造成了无谓损失。

7. 考虑一个从外国进口某种物品的国家。判断以下各种说法是对还是错。解释你的答案。

   a. "需求弹性越大,从贸易中获益越多。"

   b. "如果需求完全无弹性,就不能从贸易中获益。"

   c. "如果需求完全无弹性,消费者就不能从贸易中获益。"

   【解答】

   a. 正确。对于一个既定的世界价格(低于国内价格)而言,需求弹性越大,需求量上升越多。因此,需求弹性越大,消费者剩余也会越大,即从贸易中获益会越多。

   b. 错误。需求量会保持不变,但消费者会支付更低的价格。这将增加消费者剩余。国内生产者剩余将下降,但是低于消费者剩余的增加。所以从贸易中的获益会增加。

   c. 错误。当允许贸易时,即使需求量没有增加,消费者剩余也会增加,因为消费者将支付更低的价格,即消费者可以从贸易中获益。

8. 在否决了纺织品关税(进口税)提案之后,Isoland 国总统现在考虑对纺织品消费(既包括进口的纺织品,也包括国内生产的纺织品)征收同样数额的税。

   a. 用教材中的图 9-4 确定在纺织品消费税下,Isoland 国纺织品的消费量和生产量。

   b. 对纺织品消费税设计一个与教材中图 9-4 中表格相似的表格。

   c. 哪一种税——消费税还是关税——使政府筹集的收入更多?哪一种税的无谓损失更少?解释原因。

   【解答】

   a. 教材中的图 9-4 显示,Isoland 国纺织品的消费量将下降为 Q_2^D,即在有关税时的消费量。然而,生产量并不会发生变化,因为卖者得到的价格将等同于世界价格。因此,生产量将保持在 Q_1^S。

   b. 纺织品消费税的影响如下表所示:

	世界价格	世界价格+税	变动
消费者剩余	A+B+C+D+E+F	A+B	−C−D−E−F
生产者剩余	G	G	无
政府收入	无	C+D+E	C+D+E
总剩余	A+B+C+D+E+F+G	A+B+C+D+E+G	−F

   c. 消费税使政府筹集的收入更多,因为消费税是对所有单位的物品征税(不仅是对进口的单位征税)。因此,消费税的无谓损失小于关税的无谓损失。

9. 假设美国是一个电视进口国,而且没有贸易限制。美国消费者一年购买 100 万台电视,其中 40 万台是国内生产的,60 万台是进口的。

   a. 假设日本电视制造商的技术进步使世界电视价格下降了 100 美元。画图说明这种变化如何影响美国消费者和美国生产者的福利,以及如何影响美国的总剩余。

   b. 价格下降后,消费者购买 120 万台电视,其中 20 万台是国内生产的,而 100 万台是进口的。计算价格下降引起的消费者剩余、生产者剩余和总剩余的变动。

c. 如果政府的反应是对进口电视征收 100 美元关税,这会产生什么影响?计算筹集的收入和无谓损失。从美国福利的角度看,这是一个好政策吗?谁可能会支持这项政策?
d. 假设价格下降并不是由于技术进步,而是由于日本政府向该行业进行了每台电视 100 美元的补贴。这会影响你的分析吗?

【解答】
a. 当技术进步使电视的世界价格下降时,对美国这样一个电视进口国产生的影响如图 9 所示。电视的世界价格最初为 P_1,消费者剩余为 $A+B$,生产者剩余为 $C+G$,总剩余为 $A+B+C+G$,进口量为"进口$_1$"。技术进步后,电视的世界价格下降为 P_2(等于 P_1−100),消费者剩余增加了 $C+D+E+F$,生产者剩余减少了 C,总剩余增加了 $D+E+F$,进口量上升为"进口$_2$"。

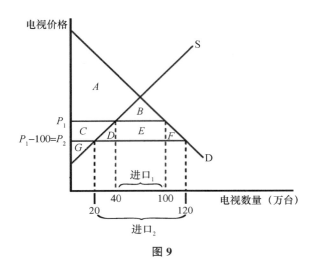

图 9

	P_1	P_2	变动
消费者剩余	$A+B$	$A+B+C+D+E+F$	$C+D+E+F$
生产者剩余	$C+G$	G	$-C$
总剩余	$A+B+C+G$	$A+B+C+D+E+F+G$	$D+E+F$

b. 各个区域的面积计算如下:$C = 200\,000 \times 100$ 美元 $+ 0.5 \times 200\,000 \times 100$ 美元 $= 3\,000$ 万美元,$D = 0.5 \times 200\,000 \times 100$ 美元 $= 1\,000$ 万美元,$E = 600\,000 \times 100$ 美元 $= 6\,000$ 万美元,$F = 0.5 \times 200\,000 \times 100$ 美元 $= 1\,000$ 万美元。因此,消费者剩余增加了 1.1 亿美元,生产者剩余减少了 3\,000 万美元,总剩余增加了 8\,000 万美元。

c. 如果征收 100 美元的关税,那么,生产者剩余、消费者剩余都将恢复到最初的量。因而,消费者剩余减少了 $C+D+E+F$(1.1 亿美元),生产者剩余增加了 C(3\,000 万美元),政府征收了 100 美元 $\times 600\,000 = 6\,000$ 万美元的关税,征收关税带来的无谓损失相当于 $D+F$(2\,000 万美元)。从美国福利的角度看,这不是一个好政策,因为征收关税后美国的总剩余减少了。但是,美国国内的生产者会支持该政策,因为他们从征收关税中获益了。

d. 我们的分析并不受世界价格下降的具体原因的影响。世界价格的下降使消费者剩余的增加额超过了生产者剩余的减少额,从而使社会总福利增加。

10. 考虑一个出口钢铁的小国。假设该国"支持贸易"的政府决定通过对每吨销往国外的钢铁支付一定量货币来补贴钢铁出口。这种出口补贴如何影响国内钢铁价格、钢铁产量、钢铁消费量以及钢铁出口量？它如何影响消费者剩余、生产者剩余、政府收入和总剩余？从经济效率的角度看，这是一项好政策吗？（提示：对出口补贴的分析类似于对关税的分析。）

【解答】

如图 10 所示，出口补贴提高了生产者出口钢铁的价格，提高的价格用 s 表示。在没有出口补贴时，钢铁的世界价格为 P_W。在这一价格，国内消费者购买数量为 Q_1^D 的钢铁，生产者供给数量为 Q_1^S 的钢铁，国家出口钢铁的数量为 $Q_1^S-Q_1^D$。由于有出口补贴，供给者获得的每单位钢铁价格为 P_W+s，因为它们不但获得了钢铁出口的世界价格 P_W，而且得到了政府支付给它们的出口补贴 s。然而，国内消费者仍旧能通过进口以 P_W 的世界价格买到钢铁。国内生产者不想把钢铁出售给国内消费者，因为得不到出口补贴。因此国内生产者将会把它们所生产的所有钢铁出口到国外，总量为 Q_2^S。国内消费者仍旧购买数量为 Q_1^D 的钢铁，因此国家进口数量为 Q_1^D 的钢铁和出口数量为 Q_2^S 的钢铁，因此净出口的钢铁数量为 $Q_2^S-Q_1^D$，最终的结果是国内的钢铁价格没有变化，钢铁产量增加了，钢铁的消费数量没有变化，出口的钢铁数量增加了。如下表所示，消费者剩余不受影响，生产者剩余增加了，政府收入和总剩余下降了。因此，从经济的角度看，这不是一个好政策，因为它造成了总剩余的下降。

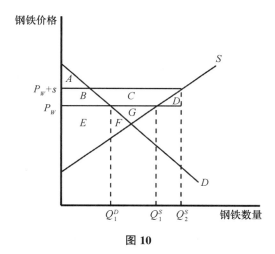

图 10

	无补贴	有补贴	变动
消费者剩余	$A+B$	$A+B$	0
生产者剩余	$E+F+G$	$B+C+E+F+G$	$B+C$
政府收入	0	$-B-C-D$	$-B-C-D$
总剩余	$A+B+E+F+G$	$A+B-D+E+F+G$	$-D$

第 10 章
外部性

学习目标

在本章中,学生应理解

- 什么是外部性;
- 为什么外部性会使市场无效率;
- 旨在解决外部性问题的各种政府政策;
- 人们如何自己解决外部性问题;
- 为什么外部性的私人解决方法有时不起作用。

框架和目的

　　第 10 章是公共部门经济学三章中的第一章。第 10 章分析外部性——一个人的行为对一个旁观者福利的无补偿的影响。第 11 章将分析公共物品和公共资源(将在第 11 章中给出定义),第 12 章将讨论税收制度。

　　在第 10 章中,我们将说明外部性的不同来源,以及针对外部性的各种潜在对策。市场使市场上买者和卖者的总剩余最大化。但是,如果市场引起了外部性(对市场之外的某人的成本或收益),市场均衡就不会使社会的总剩余最大化。因此,在第 10 章中,我们将说明,虽然市场通常是组织经济活动的一种好方法,但政府有时可以改善市场结果。

内容提要

- 当买者和卖者之间的交易间接影响了第三方时,这种影响称为外部性。如果一项活动产生了负外部性,例如污染,社会最优量将小于均衡量。如果一项活动产生了正外部性,例如技术溢出效应,社会最优量将大于均衡量。
- 政府用各种政策来解决外部性引起的无效率。有时政府通过管制来防止从社会看来无效率的活动。有时政府通过矫正税来使外部性内在化。还有一种公共政策是发放许可证。例如,政府可以通过发放数量有限的污染许可证来保护环境。这种政策的结果与对污染者征收矫正税的结果大致相同。
- 受外部性影响的人有时可以用私人方法去解决问题。例如,当一个企业给另一个企业带来外部性时,两个企业可以通过合并把外部性内在化。此外,利益各方也可以通过签订合约来解决问题。根据科斯定理,如果人们能够无成本地谈判,那么,他们总可以达成一个资源有效配置的协议。但在许多情况下,在利益各方间达成协议是困难的,从而科斯定理并不适用。

教材习题解答

即问即答

1. 分别举出一个负外部性和一个正外部性的例子。解释为什么当存在这些外部性时市场结果是无效率的。

   【解答】
   负外部性的例子包括污染、狗吠和酒精饮料的消费。正外部性的例子包括历史建筑的修缮、新技术的研发,以及教育。(还有很多负外部性和正外部性的例子。)市场面对外部性会失灵,这是因为负外部性使市场生产的数量大于社会合意的数量,正外部性使市场生产的数量小于社会合意的数量。市场结果并没有反映所有的成本(负外部性)和收益(正外部性)。

2. 一个胶水厂和一个钢铁厂排放烟雾,并且这种烟雾中含有一种如果大量吸入会有害健康的化学物质。描述镇政府可以对这种外部性做出反应的三种方法。每一种解决方法的优缺点各是什么?

   【解答】
   镇政府对烟雾这种外部性做出反应的三种方法:(1)管制;(2)矫正税;(3)可交易的污染许可证。

   规定工厂可以排放的最高污染水平的管制是一个良好的选择,因为它通常能有效地减少污染。但是要制定出良好的规则,需要政府了解很多行业信息和这些行业可采用的替代技术。

   矫正税是一种减少污染的有效方法,因为税收的提高能使污染降到较低的水平,同时税收增加了政府的收入。征税比管制更加有效,因为它能给予工厂经济激励去减少污染和采用减少污染的新技术。矫正税的缺点是它需要政府掌握足够多的信息,从而能制定出合适的税率。

   可交易的污染许可证类似于矫正税,但是它允许工厂之间相互交易污染权,从而使得政府不必了解很多关于企业技术的信息。政府只需规定总的排污量并依此颁发污染许可证,然后允许工厂相互交易污染许可证即可。可交易的污染许可证不但在经济上是有效率的,同时也能减少污染。

3. • 举出一个用私人方法解决外部性问题的例子。
   • 什么是科斯定理?
   • 为什么私人经济主体有时不能解决外部性引起的问题?

   【解答】
   • 私人方法解决外部性问题的例子包括道德规范和社会约束、慈善行为、利益各方签订合约。
   • 科斯定理是这样一种观点:如果私人各方可以无成本地就资源配置进行协商,那么,他们就可以自己解决外部性问题。

- 私人经济主体有时不能解决外部性造成的问题,是因为交易成本或谈判失败。特别是当利益相关方很多时,这种情况最可能发生。

快速单选

1. 以下哪一种是正外部性的例子?
    a. Dev 为 Hillary 修剪草坪,并因这项工作得到 100 美元的报酬。
    b. 在修剪草坪时,Dev 的修剪草机喷出烟雾,而 Hillary 的邻居 Kristen 不得不吸入。
    c. Hillary 的新修剪的草坪使她所在的社区更有吸引力。
    d. 如果 Hillary 答应定期修剪草坪,她的邻居会向她付费。

2. 如一种物品的生产引起了负外部性,那么,社会成本曲线就在供给曲线_____,而且社会的最优数量_____均衡数量。
    a. 上方,大于
    b. 上方,小于
    c. 下方,大于
    d. 下方,小于

3. 当政府对一种物品征收的税等于与生产这种物品相关的外部成本时,它就_____消费者支付的价格,并使市场结果_____效率。
    a. 提高了,更有
    b. 提高了,更无
    c. 降低了,更有
    d. 降低了,更无

4. 以下哪一种关于矫正税的说法不正确?
    a. 经济学家更偏爱矫正税,而不是命令与控制型管制。
    b. 矫正税增加了政府收入。
    c. 矫正税引起了无谓损失。
    d. 矫正税减少了市场销售量。

5. 政府拍卖出 500 单位的污染权。拍卖价格为每单位 50 美元,一共筹集了 25 000 美元。这种政策相当于对每单位污染征收_____的矫正税。
    a. 10 美元
    b. 50 美元
    c. 450 美元
    d. 500 美元

6. 在以下哪一种情况下,科斯定理并不适用?
    a. 双方之间存在严重的外部性。
    b. 法院系统可以有效地执行所有合约。
    c. 交易成本使谈判变得困难。
    d. 双方都完全了解外部性。

【答案】 1. c 2. b 3. a 4. c 5. b 6. c

复习题

1. 举出一个负外部性的例子和一个正外部性的例子。

   【解答】

   负外部性的例子包括污染、狗吠和酒精饮料消费。正外部性的例子包括历史建筑物的修缮、新技术的研发,以及教育。(还有其他许多负外部性和正外部性的例子。)

2. 用供求图解释企业生产过程中发生负外部性的影响。

   【解答】

   负外部性的影响如图1所示。市场的均衡数量是$Q_{市场}$。由于外部性,生产的社会成本大于生产的私人成本,因此社会成本曲线位于供给曲线之上。社会最优量是$Q_{最优}$。由于$Q_{市场}$大于$Q_{最优}$,所以可知市场生产了太多的物品。

   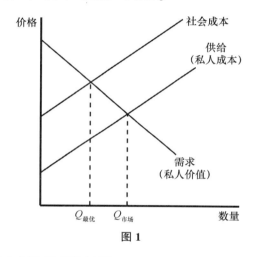

   图1

3. 专利制度怎样帮助社会解决外部性问题?

   【解答】

   专利制度有助于社会解决技术外溢的外部性问题。通过给予发明者在一定时期内排他性使用自己发明的权利,专利制度使得发明者能从发明中获取更多经济利益。通过这种方式,专利制度鼓励研究和技术创新,并通过溢出效应使社会受益。

4. 什么是矫正税?为什么就保护环境免受污染的方法而言,经济学家更偏好矫正税,而非管制?

   【解答】

   矫正税是用于纠正负外部性影响的税。就保护环境免受污染的方法而言,经济学家偏好矫正税大于管制,这是因为对于社会来说,这种方法减少污染的成本更低。矫正税在减少污染的水平上跟管制一样。这种税的优势在于它能使市场以最低的成本去减少污染。税收激励企业去开发更加清洁的技术以减少不得不支付的税收量。

5. 列出不用政府干预也可以解决外部性引起的问题的一些方法。

   【解答】

   不用政府干预也可以解决外部性的方法包括道德规范和社会约束、慈善行为、将外部性影响到的各方进行合并,或利益各方签订合约。

6. 设想你是一个与吸烟者同住一间房的不吸烟者。根据科斯定理,什么因素决定了你的室友是否在房间里吸烟?这个结果有效率吗?你和你的室友是如何达成这种解决方法的?

   【解答】
   根据科斯定理,你和你的室友将在你室友可否在房间里吸烟的问题上达成交易。如果你重视清洁空气的程度超过你室友重视吸烟的程度,那么协商的结果将是你室友不能在房间吸烟。相反,如果你室友重视吸烟的程度超过你重视清洁空气的程度,那么协商的结果将是允许你室友在房间吸烟。只要交易成本没有阻碍协商的达成,结果就是有效的。解决问题的方法是你们中的一方向另一方支付不吸烟或吸烟的成本。

问题与应用

1. 考虑保护你的汽车不被偷窃的两种方法。防盗杆(一种方向盘锁)使偷车者难以偷走你的汽车,而报警器(一种跟踪系统)使得你的车在被偷以后,警察可以轻而易举地抓住小偷。以上哪一种类型的保护会给其他车主带来负外部性呢?哪一种会带来正外部性?你认为你的分析有什么政策含义吗?

   【解答】
   防盗杆给其他车主带来了负外部性,因为偷车者将不会去偷显而易见装有防盗杆的汽车,这意味着他们将会选择去偷没有使用防盗杆的汽车。报警器给车主带来了正外部性,因为偷车者并不知道哪辆车装有报警器。因此,他们将可能会减少对汽车的偷盗。该分析的政策含义是,政府应当给装有报警器的车主补贴而对使用防盗杆的车主征税。

2. 考虑灭火器市场。
   a. 为什么灭火器会表现出正外部性?
   b. 画出灭火器市场的图形,标出需求曲线、社会价值曲线、供给曲线和社会成本曲线。
   c. 指出市场均衡产量水平和有效率的产量水平。直观地解释为什么这两种产量不同。
   d. 如果每个灭火器的外部收益是10美元,描述一种能带来有效率结果的政府政策。

   【解答】
   a. 灭火器带来了正外部性,因为人们即使是买来自己用,灭火器也可以阻止火灾毁坏其他人的财产。
   b. 灭火器的正外部性如图2所示。我们可以发现,社会价值曲线位于需求曲线之上,同时社会成本曲线与供给曲线相同。

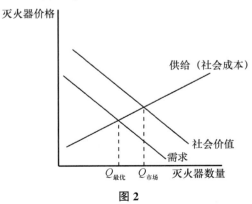

图 2

c. 在图2中，市场均衡产量水平用$Q_{市场}$表示，有效率的产量水平用$Q_{最优}$表示。两个产量不同是因为人们决定买灭火器时并没有考虑灭火器给其他人带来的收益。

d. 能带来有效率结果的政府政策是，政府给予购买者每购买1个灭火器10美元的补贴。这将使需求曲线上移至社会价值曲线，市场产量将会增加至有效率的产量。

3. 酒的消费越多，引发的汽车事故就越多，因此给那些不喝酒但开车的人带来了成本。
   a. 画出酒的市场的图形，标出需求曲线、社会价值曲线、供给曲线、社会成本曲线、市场均衡的产量水平和有效率的产量水平。
   b. 在你画的图上用阴影标出与市场均衡的无谓损失相对应的面积。(提示：由于消费某种数量的酒的社会成本大于社会价值，从而产生了无谓损失。)解释原因。

【解答】
   a. 酒的市场如图3所示。这种情况下，社会价值曲线等于需求曲线。社会成本曲线位于供给曲线之上，这是因为酒驾导致的汽车事故带来了负外部性。市场均衡产量是$Q_{市场}$，有效率的产量是$Q_{最优}$。
   b. 位于A、B、C之间的三角形区域代表市场均衡的无谓损失。这个区域所代表的面积是指酒的消费量超过有效率的水平导致社会成本超过社会价值的量。

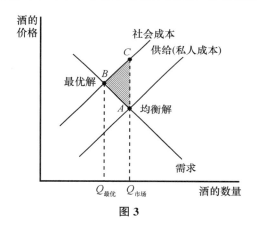

图3

4. 许多观察者认为，我们社会中的污染程度太高了。
   a. 如果社会希望把总污染减少一定量，为什么让不同企业减少不同量是有效率的？
   b. 命令与控制方法通常依靠各个企业等量地减少污染。为什么这种方法一般不能针对那些本应该减少更多污染的企业？
   c. 经济学家认为，适当的矫正税或可交易的污染权可以有效率地减少污染。这些方法是怎样针对那些应该减少更多污染的企业的？

【解答】
   a. 让不同企业减少不同量是有效率的，这是因为每个企业减少污染的成本是不同的。如果让所有企业减少的污染量都相同，那么有些企业减少污染的成本很低，有些则很高，从而总体上增加了企业的负担。
   b. 依靠各个企业等量地减少污染的命令与控制方法并不能激励企业减少超过规定量的污染。相反，每个企业将只会减少污染到所规定的量。
   c. 矫正税或可交易的污染权将会激励企业减少污染。如果企业找到可以减少污染的方法,将可以缴纳更少的税或花费更少的钱购买污染许可证,这会激励企业从事污染控制的研发。政府也不必调查出哪些企业可以减少最多的污染,市场会提供激励让企业自行减少污染。

5. Whoville 镇的许多偏好非常相似的居民都喜欢喝 Zlurp 饮料。每位居民对这种美味饮料的支付意愿是:

第一瓶	5 美元
第二瓶	4 美元
第三瓶	3 美元
第四瓶	2 美元
第五瓶	1 美元
更多瓶	0 美元

a. 生产 Zlurp 饮料的成本是 1.5 美元,而且竞争性的供给者以这一价格出售。(供给曲线是水平的。)Whoville 镇的每个居民将消费多少瓶饮料?每个人的消费者剩余是多少?

b. 生产 Zlurp 饮料引起了污染。每瓶饮料的外部成本是 1 美元。把这个额外的成本计算进去,在 a 题中你所描述的配置的情况下,每个人的总剩余是多少?

c. Whoville 镇的一个居民 Cindy Lou 决定把自己消费的 Zlurp 饮料减少一瓶。Cindy 的福利(她的消费者剩余减她承受的污染成本)会发生什么变动?Cindy 的决策如何影响 Whoville 的总剩余?

d. Grinch 市长对 Zlurp 饮料征收 1 美元的税收。现在每人消费多少?计算消费者剩余、外部成本、政府收入以及每个人的总剩余。

e. 根据你的计算,你会支持市长的政策吗?为什么?

【解答】

a. 在每瓶 1.5 美元的价格上,每位 Whoville 镇的居民将会消费 4 瓶 Zlurp 饮料。每个消费者的总支付意愿是 14 美元(5+4+3+2)。每个 Whoville 镇的居民在 Zlurp 饮料上的总花费是 6 美元(1.5×4)。因此,每位消费者将有 8 美元(14-6)的消费者剩余。

b. 每个人的总剩余将会是 4 美元(减少了 4 美元)。

c. 如果 Cindy Lou 只消费 3 瓶 Zlurp 饮料,那么她的消费者剩余将是 4.5 美元。她对 3 瓶 Zlurp 饮料的支付意愿是 5+4+3=12 美元。她在 Zlurp 饮料上需支付的费用是 1.5×3=4.5 美元,外部性成本是 1×3=3 美元。因此,Cindy Lou 的消费者剩余是 12-4.5-3=4.5 美元。Cindy 的决定会使 Whoville 镇的居民的消费者剩余增加 0.5 美元(4.5-4)。

d. 1 美元的税收使得每瓶 Zlurp 饮料的价格变为 2.5 美元。(由于供给曲线是完全弹性的,因此所有的税收将由消费者承担。)在这个较高的价位上,每位居民将只消费 3 瓶 Zlurp 饮料,每位消费者的总支付意愿现在变为 12 美元(5+4+3),每位居民将支付 7.5 美元(2.5×3)。因此,每位消费者的消费者剩余将变为 4.5 美元(12-7.5)。

因为每瓶 Zlurp 饮料具有 1 美元的外部性成本,每位居民的外部性成本是 3 美元(1×3)。政府从每位居民那里获得 3 美元收入。含税总剩余等于 4.5-3+3=4.5 美元。

e. 会,因为现在总剩余比税前更高了。

6. Bruno 喜爱以高音量演奏摇滚乐。Placido 喜爱歌剧,并讨厌摇滚乐。不幸的是,他们是一座墙薄如纸的公寓楼里的邻居。

a. 这个例子中的外部性是什么?

b. 房东可以实行什么命令与控制政策？这种政策可能引起无效率的结果吗？
c. 假设房东允许房客做自己想做的事。根据科斯定理，Bruno 和 Placido 可以怎样自己实现有效率的结果？什么可能妨碍他们实现有效率的结果？

【解答】
a. 外部性是噪声污染。Bruno 用高音量播放摇滚乐影响了 Placido，但是 Bruno 在决定用多高音量播放摇滚乐时并没有把这种影响考虑在内。
b. 房东可以规定房客在房间里播放音乐不能超过特定分贝。这种规定可能是无效率的，因为如果 Placido 不在家，Bruno 播放摇滚乐并不会产生伤害。
c. Bruno 和 Placido 可能会达成交易，比如，允许 Bruno 在特定的时间段播放摇滚乐。他们也可能由于交易成本过高或各自坚持更利于自己的方案不让步而无法达成交易。

7. 教材中的图 10-4 表明当污染权的需求曲线既定时，政府可以通过用矫正税确定价格或用污染许可证确定数量来达到同样的结果。现在假设控制污染的技术有了显著进步。
   a. 用类似于教材中的图 10-4 的图形说明这种技术进步对污染权需求的影响。
   b. 在每种管制制度下，这对污染的价格和数量有什么影响？解释原因。

【解答】
a. 控制污染的技术的进步将会减少污染权的需求，从而使得需求曲线向左移动。图 4 说明了政府采用矫正税的情形，而图 5 说明了使用污染许可证的影响。在这两个图中，D_1 表示初始的污染权需求曲线，D_2 表示技术进步后新的污染权需求曲线。

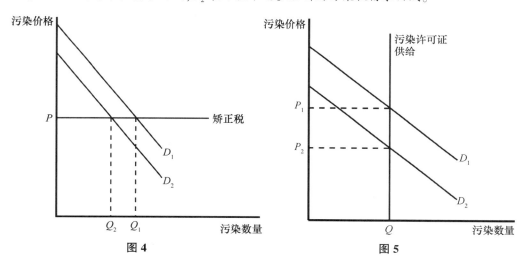

图 4 图 5

b. 在矫正税下，污染价格保持不变，污染数量下降，如图 4 所示。在污染许可证制度下，污染价格下降，污染数量保持不变，如图 5 所示。

8. 假设政府决定发行针对某种污染的可交易许可证。
   a. 政府是分配还是拍卖许可证对经济效率有影响吗？
   b. 如果政府选择分配许可证，则许可证在各企业中的分配方式对效率有影响吗？

【解答】
a. 政府无论是分配还是拍卖许可证，只要企业可以相互交易许可证，就不会对污染管理市场的经济效率产生影响。唯一的不同是，政府可以拍卖许可证来获得收入，以此减税，从而减少税收带来的无谓损失。但是如果企业使用寻租手段获取额外许可证,将会产生一些无谓损失。

b. 如果政府把许可证分配给那些不重视许可证价值的企业,这些企业将会把许可证卖给那些愿意出更高价格购买的企业。因此,许可证在各企业之间的分配方式不会对效率产生影响。但是,它会影响财富的分配,因为那些得到并出售许可证的企业的境况将会变得更好。

9. 在快乐山谷有三家工业企业。

企业	最初的污染水平(单位)	减少一单位污染的成本(美元)
A	30	20
B	40	30
C	20	10

政府想把污染减少为60单位,所以它给每个企业颁发20单位的可交易污染许可证。

a. 谁将出售许可证?出售多少?谁将购买许可证?购买多少?简单解释为什么卖者与买者愿意这样做。在这种情况下减少污染的总成本是多少?

b. 如果许可证不能交易,减少污染的成本会高多少?

【解答】

a. 减少污染成本最高的企业将会选择购买许可证而不是减少污染。减少污染成本低于出售许可证的收益的企业将会出售许可证。

因为企业B减少污染的成本最高,减少1单位污染的成本是30美元,因此它将保持自己20单位的可交易污染许可证,同时从其他企业购买20单位的可交易污染许可证,从而使得自己依旧能污染40单位。因此,企业B根本不会减少污染。

余下的两个企业中,企业A具有较高的减少污染成本,因此它会保留20单位的可交易污染许可证,使得企业的污染以200美元(20×10)的成本降低10单位。企业C将会出售自己所有的可交易污染许可证给B,同时使企业的污染以200美元(10×20)的成本降低20单位。

因此,减少污染的总成本为400美元。

b. 如果许可证不能交易,企业A将不得不以200美元(20×10)的成本把污染减少10单位;企业B将不得不以600美元(30×20)的成本把污染减少20单位;企业C将不需要减少污染,因为它拥有的许可证数量等于其污染排放量。减少污染的总成本将会是800美元,比原先的许可证可交易时的成本高了400美元。

第 11 章
公共物品和公共资源

学习目标

在本章中,学生应理解
- 公共物品和公共资源的特征;
- 为什么私人市场不能提供公共物品;
- 我们经济中一些重要的公共物品;
- 为什么公共物品的成本—收益分析既是必要的又是困难的;
- 为什么人们往往会过多地使用公共资源;
- 我们经济中的一些重要的公共资源。

框架和目的

第 11 章是公共部门经济学三章中的第二章。第 10 章分析外部性。第 11 章分析公共物品和公共资源——难以对其使用者收费的物品。第 12 章将讨论税收制度。

第 11 章的目的是论述一些对消费者免费的物品。当物品免费时,正常配置资源的市场力量就不存在了。因此,像球场与公园这类免费物品的生产量和消费量可能并不是最有效率的。政府有可能解决这种市场失灵,并增进经济福利。

内容提要

- 物品在是否具有排他性和竞争性上存在差别。如果阻止某个人使用某种物品是可能的,这种物品就具有排他性。如果一个人对某种物品的使用减少了其他人对同一物品的使用,这种物品就具有竞争性。市场运行最适用于既有排他性又有竞争性的私人物品。市场运行不适用于其他类型的物品。
- 公共物品既无竞争性也无排他性。公共物品的例子包括烟火表演、国防和基础知识的创造。因为不能对使用公共物品的人收费,所以人们存在搭便车的激励,导致私人不能提供这种物品。因此,政府提供公共物品,并以成本—收益分析为基础做出关于每种物品供给量的决策。
- 公共资源具有消费中的竞争性但无排他性。例子包括公有的草地、清洁的空气和拥挤的道路。由于不能向使用公共资源的人收费,人们往往会过度地使用公共资源。因此,政府努力用各种方法限制公共资源的使用。

教材习题解答

即问即答

1. 给公共物品和公共资源下定义,并各举出一个例子。

   【解答】
   公共物品既不具有排他性也不具有竞争性,例如国防、教育和不拥挤的不收费道路。公共资源是指那些在消费中具有竞争性但是不具有排他性的物品,例如海洋中的鱼、环境和拥挤的不收费道路。

2. - 什么是搭便车者问题?为什么搭便车者问题促使政府提供公共物品?
   - 政府应该如何决定是否提供一种公共物品?

   【解答】
   - 当人们从一种物品中得到好处又不需要有所付出时,搭便车问题就出现了。搭便车问题使得公共物品必须由政府来提供,因为私人市场不可能自发生产数量合意的公共物品。
   - 政府运用每个人都要缴的税收来生产公共物品,同时每个人都能享有这些公共物品。政府通过衡量公共物品的成本和它所带来的收益来决定是否提供这种公共物品。如果收益大于成本,那么社会福利状况就会得到改善。

3. 为什么政府努力限制公共资源的使用?

   【解答】
   政府努力限制公共资源的使用是因为一个人使用资源必然导致另一个人能使用的资源减少,这意味着使用这些资源会导致负外部性,并且人们倾向于过度使用公共资源。

快速单选

1. 以下哪一类物品具有排他性?
   a. 私人物品与俱乐部物品。
   b. 私人物品与公共资源。
   c. 公共物品与俱乐部物品。
   d. 公共物品与公共资源。

2. 以下哪一类物品具有消费中的竞争性?
   a. 私人物品与俱乐部物品。
   b. 私人物品与公共资源。
   c. 公共物品与俱乐部物品。
   d. 公共物品与公共资源。

3. 以下哪一种是公共物品的例子?
   a. 住房。
   b. 国防。
   c. 餐馆的饮食。
   d. 海洋中的鱼。

4. 以下哪一种是公共资源的例子？
   a. 住房。
   b. 国防。
   c. 餐馆的饮食。
   d. 海洋中的鱼。
5. 公共物品_____。
   a. 可以由市场力量有效率地提供
   b. 如果没有政府就会提供不足
   c. 如果没有政府就会使用过多
   d. 是一种自然垄断
6. 公共资源_____。
   a. 可以由市场力量有效率地提供
   b. 如果没有政府就会提供不足
   c. 如果没有政府就会使用过多
   d. 是一种自然垄断

【答案】 1. a 2. b 3. b 4. d 5. b 6. c

复习题

1. 解释一种物品具有"排他性"意味着什么。解释一种物品具有"消费中的竞争性"意味着什么。一块比萨饼是否有排他性？是否有消费中的竞争性？

   【解答】
   一种物品具有排他性是指人们可以阻止别人使用这种物品。一种物品具有消费中的竞争性是指一个人的使用会减少其他人使用相同的物品。比萨饼是具有排他性的。因为比萨饼的生产者可以阻止其他人在没有付费的情况下食用它。比萨饼同时也具有消费中的竞争性，因为一个人食用了一块比萨饼，其他人就不能再食用这块比萨饼了。

2. 给公共物品下定义并举出一个例子。私人市场本身能提供这种物品吗？解释原因。

   【解答】
   公共物品是指既不具有排他性也不具有竞争性的物品。例子包括保护整个国家的国防。没有人能够被阻止从中获益，因此它是不具有排他性的。增加一个人使用并不会减少其他人从中获得的价值，因此它是不具有竞争性的。私人市场不可能提供这种物品，没有人会为这种物品付钱，因为即使他们不付钱，也不能阻止他们从中受益。

3. 什么是公共物品的成本—收益分析？为什么它很重要？为什么进行这种分析很困难？

   【解答】
   成本—收益分析是用于比较提供公共物品的成本和收益的概念。它非常重要是因为政府需要知道哪种公共物品给人们带来的收益最大，哪种公共物品的收益高于提供这种公共物品的成本。这个很难衡量，因为很难通过问卷调查的形式对收益进行定量分析，而且回答问卷的人没有如实回答的激励。

4. 给公共资源下定义并举出一个例子。如果没有政府干预，人们对这种物品的使用会太多还是太少？为什么？

【解答】

公共资源是指具有竞争性但是不具有排他性的物品。例子包括海洋中的鱼类。如果有一个人抓走了一条鱼,那么留给其他人的鱼就减少了,因此它是具有消费中的竞争性的。但是海洋是广阔无边的,你无法对人们捕鱼的权利收费或者阻止他们捕鱼,因此它是不具有排他性的。在没有政府干预的情况下,人们会无止境地使用这种物品,因为当他们使用这种物品时,并不需要承担自己给其他人带来的成本。

问题与应用

1. 考虑你们当地政府提供的物品与服务。
   a. 用教材中的图 11-1 中的分类解释下列每种物品分别属于哪类:
   - 警察保护
   - 铲雪
   - 教育
   - 乡间道路
   - 城市道路
   b. 你认为政府为什么要提供不是公共物品的东西?

【解答】

a.
- 警察保护是俱乐部物品,因为它是具有排他性的(警察可以对某些街区不予理睬),并且警察保护是不具有竞争性的。你也可以争辩说,警察的保护具有竞争性,因为警察可能会太忙了以至于无法应对所有的犯罪,所以一个人使用了警察这种资源势必会导致其他人可用的资源减少。在这种情况下,警察保护是私人物品。
- 铲雪更可能是一种公共资源。一旦道路上的积雪被铲除,它是不具有排他性的。但同时它是具有竞争性的,特别是在一场大雪之后,去铲除一条街道的积雪就意味着没有去铲除另一条街道的积雪。
- 教育是私人物品(具有正外部性)。教育具有排他性,因为没有付费的人是可以被阻止进入教室上课的。它同时具有竞争性,在教室中增加一名学生将会减少其他人得到教育的机会。
- 乡间道路是公共物品。它不具有排他性,也不具有竞争性。因为它是不拥挤的。
- 城市道路在拥挤时是公共资源。它不具有排他性,因为任何一个人都可以在上面行驶。但同时它是具有竞争性的,因为拥挤意味着每增加一个驾驶者就会减慢其他人前进的速度。当不拥挤时,城市道路是公共物品,因为此时它没有竞争性。

b. 政府会提供诸如教育等非公共物品,因为它具有正外部性。

2. 公共物品和公共资源都涉及外部性。
   a. 与公共物品相关的外部性通常是正的还是负的?举例回答。自由市场上的公共物品数量通常大于还是小于有效率的数量?
   b. 与公共资源相关的外部性通常是正的还是负的?举例回答。自由市场上公共资源的使用量通常大于还是小于有效率的使用量?

【解答】

a. 与公共物品相关的通常是正外部性。因为一个人得到的来自公共物品的收益不会减少其他人得到的收益,公共物品所带来的社会价值会远大于私人价值。例如,国防、教育、不拥挤的免费道路和不拥挤的公园。因为公共物品是不具有排他性的,在自由市场上的供给数量为零,因此它的数量会少于有效率的数量。

b. 与公共资源相关的通常是负外部性。因为公共资源具有竞争性但是不具有排他性,如果一个人使用了公共资源,必然会导致其他人可用量的减少。因为公共资源是没有价格的,人们倾向于过度使用它们——私人的支出会远小于社会的成本。例如,海洋中的鱼、环境、拥挤的收费道路、拥挤的公园。

3. Fredo 喜欢看本地公共电视台的"Downton Abbey"节目,但在电视台筹集运营资金时,他从不出钱支持电视台。
   a. 经济学家给像 Fredo 这样的人起了个什么名字?
   b. 政府如何能解决像 Fredo 这样的人引起的问题?
   c. 你能想出私人市场解决这个问题的方法吗?有线电视台的存在如何改变这种状况?

【解答】
a. Fredo 是搭便车者。
b. 政府可以通过赞助这个节目并为此向每个人征税来解决这个问题。
c. 私人市场同样能够通过让人们观看插入节目中的商业广告来解决这个问题。有线电视台的存在使电视节目具有排他性,因此不再是公共物品。

4. Communityville 市的机场免费提供无线高速互联网服务。
   a. 起初只有几个人使用这种服务。此时这种服务属于哪一种类型的物品?为什么?
   b. 后来,随着越来越多的人发现了这项服务并开始使用它,上网的速度开始下降了。现在无线互联网服务属于哪一种类型的物品?
   c. 这可能会引起什么问题?为什么?解决这个问题的一种可能方法是什么?

【解答】
a. 如果只有很少的人使用这项服务,它就不具有排他性也不具有竞争性。因此,它是公共物品。
b. 一旦大量的人开始使用这种免费的网络服务,它就是公共资源。它仍然是不具有排他性的,但这个时候它具有了竞争性。
c. 可能会出现过度使用的情况。一个可能的办法是通过收费的方式使得物品具有排他性。

5. 四个室友计划在宿舍看老电影来共度周末,但他们还在争论要看几部。下面是他们对每部电影的支付意愿:

(单位:美元)

	Steven	Peter	James	Christopher
第一部电影	7	5	3	2
第二部电影	6	4	2	1
第三部电影	5	3	1	0
第四部电影	4	2	0	0
第五部电影	3	1	0	0

a. 在宿舍范围内播放电影是一种公共物品吗?为什么?

b. 如果租一部电影的花费为 8 美元,为使所有室友的总剩余最大化,应该租几部电影?

c. 如果他们从 b 中得出了所选择的最优数量,并平均分摊租电影的费用,每个人从看电影中得到了多少剩余?

d. 有一种分摊成本的方法能保证每个人都获益吗?这种解决方法引起了什么实际问题?

e. 假设他们事前一致同意选择有效率的电影数量并平均分摊电影的成本。当被问到支付意愿时,Steven 有说实话的激励吗?如果有的话,为什么?如果没有的话,他最可能说什么?

f. 关于公共物品的最优供给量,这个例子给你什么启发?

【解答】

a. 在宿舍内播放电影是公共物品。没有一个室友被排除在看电影之外,所以该物品不具有排他性。同时,因为一个室友观看电影不会影响另外的室友观看电影,所以该物品也不具有竞争性。

b. 应该租 3 部电影。因为第四部电影所带来的价值(6 美元)小于租电影的成本(8 美元)。

c. 总成本为 8×3 = 24 美元。如果将总成本平均分摊至每一个室友,那么每个室友将要支付 6 美元。Steven 从三部电影中获得的效用是 18 美元,因此他的剩余是 12 美元。Peter 从三部电影中获得的效用是 12 美元,因此他的剩余是 6 美元。James 从三部电影中获得的效用是 6 美元,因此他的剩余是 0 美元。Christopher 从三部电影中获得的效用是 3 美元,因此他的剩余是 -3 美元。四位室友的总剩余是 15 美元。

d. 可以按照每个人获得的效用大小对成本进行分摊。因为 Steven 从电影中获得的效用最多,因此他需要负担的也最多。问题在于,这使得每个人都有激励向室友低报自己从电影中得到的效用。

e. 因为他们将平均分摊电影的成本,所以 Steven 有说实话的动机以确保大家会选择租电影。他对每部电影的评价比他分摊的每部电影的成本高(2 美元)。

f. 如果个体没有隐藏其自身对物品的评价的倾向,最优数量就会达成。这就意味着每个个体的花费可能与他对物品的评价不相关。

6. 一些经济学家认为私人企业从事的基础科学研究不会达到有效率的数量。

a. 解释为什么可能会这样。在你的回答中,把基础研究划入教材中图 11-1 所示类型中的某一类。

b. 为了应对这个问题,美国政府采取了什么政策?

c. 人们往往认为,这种政策提高了美国企业相对于外国企业的技术能力。这种观点与你在 a 中对基础研究的分类一致吗?(提示:排他性能否只适用于公共物品的某些潜在受益者,而不适用于其他人?)

【解答】

a. 因为知识是公共物品,基础研究的收益将由很多人共享。在选择从事多少研究时,私人公司并不考虑这些外部收益,而是只考虑自己能获得多少利润。

b. 美国政府试图通过美国国立卫生研究院和美国国家科学基金会等组织给基础研究提供津贴与补助,以此来激励私人公司。

c. 如果基础研究增加了知识,它是不具有排他性的,除非其他国家的人们被阻止参与知识的分享。因此,或许美国公司会具有些许优势,因为它们首先掌握了这种技术,但同时知识的传播是快速的。

7. 两个镇都在决定是否要举行烟火表演来庆祝新年,而且每个小镇都有3个人。举行烟火表演的成本是360美元。在每个镇都存在一些人比另一些人更喜欢观看烟火表演的情况。

    a. 在Bayport镇,每位居民对这种公共物品的评价如下:

    Frank   50美元

    Joe   100美元

    Callie   300美元

    举行烟火表演能通过成本—收益分析吗？解释原因。

    b. Bayport镇的镇长提议根据多数原则来做决定,而且如果举行烟火表演在全民投票中通过了,那么所有居民都平均分摊成本。谁会投票支持？谁会投票反对？投票能得出和成本—收益分析一样的结果吗？

    c. 在River Heights镇,每位居民对这种公共物品的评价如下:

    Nancy   20美元

    Bess   140美元

    Ned   160美元

    举行烟火表演能通过成本—收益分析吗？解释原因。

    d. River Heights镇的镇长也提议根据多数原则来做决定,而且如果举行烟火表演在全民投票中通过了,那么所有居民都平均分摊成本。谁会投票支持？谁会投票反对？投票能得出和成本—收益分析一样的结果吗？

    e. 关于公共物品的最优供给量,你认为这些例子说明了什么？

【解答】

    a. 在Bayport镇,收益之和(50+100+300=450美元)大于烟火表演的成本(360美元),因此举行烟火表演的决定将通过成本—收益分析。

    b. 如果成本在所有居民中平均分摊,则每位居民的成本为120美元(360÷3)。Frank会投反对票,因为他的评价(50美元)低于成本。Joe会投反对票,因为他的评价(100美元)低于成本。Callie会投赞成票,因为她的评价(300美元)高于成本。公投的结果将是不举行烟火表演,因此公投不会产生与成本—收益分析相同的答案。

    c. 在River Heights镇,收益总和(20+140+160=320美元)低于烟火表演的成本(360美元),因此举行烟火表演的决定不会通过成本—收益分析。

    d. 如果成本在所有居民中平均分摊,则每位居民的成本为120美元(360÷3)。Nancy会投反对票,因为她的评价(20美元)低于成本。Bess会投赞成票,因为她的评价(140美元)高于成本。Ned会投赞成票,因为他的评价(160美元)高于成本。公投的结果将是举行烟火表演,因此公投不会产生与成本—收益分析相同的答案。

    e. 公共物品的最优提供具有挑战性,因为当平均收益低于平均成本时,总收益可能会超过总成本,反之亦然。

8. 在公路旁往往有垃圾,而在私人花园则很少出现垃圾,对这种现象给出一种经济学解释。

【解答】

当一个人在高速公路上丢垃圾时,其他人员承担了负外部性,因此带来的私人成本是很低的。在你自己的院子(或者是在你邻居的院子)里丢垃圾,你将承担所有的成本,因此这种行为的私人成本较高以至于较少发生。此外,在高速公路上捡垃圾的人的边际收益较小,而在私人院子里捡垃圾的人的边际收益较大。

9. 许多交通体系,例如华盛顿特区的地铁,在高峰时段的收费比一天中的其他时间高。为什么要这样做?

   【解答】
   当一个交通体系发生拥堵时,每增加一个出行者都会加重其他人的负担。例如,当所有的椅子都被人坐的时候,其余的人就不得不站着。又或者,当已经没有足够的空间供人们站立时,其余的人就不得不等待下一辆不那么拥挤的列车。在高峰时段提高收费,可以使这种外部性内化。

10. 为了避免死亡的风险,高收入的人愿意比低收入的人花更多钱,例如他们更愿意为汽车的安全性花钱。你认为当评价公共项目时,成本—收益分析应该考虑这一事实吗?例如,考虑有一个富人镇和一个穷人镇,它们都正在考虑是否安装红绿灯。在做出这项决策时,富人镇应该对人的生命的货币价值做出更高的估计吗?为什么?

    【解答】
    与成本—收益分析相关的机会成本是回答这个问题的关键。一个富人镇可能会对生命和安全的价值做出更高的估计。因此,一个富人镇更乐于安装红绿灯,在成本—收益分析中应该考虑到这一点。

第 12 章
生产成本

学习目标

在本章中,学生应理解
- 企业的生产成本中包括哪些项目;
- 企业生产过程与其总成本之间的关系;
- 平均总成本和边际成本的含义,以及它们如何相关;
- 一个典型企业的成本曲线的形状;
- 短期成本和长期成本之间的关系。

框架和目的

第 12 章是论述企业行为和产业组织的三章中的第一章。熟悉第 12 章的内容非常重要,因为第 13、14 章都是基于第 12 章中提出的概念进行讨论的。更加具体地说,第 12 章提出了企业行为所基于的成本曲线。第 13、14 章利用成本曲线去研究不同市场结构——竞争和垄断——中企业的行为。

第 12 章的目的是论述生产成本,并找出企业的成本曲线。这些成本曲线构成了企业的供给曲线,在前几章中,我们从供给曲线出发,总结了企业的生产决策。尽管这可以解决许多问题,但现在为了论述经济学中称为产业组织——研究企业关于价格和数量的决策如何取决于它们面临的市场状况——的这一部分内容,我们必须论述构成供给曲线基础的成本。

内容提要

- 企业的目标是利润最大化,利润等于总收益减去总成本。
- 在分析企业的行为时,重要的是要包括生产的所有机会成本。一些机会成本是显性的,例如,企业支付给工人的工资。另一些机会成本则是隐性的,例如,企业所有者在其企业工作而不去找其他工作所放弃的工资。经济利润既考虑显性成本也考虑隐性成本,而会计利润只考虑显性成本。
- 企业的成本反映其生产过程。随着投入量的增加,典型企业的生产函数曲线变得更加平坦,这表现了边际产量递减的性质。因此,随着产量的增加,企业的总成本曲线变得更加陡峭。
- 企业的总成本可分为固定成本和可变成本。固定成本是在企业改变产量时不变的成本。可变成本是在企业改变产量时改变的成本。
- 根据企业的总成本可以推导出成本的两种相关的衡量指标。平均总成本是总成本除以产量。边际成本是产量增加一单位时总成本的增加量。
- 在分析企业行为时,画出平均总成本和边际成本的图形往往是有帮助的。对一个典型的企业来说,边际成本随着产量的增加而增加。平均总成本随着产量增加先下降,然后随着产量进一步增加而上升。边际成本曲线总是与平均总成本曲线相交于平均总成本的最低点。
- 一个企业的成本往往取决于所考虑的时间范围。特别是,许多成本在短期中是固定的,但在长期中是可变的。因此,当企业改变其产量水平时,短期中的平均总成本可能比长期中增加得更快。

教材习题解答

即问即答

1. 农民 McDonald 讲授班卓琴课每小时赚取 20 美元。有一天他在自己的农场用 10 个小时种了价值 100 美元的种子。他这样做产生的机会成本是多少?他的会计师衡量的成本是多少?如果这些种子收获了价值 200 美元的农作物,那么 McDonald 赚到了多少会计利润?他赚到经济利润了吗?

   【解答】
   农民 McDonald 的机会成本为 300 美元,由他本来能通过授课赚的 200 美元(10 个小时,每小时 20 美元)加上在种子上花费的 100 美元组成。他的会计师仅会统计他在种子上花费的显性成本(100 美元)。如果 McDonald 售卖这些种子产出的农作物收获了 200 美元,那么他便获得了 100 美元的会计利润(200 美元的收入减去 100 美元的购买种子的成本),但却导致了 100 美元的经济损失(200 美元的收入减去 300 美元的机会成本)。

2. 如果农民 Jones 没有在自己的土地上播种,她就得不到收成。如果她种 1 袋种子,将得到 3 蒲式耳小麦;如果她种 2 袋种子,将得到 5 蒲式耳小麦;如果她种 3 袋种子,将得到 6 蒲式耳小麦。一袋种子的成本是 100 美元,而且种子是她唯一的成本。利用这些数据画出该农民的生产函数和总成本曲线。解释它们的形状。

   【解答】
   农民 Jones 的生产函数如图 1 所示,总成本曲线如图 2 所示。由于种子边际产量的递减,生产函数曲线随着种子袋数的增加变得更加平坦。然而总成本曲线却随着总产量的增加变得更加陡峭。这也是种子边际产量递减造成的,由于每增加一袋种子产生更低的边际产量,生产额外一蒲式耳小麦的成本提高了。

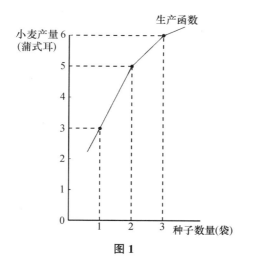

图1

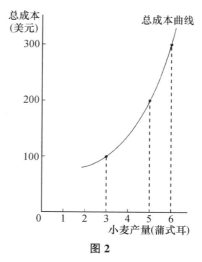

图2

3. ● 假设本田公司生产4辆汽车的总成本是22.5万美元,而生产5辆汽车的总成本是25万美元。那么,生产5辆汽车的平均总成本是多少？第五辆汽车的边际成本是多少？
   ● 画出一个典型企业的边际成本曲线和平均总成本曲线,并解释这两条曲线为什么会在它们的相交处相交。

【解答】

● 生产5辆汽车的平均总成本是250 000/5 = 50 000美元。由于当汽车产量从4辆增加到5辆时的总成本从225 000美元提高到250 000美元,第五辆汽车的边际成本是25 000美元。

● 一个典型企业的边际成本曲线和平均总成本曲线如图3所示。两条曲线在有效规模点相交,因为在比这点更低的产量处,边际成本低于平均总成本,所以随着产量的增加,平均总成本下降。但在两条曲线相交以后,边际成本超过平均总成本并且平均总成本开始上升。因此两条曲线必定在平均总成本最低处相交。

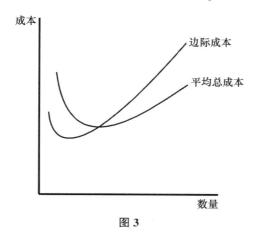

图3

4. 如果波音公司每个月生产9架喷气式客机,那么它的长期总成本是每月900万美元。如果

第12章　生产成本　123

它每个月生产10架客机,那么长期总成本是950万美元。那么,波音公司表现出的是规模经济还是规模不经济？

【解答】
生产9架客机时波音公司的长期平均总成本为900/9＝100万美元。生产10架客机的长期平均总成本为950/10＝95万美元。由于长期平均总成本随着客机制造数目的增加而下降,波音公司表现出规模经济。

快速单选

1. Xavier用两个小时开了一家柠檬水摊位。他花了10美元买原料,并卖了价值60美元的柠檬水。在这同样的两个小时中,他本可以帮邻居剪草坪而赚到40美元。Xavier的会计利润是_____,经济利润是_____。
   a. 50美元,10美元
   b. 90美元,50美元
   c. 10美元,50美元
   d. 50美元,90美元

2. 边际产量递减解释了为什么随着企业产量增加,_____。
   a. 生产函数和总成本曲线变得陡峭
   b. 生产函数和总成本曲线变得平坦
   c. 生产函数变得陡峭,而总成本曲线变得平坦
   d. 生产函数变得平坦,而总成本曲线变得陡峭

3. 一个企业以总成本5 000美元生产了1 000单位产品。如果将产量增加到1 001单位,那么总成本将增加到5 008美元。这些信息告诉了你关于这个企业的什么成本数据？
   a. 边际成本是5美元,平均可变成本是8美元。
   b. 边际成本是8美元,平均可变成本是5美元。
   c. 边际成本是5美元,平均总成本是8美元。
   d. 边际成本是8美元,平均总成本是5美元。

4. 一个企业生产20单位产品,平均总成本是25美元,边际成本是15美元。如果将产量增加到21单位,以下哪种情况一定会发生？
   a. 边际成本会减少。
   b. 边际成本会增加。
   c. 平均总成本会减少。
   d. 平均总成本会增加。

5. 政府每年对所有比萨饼店征收1 000美元许可证费,这会导致哪一条成本曲线移动？
   a. 平均总成本和边际成本曲线。
   b. 平均总成本和平均固定成本曲线。
   c. 平均可变成本和边际成本曲线。
   d. 平均可变成本和平均固定成本曲线。

6. 如果更高的产量水平使工人在特定工作中更专业化,那么企业就会表现出规模_____和平均总成本_____。
   a. 经济,下降

b. 经济,上升
   c. 不经济,下降
   d. 不经济,上升

【答案】

1. a 2. d 3. d 4. c 5. b 6. a

复习题

1. 企业总收益、利润和总成本之间的关系是什么?

   【解答】

   企业总收益、利润和总成本之间的关系为利润等于总收益减去总成本。

2. 举出一种会计师不算作成本的机会成本的例子。为什么会计师不考虑这种成本?

   【解答】

   会计师不会将企业主的其他可选择工作的机会成本算作一种会计成本。教材中举了一个例子,Caroline 本可当程序员,却选择了经营一家饼干公司。她在自己制作饼干的工厂里工作,放弃了做一个程序员每小时挣 100 美元的机会。由于钱并不会流入或流出这个公司,会计师忽略了这一机会成本。但这个机会成本却与 Caroline 经营饼干公司的决策有关。

3. 什么是边际产量? 边际产量递减意味着什么?

   【解答】

   边际产量是指增加一单位生产要素所增加的产量。边际产量递减意味着,随着一种生产要素投入的增加,边际产量逐渐减少。

4. 画出表示劳动的边际产量递减的生产函数。画出相关的总成本曲线。(在这两种情况下,都要标明坐标轴代表什么。) 解释你所画出的两个曲线的形状。

   【解答】

   图 4 显示了劳动的边际产量递减的生产函数曲线。图 5 显示了相关的总成本曲线。由于边际产量递减,随着劳动力数量的增加,产出数量增加得越来越慢,生产函数曲线变得越来越平坦(即向下凹的);同样地,由于边际产量递减,随着产出数量的增加,同等产出数量所需的总成本越来越多,总成本曲线变得越来越陡峭(即向下凸的)。

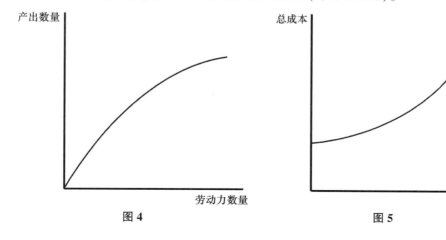

图 4   图 5

5. 给总成本、平均总成本和边际成本下定义。它们之间的关系是怎样的？

【解答】

总成本由企业为了生产指定数量的产品所花费的所有投入组成。它包括固定成本和可变成本。平均总成本是指企业平均每生产一单位产品所消耗的全部成本。它等于总成本除以产品数量。边际成本指的是每新生产一单位产品带来的总成本的增量，它等于总成本的变化量除以产品数量的变化量。平均总成本和边际成本之间的另外一种关系：当边际成本小于平均总成本时，平均总成本下降；当边际成本大于平均总成本时，平均总成本上升。

6. 画出一个典型企业的边际成本曲线和平均总成本曲线。解释为什么这些曲线的形状是这样，以及为什么在那一点相交。

【解答】

图6显示了一个典型企业的边际成本曲线和平均总成本曲线。这些曲线有三个主要特征：(1) 边际成本曲线呈U形但随着产出的增加快速上升；(2) 平均总成本曲线也呈U形；(3) 当边际成本小于平均总成本时，平均总成本下降；当边际成本大于平均总成本时，平均总成本上升。由于边际收益递减规律，边际成本在产出数量高于某一个点后不断上升。平均总成本曲线一开始向下倾斜是由于企业能够在更多的产出上分摊固定成本；在产出达到一定数量后的上升是因为随着产出数量的增加，重要可变投入的数量也增加，由此造成了可变投入成本的增加。边际成本曲线和平均总成本曲线在平均总成本最低处相交，相交点对应的数量就是有效规模。

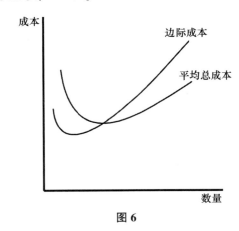

图6

7. 企业的平均总成本曲线在短期与长期中如何不同？为什么会不同？

【解答】

在长期中，企业可以调整在短期中是固定的生产要素，比如企业可以扩大工厂的规模。结果就是，长期平均总成本曲线比短期总成本曲线呈更加平坦的U形。此外，长期平均成本曲线是短期平均成本曲线的包络线。

8. 给规模经济下定义并解释其产生的原因。给规模不经济下定义并解释其产生的原因。

【解答】

规模经济存在时，在工人专业化的分工下，长期平均总成本随着产出数量的增加而减少。规模不经济存在时，由于组织过大，内部员工的合作存在诸多不便，长期平均总成本随着产出数量的增加而上升。

问题与应用

1. 本章讨论了许多成本类型:机会成本、总成本、固定成本、可变成本、平均总成本和边际成本。在以下句子中填入最合适的成本类型:

   a. 采取某个行为所放弃的东西称为_____。

   b. _____是当边际成本低于它时下降,当边际成本高于它时上升。

   c. 不取决于产量的成本是_____。

   d. 在冰激凌行业里,短期中,_____包括奶油和糖的成本,但不包括工厂的成本。

   e. 利润等于总收益减_____。

   f. 生产额外一单位产品的成本是_____。

   【解答】

   a. 机会成本;

   b. 平均总成本;

   c. 固定成本;

   d. 可变成本;

   e. 总成本;

   f. 边际成本。

2. 你的姑妈正考虑开一家五金店。她估计,租店铺和买库存货物每年要花费 50 万美元。此外,她要辞去薪水为每年 5 万美元的会计师工作。

   a. 给机会成本下定义。

   b. 你姑妈经营五金店一年的机会成本是多少?如果你姑妈认为她一年可以卖出价值 51 万美元的物品,她应该开这个店吗?解释原因。

   【解答】

   a. 机会成本是指为了得到某种东西而放弃的另一些东西的价值。

   b. 经营这家五金店的机会成本是 55 万美元,包括 50 万美元用于租店铺和购买库存货物以及 5 万美元的隐性成本,后者是由你的姑妈必须辞去她的会计师工作造成的。因为 55 万美元的总机会成本超过了计划的营业收益 51 万美元,所以你姑妈不应该开这家店,要不然她的经济利润就是负的了。

3. 一个商业渔民注意到了钓鱼时间与钓鱼量之间存在以下关系:

小时	钓鱼量(磅)
0	0
1	10
2	18
3	24
4	28
5	30

a. 用于钓鱼的每小时的边际产量是多少?
b. 根据这些数据画出该渔民的生产函数。解释其形状。
c. 该渔民的固定成本为 10 美元(他的钓鱼竿)。他每小时时间的机会成本是 5 美元。画出该渔民的总成本曲线。解释它的形状。

【解答】

a. 下表显示了用于钓鱼的每小时边际产量:

小时	钓鱼量（磅）	固定成本（美元）	可变成本（美元）	总成本（美元）	边际产量（磅）
0	0	10	0	10	—
1	10	10	5	15	10
2	18	10	10	20	8
3	24	10	15	25	6
4	28	10	20	30	4
5	30	10	25	35	2

b. 图 7 画出了渔民的生产函数。生产函数曲线随着钓鱼时间的增加而变得更加平坦,说明了钓鱼的边际产量递减。

c. 上面的表格显示了固定成本、可变成本和总成本。图 8 显示了渔民的总成本曲线。由于捕获额外的鱼需要额外的时间,因此总成本曲线是一条向上倾斜的曲线。因为每多花费一小时的钓鱼时间,只能多捕获更少额外的鱼,这种边际收益递减造成总成本曲线随着钓鱼数量的增加而变得更加陡峭(即向下凸的)。

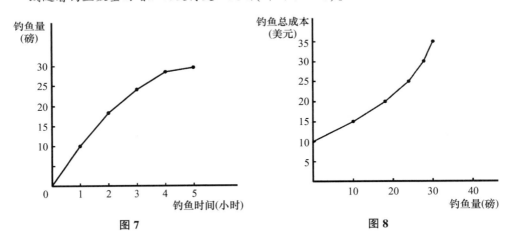

图 7　　　　　图 8

4. Nimbus 公司是一家生产扫帚并挨家挨户推销扫帚的公司。下面是某一天中工人数量与产量之间的关系:

工人数	产量	边际产量	总成本	平均总成本	边际成本
0	0		—	—	
1	20		—	—	
2	50		—	—	
3	90		—	—	
4	120		—	—	
5	140		—	—	
6	150		—	—	
7	155		—	—	

a. 填写边际产量一列。边际产量呈现出何种模式？你如何解释这种模式？
b. 雇用一个工人的成本是一天 100 美元，企业的固定成本是 200 美元。根据这些信息填写总成本一列。
c. 填写平均总成本一列（记住 ATC = TC/Q）。平均总成本呈现出何种模式？
d. 现在填写边际成本一列（记住 MC = ΔTC/ΔQ）。边际成本呈现出何种模式？
e. 比较边际产量和边际成本。解释其关系。
f. 比较平均总成本和边际成本。解释其关系。

【解答】

下表为补充完整的表格：

工人数	产量	边际产量	总成本(美元)	平均总成本(美元)	边际成本(美元)
0	0	—	200	—	—
1	20	20	300	15.00	5.00
2	50	30	400	8.00	3.33
3	90	40	500	5.56	2.50
4	120	30	600	5.00	3.33
5	140	20	700	5.00	5.00
6	150	10	800	5.33	10.00
7	155	5	900	5.81	20.00

a. 请参照上表中边际产量的部分。由于边际产量递减，边际产量先上升再下降。
b. 请参照上表中总成本的部分。
c. 请参照上表中平均总成本的部分。平均总成本呈 U 形。当工人数量很少时，平均总成本随着产量的增加而下降；当工人数量很多时，平均总成本随着产量的增加而上升。
d. 请参照上表中边际成本的部分。边际成本也呈 U 形，由于边际产量递减，它随着产出的增加而快速地上升。
e. 当边际产量增加时，边际成本下降，反之亦然。
f. 当边际成本小于平均总成本时，平均总成本下降；最后一单位产出的成本将拉低平均值。当边际成本大于平均总成本时，平均总成本上升；最后一单位产出的成本将拉高平均值。

5. 你是一家出售数码音乐播放器的企业的财务总监。下面是你的企业的平均总成本表：

数量(台)	平均总成本(美元)
600	300
601	301

你们当前的产量水平是 600 台，而且全部售出。有一个人打来电话，非常希望买一台播放器，并出价 550 美元。你应该接受他的要求吗？为什么？

【解答】

当产量为 600 台时，总成本是 180 000 美元(600×300)。生产 601 台播放器的总成本是 180 901 美元(601×301)。因此你不应该接受 550 美元再购买额外一台播放器的要求。因为第 601 台的边际成本是 901 美元。

6. 考虑以下关于比萨饼店的成本信息：

数量(打)	总成本(美元)	可变成本(美元)
0	300	0
1	350	50
2	390	90
3	420	120
4	450	150
5	490	190
6	540	240

a. 比萨饼店的固定成本是多少？

b. 列一个表，在这个表上根据总成本的信息计算每打比萨饼的边际成本。再根据可变成本的信息计算每打比萨饼的边际成本。这些数字之间有什么关系？请解释。

【解答】

a. 固定成本是 300 美元，因为固定成本等于总成本减去可变成本。当产量为零时，仅有固定成本一种类型的成本。

b. 表格如下：

数量(打)	总成本(美元)	可变成本(美元)	边际成本(美元)(使用总成本计算)	边际成本(美元)(使用可变成本计算)
0	300	0	—	—
1	350	50	50	50
2	390	90	40	40
3	420	120	30	30
4	450	150	30	30
5	490	190	40	40
6	540	240	50	50

边际成本等于为了生产额外一单位产品而产生的总成本的变化量。边际成本也等于为了生产额外一单位产品而产生的可变成本的变化量。这种关系之所以成立是因为总成本等于可变成本和固定成本之和，并且固定成本在短期内是不会随着产量的变化而变化的。

因此,随着产量的增加,总成本的上升等于可变成本的上升。

7. 你的堂兄 Vinnie 拥有一家油漆公司,其固定总成本为 200 美元,可变成本如下表所示:

每月油漆房屋量(间)	1	2	3	4	5	6	7
可变成本(美元)	10	20	40	80	160	320	640

计算每种产量下的平均固定成本、平均可变成本及平均总成本。该油漆公司的有效规模是多少?

【解答】

下表显示了每单位产品的平均固定成本、平均可变成本和平均总成本。有效规模是每个月油漆 4 间房,因为此时对应的平均总成本最低。

数量(间)	可变成本(美元)	固定成本(美元)	总成本(美元)	平均固定成本(美元)	平均可变成本(美元)	平均总成本(美元)
0	0.00	200.00	200.00	—	—	—
1	10.00	200.00	210.00	200.00	10.00	210.00
2	20.00	200.00	220.00	100.00	10.00	110.00
3	40.00	200.00	240.00	66.67	13.33	80.00
4	80.00	200.00	280.00	50.00	20.00	70.00
5	160.00	200.00	360.00	40.00	32.00	72.00
6	320.00	200.00	520.00	33.33	53.33	86.67
7	640.00	200.00	840.00	28.57	91.43	120.00

8. 市政府正在考虑以下两个税收建议:
- 对每位汉堡包的生产者征收 300 美元的定额税。
- 对每个汉堡包征收 1 美元的税,由汉堡包的生产者支付。

a. 下列哪一条曲线——平均固定成本(AFC)、平均可变成本(AVC)、平均总成本(ATC)和边际成本(MC)——会由于定额税而移动?为什么?用图形说明这一点。尽可能准确地在图形上做好标记。

b. 这同样的四条曲线中,哪一条会由于对每个汉堡包的税收而移动?为什么?用新的图形说明这一点。尽可能准确地在图形上做好标记。

【解答】

a. 定额税造成了固定成本的上升,因此,如图 9 所示,只有平均固定成本曲线和平均总成本曲线受影响。

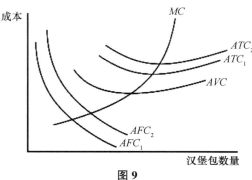

图 9

b. 如图10所示。平均可变成本、平均总成本和边际成本都将增加,三条曲线将上移。平均固定成本曲线不会受影响。

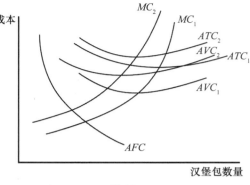

图 10

9. Jane 的果汁店有以下成本表:

产量(桶)	可变成本(美元)	总成本(美元)
0	0	30
1	10	40
2	25	55
3	45	75
4	70	100
5	100	130
6	135	165

a. 计算每种产量下的平均可变成本、平均总成本和边际成本。
b. 画出这三条曲线。边际成本曲线与平均总成本曲线之间是什么关系？边际成本曲线与平均可变成本曲线之间是什么关系？解释原因。

【解答】

a. 下表显示了每单位产品的平均可变成本、平均总成本和边际成本：

产量 (桶)	可变成本 (美元)	总成本 (美元)	平均可变成本 (美元)	平均总成本 (美元)	边际成本 (美元)
0	0.00	30.00	—	—	—
1	10.00	40.00	10.00	40.00	10.00
2	25.00	55.00	12.50	27.50	15.00
3	45.00	75.00	15.00	25.00	20.00
4	70.00	100.00	17.50	25.00	25.00
5	100.00	130.00	20.00	26.00	30.00
6	135.00	165.00	22.50	27.50	35.00

b. 图 11 显示了三种曲线。当产出小于 4 时,边际成本曲线位于平均总成本曲线下方并且平均总成本在下降。当产出大于 4 时,边际成本曲线位于平均总成本曲线上方并且平均总成本在上升。边际成本曲线位于平均可变成本曲线上方。

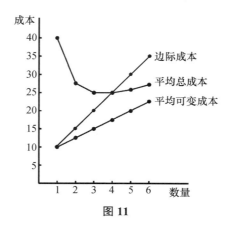

图 11

10. 考虑下表中三个不同企业的长期总成本:

(单位:美元)

产量	1	2	3	4	5	6	7
企业 A	60	70	80	90	100	110	120
企业 B	11	24	39	56	75	96	119
企业 C	21	34	49	66	85	106	129

这三个企业分别处于规模经济还是规模不经济?

【解答】

下表显示了三家企业的产量、总成本(TC)和平均总成本(ATC):

产量	企业 A		企业 B		企业 C	
	TC(美元)	ATC(美元)	TC(美元)	ATC(美元)	TC(美元)	ATC(美元)
1	60.00	60.00	11.00	11.00	21.00	21.00
2	70.00	35.00	24.00	12.00	34.00	17.00
3	80.00	26.67	39.00	13.00	49.00	16.33
4	90.00	22.50	56.00	14.00	66.00	16.50
5	100.00	20.00	75.00	15.00	85.00	17.00
6	110.00	18.33	96.00	16.00	106.00	17.67
7	120.00	17.14	119.00	17.00	129.00	18.43

企业 A 处于规模经济,因为平均总成本随着产出的增加而下降。
企业 B 处于规模不经济,因为平均总成本随着产出的增加而上升。
企业 C 在产量在 1 到 3 时处于规模经济,在产量超过 3 时处于规模不经济。

第 13 章
竞争市场上的企业

学习目标

在本章中,学生应理解
- 竞争市场的特点是什么;
- 竞争企业如何决定产量;
- 竞争企业如何决定什么时候暂时停产;
- 竞争企业如何决定进入还是退出一个市场;
- 企业行为如何决定市场的短期和长期供给曲线。

框架和目的

第 13 章是论述企业行为和产业组织的三章中的第二章。第 12 章提出了企业行为所依据的成本曲线。第 13 章将运用这些曲线来说明一个竞争企业如何对市场状况变动做出反应。第 14 章将运用这些曲线来说明垄断企业如何对市场状况变动做出反应。

第 13 章的目的是考察竞争企业——没有市场势力的企业——的行为。前一章中提出的成本曲线说明了竞争市场上供给曲线背后的决策。

内容提要

- 由于竞争企业是价格接受者,所以它的收益与产量是成比例的。物品的价格等于企业的平均收益和边际收益。
- 为了使利润最大化,企业选择使边际收益等于边际成本的产量。由于竞争企业的边际收益等于市场价格,所以企业选择使价格等于边际成本的产量。因此,企业的边际成本曲线又是它的供给曲线。
- 在短期中,当企业不能收回其固定成本时,如果价格低于平均可变成本,企业将选择暂时停止营业。在长期中,当企业能收回其固定成本和可变成本时,如果价格低于平均总成本,企业将选择退出市场。
- 在可以自由进入与退出的市场上,长期中利润为零。在长期均衡时,所有企业都在有效规模上生产,价格等于最低平均总成本,而且,企业数量会自发调整,以满足在这种价格时的需求量。
- 需求变动在不同时间范围之内有不同影响。在短期中,需求增加引起价格上升,并带来利润,而需求减少引起价格下降,并带来亏损。但如果企业可以自由进入和退出市场,那么,在长期中企业数量将自发调整,使市场回到零利润均衡。

教材习题解答

即问即答

1. 当一个竞争企业的销售量翻一番时,它的产品价格和总收益会发生什么变动?

   【解答】
   当一个竞争企业的销售量翻一番时,它的产品价格不变的,总收益将翻一番。

2. • 竞争企业如何决定其利润最大化的产量水平?解释原因。
   • 什么时候一家利润最大化的竞争企业决定停止营业?什么时候一家利润最大化的竞争企业决定退出市场?

   【解答】
   • 利润最大化的竞争企业设定的价格等于其边际成本。如果价格高于边际成本,企业可以通过增加产量来增加利润;如果价格低于边际成本,企业可以通过减少产量来提高利润。
   • 利润最大化的竞争企业,在短期中,当价格低于平均可变成本时,则决定暂时停止营业;在长期中,当价格低于平均总成本时,企业将退出市场。

3. 在企业可以自由进入与退出的长期中,市场价格等于边际成本还是平均总成本?还是与两者都相等?或者都不等?用图形解释。

   【解答】
   在长期中,在企业自由进入和退出市场的情况下,市场价格等于企业的边际成本和平均总成本,如图1所示。该企业选择其产量,以使边际成本等于价格;这样做保证了企业的利润最大化。在长期中,企业进入和退出市场会驱动物品的价格达到平均总成本曲线上的最低点。

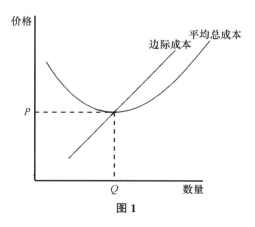

图 1

快速单选

1. 一个完全竞争企业会_____。
   a. 选择其价格以实现利润最大化
   b. 使其价格低于出售相似产品的其他企业的价格
   c. 把价格作为既定的市场条件
   d. 选择使其获得最大市场份额的价格

2. 一个竞争企业通过选择使_____的数量来实现利润最大化。
   a. 平均总成本最低
   b. 边际成本等于价格
   c. 平均总成本等于价格
   d. 边际成本等于平均总成本

3. 一个竞争企业的短期供给曲线是其_____曲线在其_____曲线之上的部分。
   a. 平均总成本,边际成本
   b. 平均可变成本,边际成本
   c. 边际成本,平均总成本
   d. 边际成本,平均可变成本

4. 如果一个利润最大化的竞争企业所生产的产量使边际成本在平均可变成本和平均总成本之间,它将_____。
   a. 在短期中继续生产,但在长期中会退出市场
   b. 在短期中停业,但在长期中会恢复生产
   c. 在短期中停业,而且在长期中退出市场
   d. 在短期与长期中都会继续生产

5. 在一个有许多同质企业的竞争市场的长期均衡中,价格 P、边际成本 MC 以及平均总成本 ATC 的关系是怎样的?
   a. $P>MC$,且 $P>ATC$。
   b. $P>MC$,且 $P=ATC$。
   c. $P=MC$,且 $P>ATC$。
   d. $P=MC$,且 $P=ATC$。

6. 纽约的椒盐卷饼摊是实现了长期均衡的完全竞争行业。有一天,市政府开始对每个摊位每月征收 100 美元的税。这种政策在短期和长期中会如何影响椒盐卷饼的消费量?
   a. 短期中减少,长期中没有变化。
   b. 短期中增加,长期中没有变化。
   c. 短期中没有变化,长期中减少。
   d. 短期中没有变化,长期中增加。

【答案】 1. c 2. b 3. d 4. a 5. d 6. c

复习题

1. 竞争市场的主要特征是什么?

   【解答】

   竞争市场的主要特征是:(1) 市场上有许多买者和卖者;(2) 各个卖者提供的物品大致相同;(3) 企业通常可以自由进入或退出市场。

2. 解释企业收益与企业利润的差别。企业使其中哪一个最大化?

   【解答】

   企业总收益等于其单位价格乘以其销售数量。利润是总收益和总成本之间的差额。企业要使其利润最大化。

3. 画出一个典型企业的成本曲线。解释竞争企业如何选择利润最大化的产量水平。在该产量水平时,在你的图形中标明企业的总收益及总成本。

   【解答】

   图 2 显示了典型企业的成本曲线。竞争企业选择使边际成本等于价格的产量水平(Q^*)来实现利润最大化,只要价格超过平均可变成本(在短期中),或者价格超过平均总成本(在长期中)。总收益可以通过以 P^* 为高、以 Q^* 为底的矩形区域来衡量。总成本可以由以 ATC' 为高、以 Q^* 为底的矩形区域进行衡量。

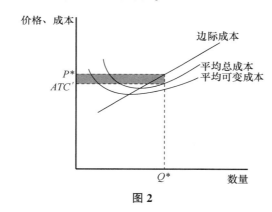

图 2

4. 在什么条件下企业将暂时停止营业?解释原因。

   【解答】

   如果企业从生产中得到的收益小于生产的可变成本,那么该企业将暂时停止营业。如果价格比平均可变成本低,就会出现这种情况。

5. 在什么条件下企业将退出市场?解释原因。

   【解答】

   如果企业留在市场中获得的收益低于其总成本,那么该企业将会退出市场。如果价格低于平均总成本,就会出现这种情况。

6. 竞争企业的价格是在短期中、长期中,还是在这两个时期中都等于边际成本?解释原因。

   【解答】

   无论在长期中还是在短期中,一个竞争企业的价格都等于其边际成本,也等于边际收益。

如果边际收益超过边际成本,企业将增加产出;如果边际收益低于边际成本,企业将减少产出。边际收益等于边际成本时,利润总是最大化。

7. 竞争企业的价格是在短期中、长期中,还是在这两个时期中都等于最低平均总成本?解释原因。

【解答】
竞争企业的价格等于其最低平均总成本只发生在长期中。在短期内,价格可能高于平均总成本(在这种情况下,企业盈利),可能低于平均总成本(在这种情况下,企业亏损),或等于平均总成本(在这种情况下,企业盈亏平衡)。在长期中,如果企业获得利润,其他企业将进入行业,这将会降低产品的价格。在长期中,如果企业蒙受损失,它们将退出该行业,这将提高产品的价格。企业持续进入或退出,直到企业既不盈利也不亏损。在这一点上,价格等于平均总成本。

8. 一般而言,市场供给曲线是在短期中更富有弹性,还是在长期中更富有弹性?解释原因。

【解答】
市场供给曲线通常在长期中比在短期中更具弹性。在竞争市场中,因为企业进入或退出持续发生,直到价格等于平均总成本,所以供给量在长期中对价格变动更为敏感。

问题与应用

1. 许多小船是用从石油中提炼出来的玻璃纤维和树脂制造的。假设石油价格上升。

   a. 用图形说明单个造船企业的成本曲线和市场的供给曲线会发生什么变动。

   b. 短期中造船企业的利润会发生什么变动?长期中造船企业的数量会发生什么变动?

【解答】

   a. 如图3所示,典型企业的初始边际成本曲线是 MC_1,平均总成本曲线是 ATC_1。在最初的均衡中,市场供给曲线 S_1 与市场需求曲线在价格为 P_1 处相交,P_1 等于典型企业的最低平均总成本。因此,典型企业没有经济利润。石油价格上升会增加私人企业的生产成本(曲线 MC_1 移到 MC_2,ATC_1 移到 ATC_2),因此市场的供给曲线向左移动到 S_2。

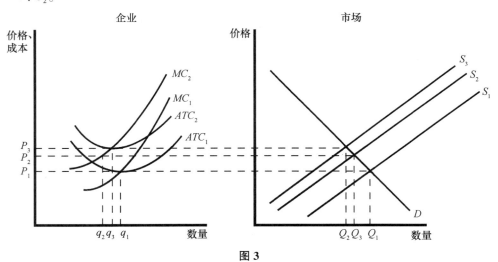

图3

b. 当市场供给曲线移动到 S_2 时,均衡价格就会从 P_1 上升到 P_2,但是价格上升幅度小于企业边际成本的增加幅度。结果价格比企业的平均总成本低,所以企业的利润是负的。在长期中,负的利润将导致一些企业退出市场。如果它们这样做,市场供给曲线将会向左移动,直到价格上升到企业平均总成本曲线的最低点。长期均衡将会出现,这时供给曲线为 S_3,均衡价格为 P_3,市场总产出为 Q_3,厂商产出为 q_3。因此在长期中,利润会再次为零,市场上的企业数量会减少。

2. Bob 的草坪修剪中心是追求利润最大化的竞争企业。Bob 每修剪一块草坪赚 27 美元。他每天的总成本是 280 美元,其中 30 美元是固定成本。他每天剪 10 块草坪。你对 Bob 的短期停止营业决策和长期退出决策有何见解?

【解答】
Bob 的总可变成本是他每天的总成本减去固定成本(280-30=250 美元)。他的平均可变成本是他的总可变成本被每天所修剪的 10 块草坪均分的成本(250/10=25 美元)。因为他的平均可变成本低于价格,在短期内,他不会停止营业。Bob 的平均总成本是总成本被他每天修剪的草坪均分的成本(280/10=28 美元)。因为他的平均总成本比价格高,在长期中,他将退出此行业。

3. 考虑下表中给出的总成本和总收益:

(单位:美元)

产量	0	1	2	3	4	5	6	7
总成本	8	9	10	11	13	19	27	37
总收益	0	8	16	24	32	40	48	56

a. 计算每种产量时的利润。企业为了使利润最大化应该生产多少?
b. 计算每种产量时的边际收益和边际成本。画出它们的图形。(提示:把各点画在整数之间。例如,2 和 3 之间的边际成本应该画在 2.5 处。)这些曲线在哪一种产量时相交?如何把这一点与你对 a 的回答联系起来?
c. 你认为这个企业是否处于竞争行业中?如果是的话,你认为这个行业是否处于长期均衡?

【解答】
下表展示了成本、收益和利润:

产量	总成本(美元)	边际成本(美元)	总收益(美元)	边际收益(美元)	利润(美元)
0	8	—	0	—	-8
1	9	1	8	8	-1
2	10	1	16	8	6
3	11	1	24	8	13
4	13	2	32	8	19
5	19	6	40	8	21
6	27	8	48	8	21
7	37	10	56	8	19

a. 企业应该生产 5 单位或 6 单位,来使利润最大化。

b. 边际收益和边际成本如图 4 所示。曲线在 5 单位和 6 单位之间相交,得到的答案与问题 a 的答案相同。

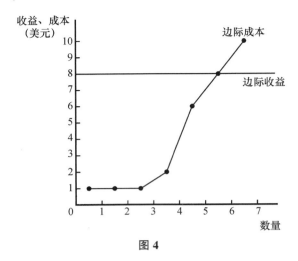

图 4

c. 该企业处于竞争行业中,因为对每种产量来说边际收益都是相同的。该行业不是处于长期均衡中的,因为利润不等于零。

4. 某轴承公司面对的生产成本如下:

产量(箱)	总固定成本(美元)	总可变成本(美元)
0	100	0
1	100	50
2	100	70
3	100	90
4	100	140
5	100	200
6	100	360

a. 计算该公司在每一产量水平时的平均固定成本、平均可变成本、平均总成本以及边际成本。

b. 每箱轴承的价格是 50 美元。鉴于公司无法获得利润,该公司的 CEO(首席执行官)决定停止经营。该公司的利润或亏损是多少?这是一个明智的决策吗?解释原因。

c. 该公司的 CFO(首席财务官)隐约记起了他的初级经济学课程,他告诉 CEO 生产 1 箱轴承更好一些,因为在这一产量时边际收益等于边际成本。在这种产量水平时,该企业的利润或亏损是多少?这是最好的决策吗?解释原因。

【解答】

a. 公司的平均固定成本、平均可变成本、平均总成本和边际成本如下表所示:

产量（箱）	总固定成本（美元）	总可变成本（美元）	平均固定成本（美元）	平均可变成本（美元）	平均总成本（美元）	边际成本（美元）
0	100	0	—	—	—	—
1	100	50	100	50	150	50
2	100	70	50	35	85	20
3	100	90	33.3	30	63.3	20
4	100	140	25	35	60	50
5	100	200	20	40	60	60
6	100	360	16.7	60	76.7	160

b. 如果价格为50美元，公司将会通过生产4单位产品来使损失最小化，此时价格等于边际成本。如果公司生产4单位，总收入是200美元（50×4＝200），总成本为240美元（100+140）。这将会使得公司损失40美元。如果公司停止经营，它的损失等于固定成本（100美元）。所以公司的CEO的决策是不明智的。

c. 如果公司生产1单位产品，总收入为50美元，总成本为150美元（100+50），那么其损失会是100美元。这不是一个明智的决策。公司本来可以通过生产更多单位的产品来减少损失，因为第2单位和第3单位产品的边际成本会低于其价格。

5. 假设图书印刷行业是竞争性的，而且开始时处于长期均衡。

a. 画出描述该行业中一个典型企业的平均总成本、边际成本、边际收益和供给曲线的图形。

b. 某高科技印刷企业发明了大幅度降低印刷成本的新工艺。当该企业的专利阻止其他企业使用该项新技术时，该企业的利润和短期中图书的价格会发生什么变动？

c. 长期中，当专利到期，从而其他企业可以自由使用这种新工艺时，会发生什么变动？

【解答】

a. 图5显示了典型企业的各种曲线：平均总成本曲线 ATC_1，边际成本曲线 MC_1，边际收益曲线等于其价格水平 P_1。长期供给曲线是边际成本曲线 MC_1 超过 ATC_1 最低点以上的那部分曲线。

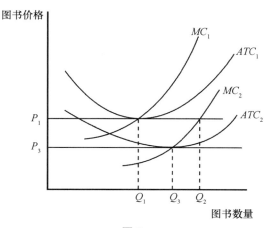

图5

b. 新工艺将会使高科技印刷企业的边际成本曲线降至 MC_2,平均总成本曲线降至 ATC_2,但是价格仍然在 P_1,因为其他企业不会用此工艺流程,因此高科技印刷企业生产 Q_2 单位的产品,企业的利润增加。

c. 当专利到期,从而其他企业能自由使用这种新工艺时,所有企业的平均总成本曲线将会移动到 ATC_2,所以市场价格将会下降到 P_3,企业的利润为零。

6. 一家竞争市场中的企业得到了 500 美元的总收益,而且边际收益是 10 美元。平均收益是多少?多少单位的产品被售出?

【解答】

企业处于完全竞争的市场中,其价格等于其边际收益(10 美元),这意味着平均收益也是 10 美元,50 单位的产品被售出。

7. 竞争市场上的一家利润最大化企业现在生产 100 单位产品,它的平均收益(AR)是 10 美元,平均总成本(ATC)是 8 美元,固定成本(FC)是 200 美元。

a. 利润是多少?

b. 边际成本是多少?

c. 平均可变成本是多少?

d. 该企业的有效规模大于、小于还是等于 100 单位?

【解答】

a. 利润 $=(P-ATC)\times Q$,价格 $=AR$,因此利润为 $(10-8)\times 100=200$ 美元。

b. 对于完全竞争企业,边际收益等于平均收益。利润最大化意味着边际收益等于边际成本,所以边际成本等于 10 美元。

c. 平均固定成本 $=FC/Q=200/100=2$ 美元。由于平均可变成本=平均总成本-平均固定成本,平均可变成本 $AVC=8-2=6$ 美元。

d. 由于平均总成本小于边际成本,平均总成本一定会上升,所以企业的有效规模一定会发生在产量水平小于 100 单位时。

8. 化肥市场是完全竞争的。市场上的企业在生产产品,但它们现在有经济亏损。

a. 与生产化肥的平均总成本、平均可变成本和边际成本相比,化肥的价格如何?

b. 并排画出两个图形,说明一个典型企业的现况和该市场的现况。

c. 假设需求曲线或企业的成本曲线都没有变动,解释长期中化肥的价格、每个企业的边际成本、平均总成本、供给量以及市场总供给量会如何变动。

【解答】

a. 如果企业现在有经济亏损,那么其价格一定低于其平均总成本。然而,因为行业中的企业一直在生产产品,其价格一定高于平均可变成本。如果企业追求利润最大化,则其价格一定等于边际成本。

b. 典型企业和市场的现状如图 6 所示。企业目前生产 q_1 单位的产品,其价格水平为 P_1。

c. 图 6 也显示了在长期中市场如何去调整。因为企业发生损失,将会退出此行业。这意味着市场供给曲线将会向左移动,产品的价格将会提高。随着价格的提高,留下来的企业将会增加供给量;边际成本将会上升。企业退出市场将会继续,直到市场价格等于最低平均总成本。长期中,平均总成本会下降,市场总供给量会下降。

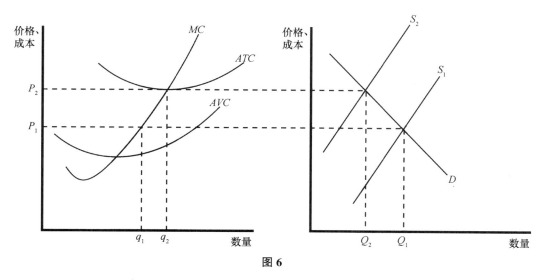

图 6

9. Ectenia 市的苹果派市场是竞争性的,而且有以下的需求表:

价格(美元)	需求量(个)
1	1 200
2	1 100
3	1 000
4	900
5	800
6	700
7	600
8	500
9	400
10	300
11	200
12	100
13	0

市场上每个生产者的固定成本为 9 美元,并且边际成本如下:

数量(个)	边际成本(美元)
1	2
2	4
3	6
4	8
5	10
6	12

第 13 章 竞争市场上的企业

a. 计算每个生产者生产 1—6 个苹果派时的总成本和平均总成本。
b. 现在苹果派的价格是 11 美元。多少个苹果派会被售出？每个生产者生产多少苹果派？有多少个生产者？每个生产者能赚到多少利润？
c. b 部分中所描述的情况是长期均衡吗？为什么？
d. 假设在长期中企业可以自由进出。长期均衡时每个生产者能赚到多少利润？市场均衡价格是多少？每个生产者生产苹果派的数量是多少？多少苹果派会被售出？有多少生产者在经营？

【解答】

a. 下表显示了典型企业的总成本和平均总成本：

数量(个)	总成本(美元)	平均总成本(美元)
1	11	11
2	15	7.50
3	21	7
4	29	7.25
5	39	7.80
6	51	8.50

b. 在价格水平为 11 美元时，需求量为 200。企业的边际收益为 11 美元，每个企业将会选择生产 5 个苹果派，使其边际成本最接近且不超过边际收益。因此，这将会有 40 个 (200/5) 生产者。每个生产者将会赚到 55 美元 (11×5) 的总收益，总成本为 39 美元，所以利润为 16 美元。

c. 市场没有处于长期均衡状态，因为企业会赚到正的经济利润，其他企业会想要进入这个市场。

d. 长期中企业可以自由进出市场，长期均衡时每个生产者能赚到的利润为零。当价格等于最低平均总成本 (7 美元) 时长期均衡将会实现。在这个价格水平下，苹果派的需求量为 600 个。每个企业将会生产 3 个苹果派 (此数量下，边际成本最接近且不超过边际收益)，这意味着市场上有 200 个苹果派的生产者在经营。

10. 某个行业现在有 100 家企业，所有企业的固定成本都为 16 美元，平均可变成本如下：

产量	平均可变成本(美元)
1	1
2	2
3	3
4	4
5	5
6	6

a. 计算对于从 1 到 6 之间的每一种产量，每家企业的边际成本和平均总成本。
b. 现在的均衡价格是 10 美元。每家企业的产量为多少？市场总供给量是多少？
c. 在长期中，企业可以进入和退出市场，而且所有进入者都有相同的成本 (如上表所示)。

当这个市场转向其长期均衡时,价格将上升还是下降?需求量将增加还是减少?每家企业的供给量将增加还是减少?解释原因。

d. 画出该市场的长期供给曲线,在相关的坐标轴上标出具体的数字。

【解答】

a. 企业的可变成本、总成本、边际成本、平均总成本如下表所示:

产量	可变成本(美元)	总成本(美元)	边际成本(美元)	平均总成本(美元)
1	1	17	1	17
2	4	20	3	10
3	9	25	5	8.33
4	16	32	7	8
5	25	41	9	8.20
6	36	52	11	8.67

b. 如果价格为 10 美元,每家企业将会生产 5 单位的产品。该行业中有 100 家企业,所以市场的总供给量为 500 单位(5×100)。

c. 在价格为 10 美元,产量为 5 单位产品时,每家企业将会赚取正的利润,因为价格高于平均总成本。因此,会有企业进入,价格将会下降。随着价格的下降,根据需求定理,需求量也会增加。企业会持续进入市场,直到价格等于最低平均总成本 8 美元,每家企业生产的数量(如果假设单位产量是不可分的,则为 4 单位)正好使得边际收益(8 美元)等于边际成本。因此,每家企业的供给量将会减少。

d. 图 7 展示了长期市场供给曲线,在平均总成本最低点(8 美元)呈水平状态。每家企业生产 4 单位的产品。

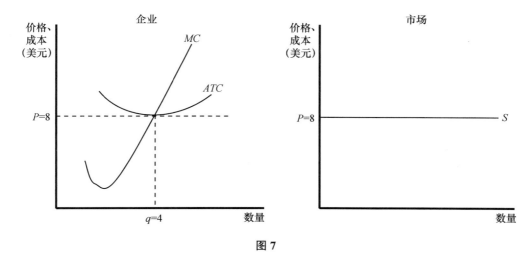

图 7

11. 假设在一个竞争行业中每家企业的成本如下:

总成本 $TC = 50 + 0.5q^2$

边际成本 $MC = q$

其中 q 是一个企业的产量。这种产品的市场需求曲线是：

需求　　　　　$Q^D = 120 - P$

其中 P 是价格，Q 是这种物品的总供给量。现在市场上有 9 家企业。

a. 每家企业的固定成本是多少？可变成本是多少？给出平均总成本的方程式。

b. 画出 q 从 5 到 15 时的平均总成本曲线和边际成本曲线。在哪一种产量时平均总成本曲线达到它的最低点？在这种产量时边际成本和平均总成本是多少？

c. 给出每个企业的供给曲线方程式。

d. 给出在企业数量不变时短期市场供给曲线的方程式。

e. 在短期中市场均衡价格和均衡产量是多少？

f. 在这种均衡时，每家企业的产量为多少？计算每家企业的利润或亏损。此时存在对企业进入还是退出的激励？

g. 在企业可以自由进出的长期中，这个市场的均衡价格和均衡产量是多少？

h. 在这种长期均衡时，每家企业的产量为多少？在这个市场上有多少家企业？

【解答】

a. 每家企业的固定成本，即总成本中不随 q 变化的部分，为 50 美元。每家企业的可变成本，即总成本中随 q 的变化而变化的部分，为 $0.5q^2$。平均总成本的方程式为：$ATC = \dfrac{TC}{q} = \dfrac{50}{q} + 0.5q$。

b. 关于 q 从 5 到 15 的平均总成本曲线和边际成本曲线图，请参见图 8。平均总成本曲线最低点对应的产量为 10。在这种产量时，平均总成本和边际成本都是 10 美元。

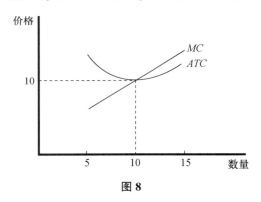

图 8

c. 每家企业的供给曲线是边际成本曲线的一段，位于平均总成本曲线和边际成本曲线的交点之上，因此每家企业的供给曲线为 $q = \begin{cases} 0 & \text{当 } P < 10 \\ P & \text{当 } P \geq 10 \end{cases}$。

d. 在短期内，每家企业的供给曲线是边际成本曲线的一段，它位于平均可变成本曲线（$AVC = 0.5q$）和边际成本曲线的交点之上。平均可变成本曲线和边际成本曲线在 $q = 0$ 处相交，因此每家企业的短期供给曲线为 $q^s = P$。由于企业数量在短期内固定为 9 家，因此短期市场供给曲线为 $Q^S = 9q^s = 9P$。

e. 将市场需求和市场供给曲线设置为相等，即 $120 - P = 9P$，解得均衡价格为 12 美元。将该价格代入需求函数或供给函数，得到均衡产量为 108 个单位。

f. 在这种均衡时,9 家企业中的每一家都生产 12 个单位(108/9)。利润是总收益减去总成本。总收益为 $TR = P \times Q = 12 \times 12 = 144$ 美元,总成本为 $TC = 50 + 0.5q^2 = 50 + 0.5 \times (12)^2 = 122$ 美元,所以每家企业的利润为 $144 - 122 = 22$ 美元。由于利润大于零,企业有进入市场的激励。

g. 在长期中,在自由进出的情况下,所有企业都将获得零经济利润,因此价格将等于平均总成本曲线最低点的值。均衡价格为 10 美元。当价格为 10 美元时,均衡产量为 110 个单位。

h. 在这种长期均衡时,$q = P = 10$,每家企业生产 10 个单位,有 110/10 = 11 家企业。

第14章
垄　　断

学习目标

在本章中，学生应理解
- 为什么某些市场只有一个卖者；
- 垄断者如何决定产量和收取的价格；
- 垄断者的决策如何影响经济福利；
- 垄断者为什么要对不同的顾客收取不同的价格；
- 各种旨在解决垄断问题的公共政策。

框架和目的

　　第14章是论述企业行为和产业组织的三章中的第三章。第12章提出了企业行为所依据的成本曲线。第13章运用这些成本曲线说明了竞争企业如何对市场状况变动做出反应。第14章又运用这些成本曲线说明了垄断企业如何选择生产的数量和收取的价格。垄断者是一种没有替代品的物品的唯一卖者。这样，它就有市场势力，因为它可以影响自己物品的价格。这就是说，垄断者是与价格接受者相反的价格制定者。第14章的目的是考察垄断者的生产和定价决策、市场势力的社会含义，以及政府可能用什么方法应对垄断者引发的问题。

内容提要

- 垄断企业是在其市场上作为唯一卖者的企业。当一个企业拥有一种关键资源，当政府给一个企业排他性地生产一种物品的权利，或者当一个企业可以比许多同行企业以较低成本供给整个市场时，垄断就产生了。
- 由于垄断企业是其市场上唯一的生产者，所以它面临向右下方倾斜的产品需求曲线。当垄断企业增加一单位产量时，会引起它的产品价格下降，这就减少了所有单位产量赚到的收益量。因此，垄断企业的边际收益总是低于其物品的价格。
- 和竞争企业一样，垄断企业也通过生产边际收益等于边际成本的产量来实现利润最大化。这时垄断企业根据需求量确定价格。与竞争企业不同，垄断企业的价格高于它的边际收益，因此它的价格高于边际成本。
- 垄断企业利润最大化的产量水平低于使消费者剩余与生产者剩余之和最大化的产量水

平。这就是说,当垄断企业收取高于边际成本的价格时,一些对物品评价大于其生产成本的消费者不再购买这种物品。因此,垄断会引起无谓损失(与税收的无谓损失类似)。
- 垄断企业通常可以根据买者的支付意愿对同一种物品收取不同的价格来增加利润。这种价格歧视的做法可以通过使一些本来没有购买意愿的消费者购买物品,从而增加经济福利。在完全价格歧视的极端情况下,垄断的无谓损失完全消除了,而且市场上所有剩余都归垄断生产者。在更一般的情况下,当价格歧视不完全时,与单一垄断价格相比,它会增加或减少福利。
- 决策者可以用四种方式对垄断行为的无效率做出反应:用反托拉斯法使行业更具竞争性;管制垄断企业收取的价格;把垄断企业变为政府经营的企业;如果与政策不可避免的不完善性相比,市场失灵的程度相对要小,政府可以选择不作为。

教材习题解答

即问即答

1.
   - 市场存在垄断的三个原因是什么?
   - 举出两个垄断的例子,并解释各自的原因。

   【解答】
   - 市场存在垄断的原因是:(1) 关键资源由一家企业拥有;(2) 政府给予一家企业排他性地生产某种物品或劳务的权利;(3) 生产成本使得一个生产者比大量生产者更有效。
   - 垄断的例子包括:(1) 小镇上的供水企业拥有关键资源,即镇上唯一的水井;(2) 政府给予一个制药企业生产新药的专利;(3) 一座桥就是一个自然垄断,因为如果桥不是拥堵的,那么只有一座桥是有效率的。这样的例子还有很多。

2. 解释垄断企业如何决定产品的产量和价格。

   【解答】
   垄断企业在决定产量时,往往选择其边际成本等于边际收益的点。它会根据需求曲线上该产量对应的价格进行收费。垄断企业一方面要实现利润最大化,另一方面又要使价格尽可能高。

3. 垄断企业的产量与使总剩余最大化的产量相比有何差别?这种差别与无谓损失有什么关系?

   【解答】
   垄断企业的产量往往小于使总剩余最大化的产量,因为垄断者在选择最优生产点时是根据边际成本等于边际收益而并非考虑边际成本等于价格。这种较低的生产水平就会导致无谓损失。

4.
   - 举出两个价格歧视的例子。
   - 完全价格歧视如何影响消费者剩余、生产者剩余和总剩余?

   【解答】
   - 价格歧视的例子包括:(1) 电影票价,儿童和老年人可以以更低的价格购买电影票;(2) 飞机票价,针对公务乘客和休闲乘客的票价是不同的;(3) 折扣券,针对不同人对获取折扣券所需要使用的时间机会成本的衡量来实现价格歧视;(4) 财务援助,对于生活困难的学生收取较低的学费而对于生活富裕的学生收取较高的学费;(5) 数量折扣,购买的数量越多,折扣越大,从而激发消费者的购买欲。这样的例子还有很多。

- 和实行单一价格的垄断行为相比,完全价格歧视可以把消费者剩余降为零,增加生产者剩余,并最终带来总剩余的增加,因为此时不存在无谓损失。

5. 描述决策者应对垄断引起的无效率问题的方式。列出每一种应对政策存在的一个潜在问题。

【解答】
政策制定者可以根据以下四种方法来应对垄断的无效率:(1) 使垄断行业更具竞争性;(2) 管制垄断企业的行为;(3) 将一些私人垄断企业转化为公有制企业;(4) 不作为。反托拉斯法限制大企业的合并并对一些大企业之间进行的可能会导致市场缺乏竞争性的活动进行管制,但是这样的法律可能使企业不能实现合并,从而阻碍了可以提高市场效率的协同效应。政府通常对一些垄断企业,特别是自然垄断企业进行管制,但这样做会使垄断企业难以持续经营,难以实现边际成本定价,并且没有激励降低成本。政府可以接管私人垄断企业,但是这样的企业可能不会运行得很好。有时,政府不作为可能是最好的解决办法,但是整个社会不得不承受垄断所造成的无谓损失。

快速单选

1. 如果一个企业随着产量增加表现出以下哪些特点,这家企业就是自然垄断企业?
   a. 边际收益递减。
   b. 边际成本递增。
   c. 平均收益递减。
   d. 平均总成本递减。

2. 对于向所有消费者收取相同价格的以利润最大化为目标的垄断企业,价格 P、边际收益 MR 和边际成本 MC 之间的关系是什么?
   a. $P=MR$,以及 $MR=MC$。
   b. $P>MR$,以及 $MR=MC$。
   c. $P=MR$,以及 $MR>MC$。
   d. $P>MR$,以及 $MR>MC$。

3. 如果一个垄断企业的固定成本增加,它的价格将_____,而它的利润将_____。
   a. 增加,减少
   b. 减少,增加
   c. 增加,保持不变
   d. 保持不变,减少

4. 与社会最优水平相比,垄断企业会选择_____。
   a. 过低的产量和过高的价格
   b. 过高的产量和过低的价格
   c. 过高的产量和过高的价格
   d. 过低的产量和过低的价格

5. 垄断引起无谓损失是因为_____。

    a. 垄断企业比竞争企业赚取更高的利润
    b. 一些潜在消费者不去购买价值高于其边际成本的物品
    c. 购买该物品的消费者不得不支付高于边际成本的价格,这就减少了他们的消费者剩余
    d. 垄断企业选择的产量不能使价格等于平均收益
6. 当垄断企业从收取单一价格转为完全价格歧视价格时,它减少了_____。
    a. 产量
    b. 企业的利润
    c. 消费者剩余
    d. 总剩余

【答案】 1. d 2. b 3. d 4. a 5. b 6. c

复习题

1. 举出一个政府创造的垄断的例子。创造这种垄断必定是一种糟糕的公共政策吗?解释原因。

   【解答】
   政府创造的垄断是由于专利法和版权法的存在。这两者都允许企业或者个人在很长一段时间内具有垄断的权利——专利有20年的垄断权利,而版权的保护期则是作者有生之年加上去世后70年。然而这样形成的垄断是有利的,如果没有专利法和版权法的存在,那么就没有人会去写书写歌,也没有人会去研究和开发新产品或药品。

2. 给出自然垄断的定义。市场规模的大小与一个行业是不是自然垄断行业有什么关系?

   【解答】
   如果一个行业是自然垄断行业,那么单个企业可以以比两个或两个以上的企业更低的成本向整个市场提供物品和劳务。但是随着市场的发展,自然垄断市场可能会演化为竞争市场。

3. 为什么垄断企业的边际收益小于其物品的价格?边际收益能成为负的吗?解释原因。

   【解答】
   垄断企业的边际收益低于市场价格,因为它所面临的需求曲线就是市场需求曲线。因此,垄断企业为了扩大其销售量,就会降低其每单位的销售价格。这样就会导致其在售物品的单位价格下降。
   垄断企业的边际收益可以是负的,因为每多销售一单位,那么相对应的价格下降就会导致平均每单位物品的价格下降。垄断企业增加产量可以增加销售量,从而提高收入;然而同时,产量增加会导致价格下降,从而降低收入。这两种不同的影响最终如何导致收入的变化取决于需求价格弹性。如果需求缺乏弹性,那么边际收益将会是负的。

4. 画出垄断企业的需求、边际收益、平均总成本和边际成本曲线。标出利润最大化的产量水平、利润最大化的价格和利润。

   【解答】
   图1显示了垄断企业的需求曲线、边际收益曲线、平均总成本曲线和边际成本曲线。边际成本曲线和边际收益曲线的交点决定了利润最大化的产量 Q_m。当实现利润最大化时,价格 P_m 可以根据需求曲线得到。利润就是高和底分别为 $(P_m - ATC_m)$ 与 Q_m 的矩形的面积。

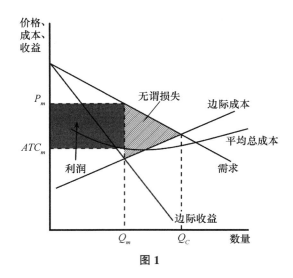

图 1

5. 在你前一个问题的图上标明使总剩余最大化的产量水平,标明垄断的无谓损失。解释你的答案。

【解答】

如图 1 所示,能够使总剩余达到最大的产量水平是需求曲线与边际成本曲线的交点所代表的产量,即 Q_C。垄断所造成的无谓损失是位于 Q_C 和 Q_m 之间、边际成本曲线以上、需求曲线以下的三角形区域。产生无谓损失是因为垄断减少了社会总剩余。无谓损失等于在产量 Q_m 和产量 Q_C 之间,物品的价值(由需求曲线的高度决定)减去物品的生产成本(由边际成本曲线的高度决定)。

6. 举出两个价格歧视的例子。在每个例子中,解释为什么垄断企业选择实施这种经营战略。

【解答】

书籍的出版就是一个价格歧视的例子。出版商对精装书的定价远远高于对平装书的定价——两者定价的差别远远高于两者成本的差别。出版商这样做的理由是那些书的忠实偏好者在书籍一出版时就会花更多钱购买精装本。而那些对于书的评价没有那么高的消费者就会等到平装书出版了再购买。出版商这样的区别定价行为比定一个唯一的价格能获得更多的收益。

另一个关于价格歧视的例子是电影票的定价。对于儿童和老年人,电影院通常会制定一个折扣价,因为他们没有很强的意愿来购买电影票。针对不同的人群收取不同的票价有利于电影院获取更高的收益。

类似的关于价格歧视的例子还有很多。

7. 是什么给予政府管制企业之间合并的权力?从社会福利的角度,分别列举出两个企业想合并的一个好理由与一个坏理由。

【解答】

因为反垄断法的存在,政府有权力对一些企业的合并进行管制。有些企业合并是为了提高生产效率或降低生产成本,这样的合并对于整个社会是有利的;而有些企业合并只是为了获取市场势力,这样的合并对于整个社会就是不利的。

8. 当管制者命令一个自然垄断企业必须设定等于边际成本的价格时,会产生哪两个问题?

【解答】

当管制者要求自然垄断企业在定价时必须使得价格等于边际成本时,就会产生以下两个问题:第一,由于自然垄断企业的边际成本总是低于其平均总成本,当价格等于边际成本时,垄断企业就会承担一定的损失。这样一来,如果没有政府的补贴,垄断企业就会退出市场。然而,如果依靠政府的补贴来维持生产,那么政府就会向社会征收更多的税,这样就会造成无谓损失。第二,当价格等于边际成本时,垄断企业就会没有任何激励去降低成本。

问题与应用

1. 一家出版公司面临的一位著名作家的下一部小说的需求表如下:

价格(美元)	需求量(本)
100	0
90	100 000
80	200 000
70	300 000
60	400 000
50	500 000
40	600 000
30	700 000
20	800 000
10	900 000
0	1 000 000

   出版公司向作者支付的稿酬是 200 万美元,印刷一本书的边际成本是固定的 10 美元。
   a. 计算每种数量时的总收益、总成本和利润。出版社选择的利润最大化产量是多少?它收取的价格是多少?
   b. 计算边际收益(回想一下,$MR = \Delta TR/\Delta Q$)。边际收益与价格相比如何?解释原因。
   c. 画出边际收益曲线、边际成本曲线和需求曲线。在哪个数量时边际收益曲线与边际成本曲线相交?这一交点表示什么?
   d. 在你的图中,用阴影表示无谓损失。用文字解释该阴影代表什么。
   e. 如果向作者支付的稿酬是 300 万美元而不是 200 万美元,这将如何影响出版社关于收取的价格的决策?解释原因。
   f. 假设出版公司的目标不是利润最大化,而是经济效率最大化。那么它对这本书收取的价格是多少?在这种价格时能获得多少利润?

   【解答】
   总收益、总成本和利润如下表所示:

价格 (美元)	数量 (本)	总收益 (美元)	边际收益 (美元)	总成本 (美元)	利润 (美元)
100	0	0	—	2 000 000	−2 000 000
90	100 000	9 000 000	90	3 000 000	6 000 000
80	200 000	16 000 000	70	4 000 000	12 000 000
70	300 000	21 000 000	50	5 000 000	16 000 000
60	400 000	24 000 000	30	6 000 000	18 000 000
50	500 000	25 000 000	10	7 000 000	18 000 000
40	600 000	24 000 000	−10	8 000 000	16 000 000
30	700 000	21 000 000	−30	9 000 000	12 000 000
20	800 000	16 000 000	−50	10 000 000	6 000 000
10	900 000	9 000 000	−70	11 000 000	−2 000 000
0	1 000 000	0	−90	12 000 000	−12 000 000

a. 追求利润最大化的生产者会选择生产 400 000 本,价格为 60 美元,或者生产 500 000 本,价格为 50 美元,这两种生产方案最后都可以获得 18 000 000 美元的利润。

b. 边际收益如上表所示。边际收益低于价格。由于需求曲线向右下方倾斜,生产数量上升时价格下降,但是边际收益比价格下降得更快,这是因为价格的下降会导致每单位产品的收益下降,从而导致收益的下降。

c. 图 2 显示了边际收益曲线、边际成本曲线以及需求曲线。边际收益曲线与边际成本曲线的交点在 400 000 与 500 000 之间。这也说明该企业利润最大化的点位于这一区间。

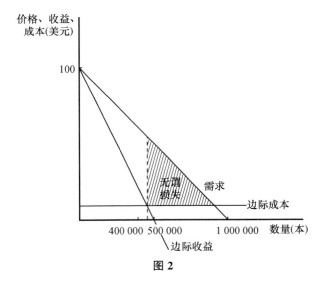

图 2

d. 无谓损失的区域如上图所示。无谓损失意味着经济中的总剩余量小于完全竞争条件下的总剩余量,这是因为垄断企业的产量低于社会有效产出水平。

e. 如果向作者支付 300 万美元而不是 200 万美元的稿酬,那么出版公司不会改变产品的价格,因为边际成本和边际收益都没有改变。唯一会改变的就是企业的利润,而且利润会下降。

f. 为了达到经济效率最大化,出版公司会将书的价格定在每本 10 美元,因为该价格等于书的边际成本。在这个价格下，出版公司获得的利润是负的，等于支付给作者的稿酬金额。

2. 一个小镇有许多相互竞争的超市，它们有相同而不变的边际成本。
   a. 用日用品市场图形说明消费者剩余、生产者剩余和总剩余。
   b. 现在假设各个独立的超市联合为一个连锁店。用新图形说明新的消费者剩余、生产者剩余和总剩余。相对于竞争市场而言，从消费者转移给生产者的是什么？无谓损失是什么？

【解答】
   a. 图3显示了在有许多相互竞争的超市而且它们具有相同的边际成本时的日用品市场。产量是Q_C，价格是P_C，消费者剩余是A，生产者剩余是0，社会总剩余是A。

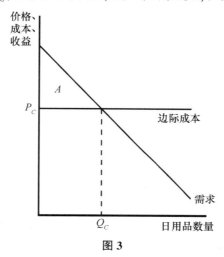

图3

   b. 图4显示了在超市进行合并之后新的市场均衡。产量从Q_C下降到Q_M，价格从P_C上升到P_M，消费者剩余变成$B+C$，下降了$D+E+F$，生产者剩余变为$D+E$，社会总剩余变为$B+C+D+E$。原来属于消费者剩余的$D+E$转变成了生产者剩余，无谓损失为F。

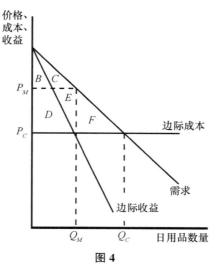

图4

3. Johnny Rockabilly 刚刚录制完他的最新 CD。他的录音公司的市场营销部认为对这张 CD 的需求如下表所示：

价格（美元）	CD 需求量（张）
24	10 000
22	20 000
20	30 000
18	40 000
16	50 000
14	60 000

该公司生产 CD 没有固定成本，可变成本是每张 CD 5 美元。

a. 求产量分别等于 10 000 张、20 000 张……时的总收益。销售量每增加 10 000 张的边际收益是多少？

b. 求利润最大化时的 CD 产量、价格和利润。

c. 如果你是 Johnny 的经纪人，你会建议 Johnny 向录音公司要多少报酬？为什么？

【解答】

a. 下表显示了每一价格及产量所对应的总收益和边际收益：

价格（美元）	产量（张）	总收益（美元）	边际收益（美元）	总成本（美元）	利润（美元）
24	10 000	240 000		50 000	190 000
22	20 000	440 000	20	100 000	340 000
20	30 000	600 000	16	150 000	450 000
18	40 000	720 000	12	200 000	520 000
16	50 000	800 000	8	250 000	550 000
14	60 000	840 000	4	300 000	540 000

b. 当边际收益等于边际成本时，利润达到最大。当产量是 50 000 张、价格是 16 美元时，边际成本最接近且不超过边际收益。在这个点上，利润为 550 000 美元。

c. 作为 Johnny 的经纪人，你应该建议他向录音公司要 550 000 美元，这样他（而不是录音公司）将拿到所有的利润。但是公司仍旧会选择生产 50 000 张 CD，因为边际成本没有改变。

4. 一个公司正在考虑在一条河上建一座桥。修桥的成本是 200 万美元，没有维修费用。下表是该公司对桥在使用寿命内需求的预期：

每过一次的价格（美元）	过桥次数（千次）
8	0
7	100
6	200
5	300
4	400
3	500
2	600
1	700
0	800

a. 如果公司建这座桥,其利润最大化的价格是多少?该价格对应的是不是有效率的产量水平?为什么?
b. 如果公司关注利润最大化,它应该建桥吗?它的利润或亏损是多少?
c. 如果政府要建桥,它收取的价格应该是多少?
d. 政府应该建桥吗?解释原因。

【解答】

a. 下表显示了建桥的总收益和边际收益。当边际成本等于边际收益时,此时所对应的产出能够实现利润最大化。在这个例子中,边际成本为零,因此实现利润最大化的产量就是边际收益为零的产量,这就很接近价格为 4 美元,产量为 400 000 次。而有效率的产量水平是 800 000 次,因为此时价格等于边际成本。这样看来,实现利润最大化的产量小于有效率的产量,因为该企业是垄断企业。

价格(美元)	产量(千次)	总收益(千美元)	边际收益(美元)
8	0	0	—
7	100	700	7
6	200	1 200	5
5	300	1 500	3
4	400	1 600	1
3	500	1 500	−1
2	600	1 200	−3
1	700	700	−5
0	800	0	−7

b. 公司不应该建桥,因为建桥的利润是负的。公司能赚取的最大收益为 160 万美元,然而成本为 200 万美元,将亏损 40 万美元。
c. 如果政府来建桥的话,那么就应该使得边际成本和价格相等,这样市场才是有效率的。既然建桥的边际成本为零,那么政府也就不应该向人们收取使用费。
d. 是的,政府应该建桥,因为这会增加社会总剩余。如图 5 所示,总剩余是 1/2×8×800 000 =3 200 000 美元,这比建桥的成本要高。

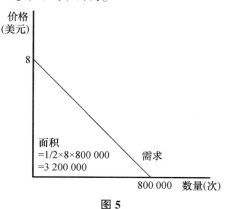

图 5

5. 考虑垄断定价和需求价格弹性之间的关系。
   a. 解释为什么一个垄断企业决不生产需求曲线缺乏弹性时的数量。(提示:如果需求缺乏弹性而企业提高其价格,总收益和总成本会发生什么变动?)
   b. 画出垄断企业的图形,准确地标出缺乏弹性的需求曲线部分。(提示:答案与边际收益曲线相关。)
   c. 在你的图形上标明使总收益最大化的数量和价格。

【解答】
a. 垄断企业总是选择在需求有弹性的数量上进行生产。如果企业所面对的需求曲线是缺乏弹性的,那么当企业提高价格时,需求减少的比例会少于价格上升的比例,这样一来,最终企业所获取的收益会增加。因为产量下降时,成本就会下降,那么企业就拥有更大的收益和更小的成本,所以企业所获利润变大。因此,企业应该一直提高价格直到实现利润最大化,而利润最大化的点必然出现在需求曲线上富有弹性的部分。

b. 如图6所示,在需求曲线缺乏弹性的部分,边际收益是负的。产量的增加会导致价格更大比例的下降,以至于收益减少。因为企业实现利润最大化的点是使边际收益等于边际成本的点,而且边际成本一定不会是负的,所以企业获得利润最大化的点不可能在边际收益为负的地方。因此,利润最大化的点不可能在需求曲线缺乏弹性的部分。当边际收益为零时,企业的总收益最大(如图6中 Q_{TR} 点所示)。

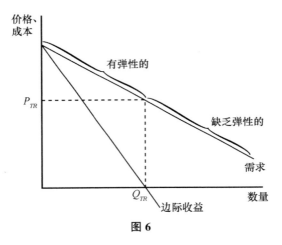

图 6

6. 你住在一个有300个成人和200个儿童的小镇上,而且你正考虑举办一场演出来娱乐你的邻居并赚点钱。该演出的固定成本为2 000美元,但多售出一张票的边际成本为0。下面是你的两类顾客的需求表:

价格(美元)	成人(个)	儿童(个)
10	0	0
9	100	0
8	200	0
7	300	0

(续表)

价格(美元)	成人(个)	儿童(个)
6	300	0
5	300	100
4	300	200
3	300	200
2	300	200
1	300	200
0	300	200

a. 为了使利润最大化,你对成人票收取多高的价格?对儿童票呢?你获得多少利润?
b. 市委会通过了一项法律,禁止你向不同顾客收取不同价格。现在你把票价确定为多少?你获得多少利润?
c. 由于法律禁止价格歧视,谁的状况变坏了?谁的状况变好了?(如果可以的话,计算福利变动的数量。)
d. 如果这场演出的固定成本是2 500美元,而不是2 000美元,你对a、b、c的回答有什么变动?

【解答】

a. 当没有可变成本时,利润最大化的产量和收益最大化的产量是一样的。下表显示了从不同类别的消费者中所获取的总收益:

价格(美元)	成人电影票数量(张)	成人电影票总收益(美元)
10	0	0
9	100	900
8	200	1 600
7	300	2 100
6	300	1 800
5	300	1 500
4	300	1 200
3	300	900
2	300	600
1	300	300
0	300	0

价格(美元)	儿童电影票数量(张)	儿童电影票总收益(美元)
10	0	0
9	0	0
8	0	0
7	0	0
6	0	0
5	100	500
4	200	800
3	200	600
2	200	400
1	200	200
0	200	0

为了使利润最大化,电影院应该把成人票价定为 7 美元,可以卖出 300 张;儿童票价定为 4 美元,可以卖出 200 张。所以总收益为 2 100+800=2 900 美元,又因为总成本为 2 000 美元,所以利润为 900 美元。

b. 如果价格歧视不被允许,那么电影院的票价为 7 美元,可以售出 300 张票,利润为 100 美元。

c. 那些想要用 4 美元看电影而 7 美元就不会去看的儿童的状况会变差。生产者的利润变少,所以状况也变差。社会总剩余也变少了。没有人的状况变好。

d. 在 a 情形下,利润为 400 美元;在 b 情形下,会亏损 400 美元;在 c 情形下,利润不变。

7. Ectenia 市的居民都喜爱经济学,市长提议建一座经济学博物馆。博物馆的固定成本是 240 万美元,而且没有可变成本。该市有 10 万名居民,而且每个人对参观博物馆都有相同的需求:$Q^D = 10-P$,其中 P 是门票的价格。

a. 用图形表示该博物馆的平均总成本曲线和边际成本曲线。该博物馆属于哪一种类型的企业?

b. 市长建议用 24 美元的定额税来为博物馆提供资金,然后免费向公众开放。每个人会参观多少次?计算每个人从博物馆得到的收益,用消费者剩余减去这一新税收来计算。

c. 市长的税收的反对者说,博物馆应该自己通过收取门票费来筹资。在不引起亏损的情况下,该博物馆能收取的最低价格是多少?(提示:找出价格为 2 美元、3 美元、4 美元和 5 美元时的参观者人数和博物馆利润。)

d. 根据你在 c 中找出的保本价格,计算每个居民的消费者剩余。与市长的计划相比,收取门票费会使谁的状况变好?谁的状况变坏?解释原因。

e. 在上述问题中被略去的哪些现实问题可能会有利于支持收取门票费?

【解答】

a. 图 7 显示了企业的平均总成本曲线和边际成本曲线。因为所有的成本都是固定的,所以平均总成本曲线是向下倾斜的,像平均固定成本曲线一样,而边际成本为零。该博物馆是一个自然垄断企业。

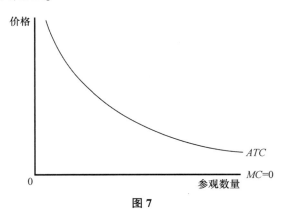

图 7

b. 如果收取 24 美元的定额税,票价等于零,每个参观者都会参观 10 次博物馆(10-0 = 10)。每个居民的收益是消费者剩余 50 美元(1/2×10×10)减去税收(24 美元),即 26 美元。

c. 如果博物馆自己通过收取门票来筹资,那么博物馆在不亏损的情况下收取的最低价格为 4 美元,如下表所示。

价格(美元)	访问人次(次)	博物馆利润(美元) $\pi=(P\times Q)-TC$
2	8	$(2\times 800\,000)-2\,400\,000=-800\,000$
3	7	$(3\times 700\,000)-2\,400\,000=-300\,000$
4	6	$(4\times 600\,000)-2\,400\,000=0$
5	5	$(5\times 500\,000)-2\,400\,000=100\,000$

d. 当价格为 4 美元时,每个人参观博物馆的次数为 6 次时,每个人的消费者剩余是 18 美元 [$1/2\times(10-4)\times 6$],比收税时少 8 美元。因为每个人都有相同的需求曲线,所以在市长的计划下,消费者的状况更好。

e. 在现实情况下,可能倾向于选择门票的考虑包括:相比于相对简单的门票费用的收取,从所有 10 万名居民身上征收一次性税的行政成本,以及税收不受欢迎的性质。

8. Henry Potter 拥有小镇上唯一一个生产清洁饮用水的水井。他面对以下需求曲线、边际收益和边际成本曲线:

$$需求:P=70-Q$$
$$边际收益:MR=70-2Q$$
$$边际成本:MC=10+Q$$

a. 画出这三条曲线的图形。假设 Potter 先生以利润最大化为目标,生产量是多少?他收取的价格是多少?用你的图形表示这些结论。

b. George Bailey 市长关注水的消费者,正在考虑将价格上限定为比 a 中的垄断价格低 10%。在这种新价格时需求量是多少?以利润最大化为目标的 Potter 先生会生产多少?解释原因。(提示:考虑边际成本。)

c. George 的叔叔 Billy 说,价格上限是一个坏主意,因为价格上限引起短缺。在这种情况下,他的说法正确吗?价格上限会引起多大的短缺?解释原因。

d. George 的朋友 Clarence 更关注消费者,提出价格上限应低于垄断价格 50%。在这种价格时,需求量是多少?Potter 先生会生产多少?在这种情况下,Billy 叔叔的说法正确吗?价格上限引起多大短缺?

【解答】

a. 图 8 显示了需求曲线、边际收益曲线和边际成本曲线。假设 Potter 先生利润最大化,设 $MR=MC$ 并求解利润最大化数量,再将利润最大化的数量代入需求曲线的公式:

$70-2Q=10+Q$

$60=3Q$

$Q=20$

$P=70-Q=50$

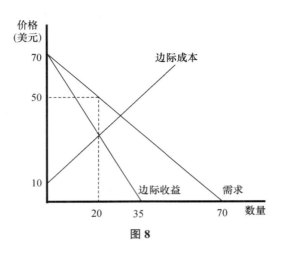

图 8

 b. 如果市长将价格上限设定为比利润最大化价格低 10%,则价格为 45 美元,需求量为 25 单位的水。生产 25 单位水的边际成本为 35 美元(10+25)。虽然 Potter 先生更愿意以每单位 50 美元的价格出售 20 单位的水,但他也愿意以 45 美元的价格上限出售 25 单位的水,因为价格仍然超过他的边际成本。

 c. Billy 叔叔的说法不正确。当价格上限低于竞争价格时,价格上限会导致短缺,而竞争价格等于边际成本。因为在这个案例中价格上限仍然高于竞争价格和边际成本,所以不存在短缺。

 d. 如果价格上限设定为比利润最大化价格低 50%,即 25 美元,则需求量将是 45 单位的水,而 Potter 先生将生产 15 单位的水,价格等于他的边际成本。在这种情况下,Billy 叔叔的说法是正确的。价格上限造成 30 单位的水的短缺。

9. 在 Wiknam 国,只有一家企业生产并销售足球,而且在开始时,足球的国际贸易是被禁止的。以下方程式说明了垄断企业的需求、边际收益、总成本和边际成本:

$$需求: P = 10 - Q$$
$$边际收益: MR = 10 - 2Q$$
$$总成本: TC = 3 + Q + 0.5Q^2$$
$$边际成本: MC = 1 + Q$$

其中 Q 是数量,而 P 是用 Wiknam 国货币衡量的价格。

 a. 垄断企业生产多少足球?制定什么价格?垄断企业的利润是多少?

 b. 一天,Wiknam 国的国王命令,今后允许足球自由贸易——既可以进口也可以出口,而足球的世界价格是 6 美元。企业现在是竞争市场上的价格接受者。足球的国内产量会发生什么变化?国内消费呢?Wiknam 国是出口还是进口足球?

 c. 在我们分析国际贸易的第 9 章中,当一个国家没有贸易时的价格低于世界价格时,它会成为出口国,高于世界价格时成为进口国。这个结论在你对 a 和 b 的回答中成立吗?解释原因。

 d. 假设足球的世界价格现在不是 6 美元,而是与 a 中决定的没有贸易时的国内价格正好完全相同。允许贸易改变了 Wiknam 国经济的某些方面吗?解释原因。这里得出的结论与第 9 章的分析相比较如何?

【解答】

a. 垄断企业会选择边际成本等于边际收益的产量,然后把该产量代入需求曲线的公式中:
$10-2Q=1+Q$
$9=3Q$
$Q=3$
$P=10-Q=7$ 美元
总收益 $=P\times Q=7\times 3=21$ 美元
总成本 $=3+3+0.5\times 9=10.5$ 美元
利润 $=21-10.5=10.5$ 美元

b. 企业成为价格接受者,没有任何市场势力,此时市场价格为 6 美元。完全竞争市场的均衡条件为价格等于边际成本:
$10-Q=1+Q$
$10=1+2Q$
$9=2Q$
$Q=4.5$
$P=5.5$ 美元

企业会出口足球,因为足球的世界价格比国内价格高(在没有垄断的情况下)。如图 9 所示,国内产量会增加到 5 单位足球,国内消费会增加到 4 单位足球,出口 1 单位足球。

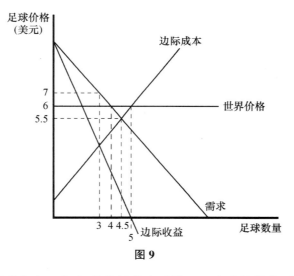

图 9

c. 即使 Wiknam 国现在出口足球,价格还是会下降。一旦开始贸易,那么企业就不再具有垄断势力,只能是价格接受者。然而,足球的世界价格(6 美元)高于竞争性均衡价格(5.5 美元),所以企业会选择出口。

d. 是的。当足球的世界价格为 7 美元时,Wiknam 国仍会出口足球。企业只是价格接受者,它们所面临的已经不是向下倾斜的需求曲线了。因此,与第 9 章的分析不同,现在产量增加而价格不变是有可能的。

10. 根据市场研究,Ectenia 国的一家电影公司获得了以下有关其新 DVD(高密度数字视频光盘)的需求和生产成本信息：

$$需求：P = 1\,000 - 10Q$$
$$总收益：TR = 1\,000Q - 10Q^2$$
$$边际收益：MR = 1\,000 - 20Q$$
$$边际成本：MC = 100 + 10Q$$

其中，Q 表示可以售出的 DVD 数量，而 P 是用 Ectenian 元表示的价格。

a. 找出使公司利润最大化的价格和数量。

b. 找出能实现社会福利最大化的价格和数量。

c. 计算垄断带来的无谓损失。

d. 假设除了以上成本，公司还要向电影的导演支付报酬。这家公司正在考虑以下四种方案：

　　i. 一次性付费 2 000 Ectenian 元；

　　ii. 利润的 50%；

　　iii. 每售出一张 DVD 支付 150 Ectenian 元；

　　iv. 总收益的 50%。

对于以上四种方案，分别计算使利润最大化的价格和数量。在这些付酬计划中，如果有的话，哪一种能改变垄断引起的无谓损失？解释原因。

【解答】

a. 图 10 描述了企业的需求曲线、边际收益曲线和边际成本曲线。利润最大化的产量为使边际成本等于边际收益的产量。因此，联立两个等式，得到：

$1\,000 - 20Q = 100 + 10Q$

$900 = 30Q$

$Q = 30$

则垄断价格 $P = 1\,000 - 10Q = 700$ Ectenian 元。

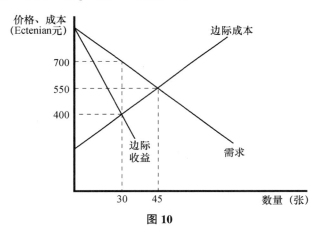

图 10

b. 社会福利最大化在价格等于边际成本的时候实现：

$1\,000 - 10Q = 100 + 10Q$

$900 = 20Q$

$Q = 45$

在产量等于 45 张的情况下,价格等于 550 Ectenian 元。

c. 无谓损失等于 $0.5 \times 15 \times 300 = 2\,250$ Ectenian 元。

d. i. 2 000 美元的固定费用不会改变利润最大化的价格或者数量,也不会影响无谓损失。

ii. 占利润 50% 的费用不会改变利润最大化的价格或者数量,也不会影响无谓损失。

iii. 如果公司每售出一张 DVD 向导演支付 150 Ectenian 元,那么边际成本将会上升 150 Ectenian 元。新的边际成本将会变成 $100 + 10Q + 150$。新的利润最大化的产量为 25 张,边际成本为 500 Ectenian 元,价格会上升到 750 Ectenian 元。无谓损失会变小。随着边际成本函数的改变,社会福利最大化的产量也随之改变。现在,当 $Q = 37.5$ 时,价格等于边际成本:

$1\,000 - 10Q = 250 + 10Q$

$750 = 20Q$

$Q = 37.5$

这样一来,无谓损失就等于 $0.5 \times (37.5 - 25) \times (750 - 500) = 1\,562.5$ Ectenian 元,而不是以前的 2 250 Ectenian 元。

iv. 如果公司支付总收益的 50% 给导演,那么总收益等于 $500Q - 5Q^2$,边际收益则为 $500 - 10Q$。实现利润最大化的产量将为 20 张,价格将为 800 Ectenian 元。无谓损失变大了。

11. Larry、Curly 和 Moe 经营着镇里唯一的一家酒吧。Larry 想在不赔钱的情况下尽量多卖饮料,Curly 想让酒吧带来尽可能多的收益,Moe 想使利润尽量多。只用一个该酒吧的需求曲线和成本曲线图形分别标出各个合伙人赞成的价格和数量组合。解释原因。(提示:只有一个合伙人希望边际收益等于边际成本。)

【解答】

Larry 希望在不赔钱的情况下销售尽可能多的饮料,所以他希望在价格(需求)等于平均总成本的数量下生产,即图 11 中的数量 Q_L 和价格 P_L。Curly 希望酒吧带来尽可能多的收益,这发生在边际收益等于零的情况下,即数量 Q_C 和价格 P_C 下。Moe 希望利润最大化,发生在边际成本等于边际收益的情况下,即数量 Q_M 和价格 P_M 下。

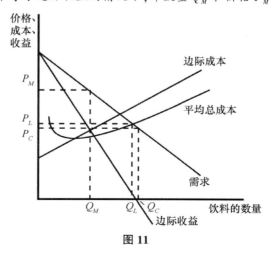

图 11

12. 许多价格歧视计划都会带来一些成本。例如,折扣券要占用买者和卖者的时间与资源。本题考虑有成本的价格歧视的含义。为了使问题简化,我们假设垄断企业的生产成本与产量是成比例的,因此平均总成本和边际成本是不变的,而且两者相等。

   a. 画出垄断企业的成本曲线、需求曲线和边际收益曲线。说明没有价格歧视时垄断企业收取的价格。

   b. 在你的图上标出等于垄断企业利润的面积,并称之为 X;标出消费者剩余的面积,并称之为 Y;标出无谓损失的面积,并称之为 Z。

   c. 现在假设垄断企业可以实行完全价格歧视。垄断企业的利润是多少?(用 X、Y 和 Z 表示你的答案。)

   d. 价格歧视引起的垄断利润变动是多少?价格歧视引起的总剩余变动是多少?哪一个变动更大?解释原因。(用 X、Y 和 Z 表示你的答案。)

   e. 现在假设价格歧视有一些成本。为了使这种成本模型化,我们假设,垄断企业为了实行价格歧视必须支付固定成本 C。垄断企业如何做出是否支付这种固定成本的决策?(用 X、Y、Z 和 C 表示你的答案。)

   f. 关心总剩余的仁慈的社会计划者如何决定垄断企业是否应该实行价格歧视?(用 X、Y、Z 和 C 表示你的答案。)

   g. 比较你对 e 和 f 的答案。垄断企业实行价格歧视的激励与社会计划者的激励有什么不同?即使价格歧视从社会来看是不合意的,垄断企业也可能实行价格歧视吗?

【解答】

a. 图 12 描述了垄断企业的需求曲线、成本曲线和边际收益曲线。在没有价格歧视的情况下,垄断企业会将价格定在 P_M,产量为 Q_M。

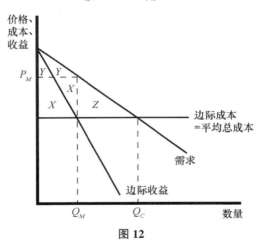

图 12

b. 垄断企业的利润为图中标注 X 的两部分的面积,消费者剩余由标注 Y 的两部分的面积组成,无谓损失为 Z 部分的面积。

c. 如果垄断企业可以实行完全价格歧视,那么其产量就会变为 Q_C,利润等于 $X+Y+Z$。

d. 垄断企业的利润由原来的 X 变为 $X+Y+Z$,增加了 $Y+Z$。总剩余的变动是 Z,垄断企业利润的增加要高于社会总剩余的增加,这是因为垄断企业增加的利润一方面来自无谓损失(Z),另一方面是由消费者剩余(Y)转化过来的。

e. 只要 $Y+Z$（利润的增加）超过 C（固定成本），垄断企业就会支付固定成本来实行价格歧视。
f. 对于追求社会总剩余最大化的仁慈的社会计划者而言，只有当 Z（垄断的无谓损失）超过 C（固定成本）时，才会允许实行价格歧视策略，因为社会总剩余的增加等于 $Z-C$。
g. 垄断企业（只要 $Y+Z>C$ 就实行价格歧视）比政策制定者（只有 $Z>C$ 才允许价格歧视）有更强的激励去实行价格歧视。因此，如果 $Z<C$，而 $Y+Z>C$，则即使价格歧视从整个社会来看是不合意的，垄断企业仍会实行价格歧视。

第 15 章
一国收入的衡量

学习目标

在本章中,学生应理解

- 为什么一个经济的总收入等于其总支出;
- 如何定义和计算国内生产总值(GDP);
- GDP 分为哪四个主要组成部分;
- 真实 GDP 与名义 GDP 之间的区别;
- GDP 是不是衡量经济福利的好指标。

框架和目的

第 15 章是宏观经济学部分的第一章。它也是向学生介绍经济学家用来监测宏观经济的两个至关重要的统计数据——国内生产总值(GDP)和消费物价指数(CPI)——的两章中的第一章。第 15 章提出经济学家如何衡量宏观经济中的产出和收入。第 16 章提出经济学家如何衡量宏观经济中的物价水平。从整体来看,第 15 章主要关注宏观经济中的产出数量,而第 16 章主要关注宏观经济中的产出价格。

本章的目的是让你了解 GDP 的衡量与使用。GDP 是宏观经济健康状况最重要的衡量指标。实际上,它是在每个发达经济体中最广泛被报道的统计数据。

内容提要

- 由于每一次交易都有买者和卖者,所以经济中的总支出必定等于经济中的总收入。
- 国内生产总值(GDP)用来衡量经济用于新生产的物品和服务的总支出,以及生产这些物品和服务所赚到的总收入。更确切地说,GDP 是指在某一既定时期一个国家内生产的所有最终物品和服务的市场价值。
- GDP 分为四个组成部分:消费、投资、政府购买和净出口。消费包括家庭用于物品和服务的支出,但不包括购买新住房的支出。投资包括用于新设备和建筑物的支出,包括家庭购买新住房的支出。政府购买包括地方、州和联邦政府用于物品和服务的支出。净出口等于国内生产并销售到国外的物品和服务的价值(出口)减去国外生产并在国内销售的物品和服务的价值(进口)。
- 名义 GDP 用现期价格来评价经济中物品和服务的生产。真实 GDP 用不变的基年价格来评价经济中物品和服务的生产。GDP 平减指数——用名义 GDP 与真实 GDP 的比率计算——衡量经济中的物价水平。

- GDP 是经济福利状况的一个良好的衡量指标,因为人们对高收入的偏好大于对低收入的偏好。但 GDP 并不是衡量福利状况的一个完美指标。例如,GDP 不包括闲暇的价值和清洁环境的价值。

教材习题解答

即问即答

1. GDP 衡量哪两件事情?它为什么可以同时衡量这两件事情?

   【解答】

   GDP 同时衡量两件事情:(1) 经济中所有人的总收入;(2) 用于经济中最终物品和服务生产的总支出。它之所以能同时衡量这两件事情,是因为经济中的总支出最终等于总收入。

2. 生产一磅汉堡包和生产一磅鱼子酱,哪一个对 GDP 的贡献更大?为什么?

   【解答】

   生产一磅鱼子酱对 GDP 的贡献大于生产一磅汉堡包的贡献,这是因为两者对 GDP 的贡献是以市场价格来衡量的。在市场上,一磅鱼子酱的价格高于一磅汉堡包的价格。

3. 列出支出的四个组成部分。哪一部分最大?

   【解答】

   支出的四个组成部分是:(1) 消费;(2) 投资;(3) 政府购买;(4) 净出口。最大的组成部分是消费,它占了总支出的 70% 以上。

4. 定义真实 GDP 与名义 GDP。哪一个是更好的经济福利衡量指标?为什么?

   【解答】

   真实 GDP 是指按不变价格衡量的物品和服务的价值。名义 GDP 是指按现期价格衡量的物品和服务的价值。真实 GDP 是一个更好的经济福利衡量指标,因为真实 GDP 的变化反映的是产出数量的变化。因此,真实 GDP 的增长意味着人们生产了更多的物品和提供了更多的服务,但是名义 GDP 的增长既有可能是产出的增长,也有可能是价格的上涨。

5. 为什么政策制定者应该关注 GDP?

   【解答】

   虽然 GDP 并不是衡量福利的完美指标,但政策制定者还是应该关注 GDP。这是因为更高的 GDP 意味着一个国家可以提供更好的医疗、教育体系以及更多的物质生活必需品。

快速单选

1. 如果热狗的价格是 2 美元,而汉堡包的价格是 4 美元,那么,30 个热狗对 GDP 的贡献和 ____ 个汉堡包一样。

   a. 5   b. 15   c. 30   d. 60

2. 牧羊农民 Angus 以 20 美元的价格把羊毛卖给织毛衣者 Barnaby。Barnaby 织了两件毛衣,每件的市场价格为 40 美元。Collette 买了其中一件,另一件仍在 Barnaby 的商店货架上待售。这里的 GDP 是多少?

   a. 40 美元   b. 60 美元   c. 80 美元   d. 100 美元

3. 以下哪一项没有计入美国的GDP？
   a. 法国航空公司向美国的飞机制造商波音公司购买了一架飞机。
   b. 通用汽车在北卡罗来纳州建立了一个新汽车生产厂。
   c. 纽约市为一个警察支付工资。
   d. 联邦政府向一个美国老年人送去一张社会保障支票。
4. 一个美国人买了一双意大利制造的鞋。美国的国民收入核算应如何处理这笔交易？
   a. 净出口和GDP都增加。 b. 净出口和GDP都减少。
   c. 净出口减少,GDP不变。 d. 净出口不变,GDP增加。
5. 以下哪一个是GDP的最大组成部分？
   a. 消费 b. 投资 c. 政府购买 d. 净出口
6. 如果所有产品的生产都增加了10%,且所有价格都下降了10%,会发生以下哪一种情况？
   a. 真实GDP增加10%,名义GDP减少10%。
   b. 真实GDP增加10%,名义GDP不变。
   c. 真实GDP不变,名义GDP增加10%。
   d. 真实GDP不变,名义GDP减少10%。

【答案】 1. b 2. c 3. d 4. c 5. a 6. b

复习题

1. 解释为什么一个经济的收入必定等于其支出。

   【解答】
   一个经济的收入必定等于其支出,因为每一次交易都有买者和卖者。因此,买者的支出必定等于卖者的收入。

2. 生产一辆经济型轿车和生产一辆豪华型轿车,哪一个对GDP的贡献更大？为什么？

   【解答】
   生产一辆豪华型轿车比生产一辆经济型轿车对GDP的贡献更大,因为豪华型轿车有更高的市场价值。

3. 一个农民以2美元的价格把小麦卖给面包师。面包师用小麦制成面包,以3美元的价格出售。这些交易对GDP的贡献是多少呢？

   【解答】
   对GDP的贡献是3美元,即作为最终物品出售的面包的市场价格。

4. 许多年以前,Peggy为了收集唱片而花了500美元。今天她在旧货市场上把她收集的唱片卖了100美元。这种销售如何影响现期GDP？

   【解答】
   二手唱片的销售根本不会影响现期的GDP,因为它没有涉及现期的生产。

5. 列出GDP的四个组成部分。各举一个例子。

   【解答】
   GDP的四个组成部分:消费,如购买一张电影光盘;投资,如企业采购一台电脑;政府购买,如一份军用飞机的订单;净出口,如美国小麦销售到俄罗斯。(类似的例子还有很多。)

6. 为什么经济学家在判断经济福利状况时用真实GDP,而不用名义GDP？

【解答】

经济学家使用真实 GDP 而不是名义 GDP 去衡量经济福利是因为真实 GDP 不受价格变动的影响，它只反映现期产品的数量。而名义 GDP 的增长可能是因为产量的增加、价格的提高，或者两者兼而有之。

7. 某个经济在 2017 年生产了 100 个面包，以每个 2 美元的价格售出；在 2018 年生产了 200 个面包，以每个 3 美元的价格售出。计算每年的名义 GDP、真实 GDP 和 GDP 平减指数（以 2017 年为基年）。从 2017 年到 2018 年，这三个统计数字的百分比分别提高了多少？

【解答】

年份	名义 GDP	真实 GDP	GDP 平减指数
2017	100×2 美元 = 200 美元	100×2 美元 = 200 美元	(200 美元/200 美元)×100 = 100
2018	200×3 美元 = 600 美元	200×2 美元 = 400 美元	(600 美元/400 美元)×100 = 150

名义 GDP 的变化百分比是 (600−200)/200×100% = 200%。真实 GDP 的变化百分比是 (400−200)/200×100% = 100%。GDP 平减指数的变化百分比是 (150−100)/100×100% = 50%。

8. 为什么一国的 GDP 增加是人们所希望的？举出一个 GDP 增加了但并不是人们所希望的事情的例子。

【解答】

希望一国的 GDP 增加是因为人们可以因此享受到更多的物品和服务。但 GDP 并不是衡量福利的唯一重要指标。例如，限制污染的法律会引起 GDP 的下降。如果限制污染的法律被废除，GDP 将会增加，但是污染会使人们的境况变差。又如地震，由于清理、修复和重建的支出增加，GDP 将会增加，但是地震会降低我们的福利水平，并不是我们所希望的。

问题与应用

1. 下列每一种交易会影响美国 GDP 的哪一部分（如果有影响的话）？解释原因。
   a. Henry 叔叔向一家国内制造商购买了一台新冰箱。
   b. Jane 姑妈买了一套新房子。
   c. Jackson 家向 Walker 家购买了一幢古老的维多利亚时代的房子。
   d. 你向理发师支付理发费。
   e. 福特公司把一辆库存的野马汽车卖给了 Martinez 家。
   f. 福特公司生产了一辆福克斯汽车，并把它卖给了 Aris 汽车租赁公司。
   g. 加利福尼亚州雇用工人重新铺筑了 101 号高速公路。
   h. 联邦政府给你祖母送来一张社会保障支票。
   i. 你的父母购买了一瓶法国红酒。
   j. 本田公司扩大了其在俄亥俄州的工厂。

【解答】

a. 消费增加，因为冰箱属于家庭消费。
b. 投资增加，因为房子属于投资品。
c. GDP 没有受到影响，因为没有产生任何新的东西。

d. 消费增加，因为理发属于家庭消费。
e. 消费增加，因为汽车属于家庭消费；但投资减少，因为福特库存的汽车在出售之前一直被视为投资品。
f. 投资增加，因为汽车对汽车租赁公司来说属于投资品。
g. 政府购买增加，因为政府花钱向公众提供了物品。
h. GDP 没有受到影响，因为社会保障支票是一种转移支付，而不是政府购买。
i. 消费增加，因为红酒属于家庭消费；但净出口减少，因为红酒是进口的。
j. 投资增加，因为建造了新的工程和设备。

2. 填写下表中的空白处：

年份	真实 GDP （按 2000 年美元）	名义 GDP （按当期美元）	GDP 平减指数 （以 2000 年为基年）
1970	3 000	1 200	——
1980	5 000	——	60
1990	——	6 000	100
2000	——	8 000	——
2010	——	15 000	200
2020	10 000	——	300
2030	20 000	50 000	——

【解答】

见下表，答案以粗体显示。

年份	真实 GDP （按 2000 年美元）	名义 GDP （按当期美元）	GDP 平减指数 （以 2000 年为基年）
1970	3 000	1 200	**40**
1980	5 000	**3 000**	60
1990	**6 000**	6 000	100
2000	**8 000**	8 000	**100**
2010	**7 500**	15 000	200
2020	10 000	**30 000**	300
2030	20 000	50 000	**250**

3. GDP 组成部分中的"政府购买"并不包括用于社会保障这类转移支付的支出。想想 GDP 的定义，解释为什么转移支付不包括在政府购买之内。

【解答】

因为发生转移支付时并没有生产任何物品，所以对 GDP 没有贡献。

4. 正如本章所说明的，GDP 不包括再销售的二手货的价值。为什么包括这类交易会使 GDP 作为一项经济福利状况衡量指标的参考价值变小？

【解答】

如果 GDP 包括再销售的物品，那么需要计算再销售年份的产出加上原先销售年份的产出，这样导致了重复计算。这种重复计算会使 GDP 作为一项经济福利衡量指标的参考价值变小，因为它高估了产出的价值。

5. 下表是牛奶和蜂蜜的一些数据：

年份	牛奶价格(美元)	牛奶产量(品脱)	蜂蜜价格(美元)	蜂蜜产量(品脱)
2016	1	100	2	50
2017	1	200	2	100
2018	2	200	4	100

a. 以2016年作为基年,计算每年的名义GDP、真实GDP和GDP平减指数。

b. 计算2017年和2018年相对于上一年的名义GDP、真实GDP和GDP平减指数变动的百分比。对每一年,确定未发生变动的变量。解释你的答案。

c. 在2017年或2018年,经济福利状况提高了吗？解释原因。

【解答】

a. 名义GDP：

2016年：(1美元/品脱×100品脱牛奶)+(2美元/品脱×50品脱蜂蜜)=200美元

2017年：(1美元/品脱×200品脱牛奶)+(2美元/品脱×100品脱蜂蜜)=400美元

2018年：(2美元/品脱×200品脱牛奶)+(4美元/品脱×100品脱蜂蜜)=800美元

真实GDP(以2016年作为基年)：

2016年：(1美元/品脱×100品脱牛奶)+(2美元/品脱×50品脱蜂蜜)=200美元

2017年：(1美元/品脱×200品脱牛奶)+(2美元/品脱×100品脱蜂蜜)=400美元

2018年：(1美元/品脱×200品脱牛奶)+(2美元/品脱×100品脱蜂蜜)=400美元

GDP平减指数：

2016年：(200美元/200美元)×100=100

2017年：(400美元/400美元)×100=100

2018年：(800美元/400美元)×100=200

b. 名义GDP变动百分比：

2017年名义GDP变动百分比=[(400美元-200美元)/200美元]×100%=100%

2018年名义GDP变动百分比=[(800美元-400美元)/400美元]×100%=100%

真实GDP变动百分比：

2017年真实GDP变动百分比=[(400美元-200美元)/200美元]×100%=100%

2018年真实GDP变动百分比=[(400美元-400美元)/400美元]×100%=0

GDP平减指数变动百分比：

2017年GDP平减指数变动百分比=[(100-100)/100]×100%=0

2018年GDP平减指数变动百分比=[(200-100)/100]×100%=100%

价格从2016年到2017年没有发生变化,所以2017年的GDP平减指数变动百分比是0。同样,产出水平从2017年到2018年没有发生变化,这意味着2018年真实GDP的变动百分比为0。

c. 2017年的经济福利比2018年高,因为2017年真实GDP增加了,而2018年没有。在2017年,真实GDP增加了而价格没有上升；在2018年,真实GDP没有增加,但是价格却上升了。

6. 考虑一个只生产巧克力棒的经济。在第一年,生产量是3个巧克力棒,价格是4美元。在第二年,生产量是 4 个巧克力棒,价格是 5 美元。在第三年,生产量是 5 个巧克力棒,价格是 6 美元。以第一年为基年。

a. 这三年的名义 GDP 分别是多少?
b. 这三年的真实 GDP 分别是多少?
c. 这三年的 GDP 平减指数分别是多少?
d. 从第二年到第三年,真实 GDP 的增长率是多少?
e. 从第二年到第三年,用 GDP 平减指数衡量的通货膨胀率是多少?
f. 在这种只有一种产品的经济中,当没有前面问题 b 与 c 的答案时,你应该如何回答问题 d 与 e?

【解答】
a. 名义 GDP:
第一年:3×4 美元 = 12 美元
第二年:4×5 美元 = 20 美元
第三年:5×6 美元 = 30 美元
b. 真实 GDP:
第一年:3×4 美元 = 12 美元
第二年:4×4 美元 = 16 美元
第三年:5×4 美元 = 20 美元
c. GDP 平减指数:
第一年:12 美元/12 美元×100 = 100
第二年:20 美元/16 美元×100 = 125
第三年:30 美元/20 美元×100 = 150
d. 第二年到第三年真实 GDP 的增长率 = (20-16)/16×100% = 25%
e. 第二年到第三年用 GDP 平减指数衡量的通货膨胀率 = (150-125)/125×100% = 20%
f. 真实 GDP 的增长率可以通过计算巧克力棒数量变动的百分比得出,用 GDP 平减指数衡量的通货膨胀率可以通过计算巧克力棒价格变动的百分比得出。

7. 考虑以下美国 GDP 的数据:

年份	名义 GDP(10 亿美元)	GDP 平减指数(以 2009 年为基年)
2014	17 419	108.3
1994	7 309	73.8

a. 1994 年到 2014 年间,名义 GDP 的增长率是多少?(提示:x 变量在第 N 年中的增长率用 $100\% \times [(x_{\text{末尾年}}/x_{\text{起始年}})^{1/N} - 1]$ 来计算。)
b. 1994 年到 2014 年间,GDP 平减指数的增长率是多少?
c. 按 2009 年的价格衡量,1994 年的真实 GDP 是多少?
d. 按 2009 年的价格衡量,2014 年的真实 GDP 是多少?
e. 1994 年到 2014 年间,真实 GDP 的增长率是多少?
f. 名义 GDP 的增长率高于还是低于真实 GDP 的增长率?解释原因。

【解答】

a. 名义 GDP 增长率 = 100%×[(17 419/7 309)$^{0.05}$ − 1] = 4.4%

b. GDP 平减指数增长率 = 100%×[(108.3/73.8)$^{0.05}$ − 1] = 1.9%

c. 1994 年的真实 GDP（按 2009 年价格计算）为 7 309 美元/(73.8/100) = 9 903.79 美元

d. 2014 年的真实 GDP（以 2009 年价格计算）为 17 419 美元/(108.3/100) = 16 084.03 美元

e. 真实 GDP 增长率 = 100%×[(16 084.03/9 903.79)$^{0.05}$ − 1] = 2.5%

f. 由于通货膨胀，名义 GDP 增速高于真实 GDP 增速。

8. 经过修改的美国 GDP 的估算值通常在临近每个月月底时由政府公布。查找报道最新公布数据的报纸文章，或者在美国经济分析局的网站 http://www.bea.gov 上阅读新闻。讨论真实 GDP、名义 GDP 以及 GDP 各组成部分的最新变动。

【解答】

略。

9. 一个农民种小麦，她以 100 美元的价格把小麦卖给磨坊主。磨坊主又把小麦加工成面粉，并将其以 150 美元的价格卖给面包师。面包师把面粉做成面包，再以 180 美元的价格卖给消费者。消费者吃了这些面包。

a. 在这个经济中，GDP 是多少？解释原因。

b. 增加值的定义是生产者生产的产品的价值减生产者购买的用于生产产品的中间物品的价值。假设在以上所描述的之外再没有中间物品，计算这三个生产者的增加值分别是多少。

c. 在这个经济中，三个生产者的总增加值是多少？总增加值与经济的 GDP 相比较如何？这个例子提出了计算 GDP 的另一种方法吗？

【解答】

a. GDP 是最终物品售出的市场价值，所以是 180 美元。

b. 农民的增加值：100 美元

磨坊主的增加值：150 美元 − 100 美元 = 50 美元

面包师的增加值：180 美元 − 150 美元 = 30 美元

c. 三个生产者的总增加值是 100 美元 + 50 美元 + 30 美元 = 180 美元。这是 GDP 的价值。这个例子揭示了 GDP 可以通过所有生产者增加值的加总来计算。

10. 不在市场上销售的物品与服务，例如家庭生产并消费的食物，一般不包括在 GDP 中。你认为在比较美国和印度的经济福利状况时，教材表 23-3 中第二列的数字会产生误导吗？解释原因。

【解答】

在像印度这样的国家，人们在家里生产和消费、不计算在 GDP 内的食物比美国多。因此，印度和美国在人均 GDP 上的差别将大于它们在经济福利上的差别。

11. 自 1970 年以来，美国的劳动力中妇女参工率急剧上升。

a. 你认为这种上升会如何影响 GDP？

b. 现在设想一种包括用于家务的劳动时间和闲暇时间的福利状况衡量指标。该指标的变动和 GDP 的变动相比如何？

c. 你能想出与妇女参工率提高相关的福利状况的其他方面吗？构建一个包括这些方面

的福利状况衡量指标现实吗?

【解答】

a. 在美国,妇女参工率的上升增加了 GDP,因为这意味着更多人参加工作并生产更多物品。

b. 如果我们衡量的福利中包括用于家务的劳动时间和闲暇时间,那么福利的增加将少于 GDP 的增加。因为妇女参工率的上升会减少用于家务的劳动时间和闲暇时间。

c. 与妇女参工率上升相关的其他方面的福利包括妇女在劳动力市场中自尊和声望的提高,特别是在管理岗位的妇女。但是这会减少母亲与孩子的相处时间,所以这些方面的福利状况比较难以衡量。

12. 一天,Barry 的理发店得到 400 美元理发收入。在这一天,其设备折旧价值为 50 美元。在其余的 350 美元中,Barry 向政府交纳了 30 美元销售税,作为工资拿回家 220 美元,留 100 美元在理发店以便未来扩充设备。在他拿回家的 220 美元中,他交纳了 70 美元的个人所得税。根据这些信息,计算 Barry 对以下收入衡量指标的贡献:

a. 国内生产总值

b. 国民生产净值

c. 国民收入

d. 个人收入

e. 个人可支配收入

【解答】

a. 国内生产总值等于 Barry 所获得的全部收入,即 400 美元。

b. 国民生产净值 = 国内生产总值 − 折旧价值 = 400 美元 − 50 美元 = 350 美元。

c. 国民收入 = 国民生产净值 = 350 美元。

d. 个人收入 = 国民收入 − 留存收益 − 间接企业税 = 350 美元 − 100 美元 − 30 美元 = 220 美元。

e. 个人可支配收入 = 个人收入 − 个人所得税 = 220 美元 − 70 美元 = 150 美元。

第 16 章
生活费用的衡量

学习目标

在本章中,学生应理解
- 如何编制消费物价指数(CPI);
- 为什么 CPI 并不是生活费用的完美衡量指标;
- 如何比较作为物价总水平衡量指标的 CPI 与 GDP 平减指数;
- 如何用价格指数来比较不同时期的美元数字;
- 真实利率与名义利率之间的区别。

框架和目的

第 16 章是论述经济学家如何衡量宏观经济中产量和物价的两章中的第二章。第 15 章论述经济学家如何衡量产量。第 16 章论述经济学家如何衡量宏观经济中的物价总水平。

第 16 章有两个目的:第一,告诉学生如何编制物价指数;第二,告诉他们如何运用物价指数比较不同时间点的美元数字和根据通货膨胀调整利率。此外,学生还将知道消费物价指数作为生活费用衡量指标的一些缺点。

内容提要

- 消费物价指数(CPI)表示相对于基年一篮子物品与服务的费用,这一篮子物品与服务现期的费用是多少。这个指数用于衡量经济的物价总水平。CPI 变动的百分比可用于衡量通货膨胀率。
- 出于三个原因,CPI 并不是生活费用的一个完美衡量指标。第一,它没有考虑到,随着时间的推移,消费者用变得较便宜的物品替代原有物品的能力。第二,它没有考虑到因新物品的引进而使美元的购买力提高。第三,它因没有衡量物品与服务质量的变动而被扭曲。由于这些衡量问题,CPI 高估了真实的通货膨胀水平。
- 与 CPI 一样,GDP 平减指数也衡量经济的物价总水平。这两个物价指数通常同时变动,但是它们有着重大差别。GDP 平减指数不同于 CPI,是因为它涵盖生产出来的物品与服务,而不是用于消费的物品与服务。因此,进口物品影响 CPI,但不影响 GDP 平减指数。此外,CPI 是基于固定的一篮子物品,而 GDP 平减指数一直随着 GDP 构成的变动而自动地改变物品与服务的组合。
- 不同时间的美元数字并不代表购买力的真实差别。为了比较过去与现在的美元数字,应该用物价指数对过去的数字进行调整。

- 各种法律和私人合同用物价指数来校正通货膨胀的影响。但是,税法只是部分地对通货膨胀实行了指数化。
- 当考察利率数据时,对通货膨胀的校正特别重要。名义利率是通常所公布的利率,它是储蓄账户上随着时间推移而增加的美元数量的比率。与此相反,真实利率考虑到美元价值随着时间的推移而发生的变动。真实利率等于名义利率减通货膨胀率。

教材习题解答

即问即答

1. 简单解释 CPI 衡量什么以及如何编制。指出 CPI 是生活费用的一个不完美衡量指标的原因。

   【解答】
   CPI 衡量的是一个典型的消费者所购买的物品和服务的总成本。它是通过调查消费者来确定典型消费者所购买的一篮子物品和服务来构建的。我们用这些物品和服务的价格来计算不同时间的这一篮子物品和服务的成本,并选定一个基年。为了计算 CPI,我们用现期年份的一篮子物品和服务的价格除以基年的一篮子物品和服务的价格,然后乘以 100。CPI 并不是衡量生活费用的完美指标,因为:(1)替代偏向;(2)新物品的引进;(3)无法衡量的质量变动。

2. 1914 年,亨利·福特(Henry Ford)向他的工人支付一天 5 美元的工资。如果 1914 年 CPI 是 10,而 2012 年是 230,按 2012 年美元计算,福特支付的工资值多少?

   【解答】
   既然 1914 年 CPI 是 10,亨利·福特向他的工人支付一天 5 美元的工资,那么当 2012 年 CPI 为 230 时,福特每天支付给工人的工资的价值为:5 美元×230/10=115 美元。

快速单选

1. CPI 可与____近似地衡量相同的经济现象。
   a. 名义 GDP   b. 真实 GDP   c. GDP 平减指数   d. 失业率
2. 用于计算 CPI 的一篮子物品与服务中最大的组成部分是____。
   a. 食物和饮料   b. 住房   c. 医疗   d. 服装
3. 如果宾夕法尼亚州的枪支生产商提高了他们卖给美国军队的步枪的价格,则步枪的价格上升会使____。
   a. CPI 和 GDP 平减指数都上升   b. CPI 和 GDP 平减指数都不上升
   c. CPI 上升,但 GDP 平减指数不上升   d. GDP 平减指数上升,但 CPI 不上升
4. 由于消费者可以用便宜的物品替代价格上升的物品,因此____。
   a. CPI 高估了通货膨胀   b. CPI 低估了通货膨胀
   c. GDP 平减指数高估了通货膨胀   d. GDP 平减指数低估了通货膨胀
5. 如果 1980 年的 CPI 是 200,而今天的是 300,那么,1980 年的 600 美元和今天的____美元购买力相同。
   a. 400   b. 500   c. 700   d. 900

6. 你在你的储蓄账户上存入 2 000 美元,一年后你得到 2 100 美元,同时,CPI 从 200 上升到 204。在这种情况下,名义利率是____,而真实利率是____。
   a. 1%,5%　　　　　b. 3%,5%　　　　　c. 5%,1%　　　　　d. 5%,3%

【答案】　1. c　2. b　3. d　4. a　5. d　6. d

复习题

1. 你认为下列哪一项对 CPI 的影响更大:鸡肉价格上升 10%,还是鱼子酱价格上升 10%? 为什么?

   【解答】
   鸡肉价格上升 10% 对 CPI 的影响大于鱼子酱价格上升 10% 的影响。这是因为鸡肉在普通消费者的一篮子物品里占的比重更大。

2. 陈述使 CPI 成为生活费用的一个不完美衡量指标的三个问题。

   【解答】
   CPI 衡量生活费用的三个问题:(1) 替代偏向,因为人们倾向于用那些变得相对不太昂贵的商品来替代原有商品。(2) 新物品的引进,并没有快速反映在 CPI 中。(3) 无法衡量的质量变动。

3. 如果进口的法国红酒价格上升了,对 CPI 的影响大,还是对 GDP 平减指数的影响大? 为什么?

   【解答】
   进口的法国红酒价格上升对 CPI 只会产生微小的影响,这是因为酒类饮料在 CPI 篮子中仅占 1%;但是对 GDP 平减指数根本不会产生影响,这是因为进口的法国红酒没有在国内生产,它并不包括在 GDP 中。

4. 在长期中,糖果的价格从 0.2 美元上升到 1.2 美元。在同一时期,CPI 从 150 上升到 300。根据整体通货膨胀进行调整后,糖果的价格变动了多少?

   【解答】
   因为整体的 CPI 变为原来的 2 倍,而糖果价格是原来的 6 倍,因此糖果的实际价格(根据通货膨胀调整的价格)增长为原来的 3 倍。

5. 解释名义利率和真实利率的含义。它们如何相关?

   【解答】
   名义利率是以美元数量计算的贷款利率。真实利率是根据通货膨胀校正的利率。真实利率等于名义利率减去通货膨胀率。

问题与应用

1. 假设在你出生的那一年,有人为迎接你的出生买了 100 美元的物品与服务。你猜猜今天买等量的物品与服务要花多少钱? 找到关于 CPI 的数据,并根据这些数据进行计算。(你可以在 http://www.bls.gov/data/inflation_calculator.htm 上找到美国劳工统计局的通货膨胀计算器。)

   【解答】
   根据不同出生年份,答案不同。学生应当用出生年份的 CPI 乘以 100 美元,然后除以 100。

2. 假设一个素食国家的居民把他们的全部收入用于购买花椰菜、西蓝花和胡萝卜。在 2016

年,他们用200美元买了100颗花椰菜,用75美元买了50颗西蓝花,用50美元买了500个胡萝卜。在2017年,他们用225美元买了75颗花椰菜,用120美元买了80颗西蓝花,用100美元买了500个胡萝卜。

a. 计算每年每种蔬菜的单位价格。
b. 把2016年作为基年,计算每年的CPI。
c. 2017年的通货膨胀率是多少?

【解答】
a. 每年每种蔬菜的单位价格如下表所示:

年份	花椰菜	西蓝花	胡萝卜
2016	2美元	1.5美元	0.1美元
2017	3美元	1.5美元	0.2美元

b. 如果把2016年当作基年,CPI一篮子物品包括100个花椰菜、50个西蓝花和500个胡萝卜,则我们可以计算出每年的一篮子物品费用:

2016年:(100×2美元)+(50×1.5美元)+(500×0.1美元)=325美元
2017年:(100×3美元)+(50×1.5美元)+(500×0.2美元)=475美元

然后,以2016年为基年,我们可以计算出每年的CPI:

2016年:325美元/325美元×100=100
2017年:475美元/325美元×100≈146

c. 我们可以使用CPI计算2017年的通货膨胀率:
(146−100)/100×100%=46%

3. 假设人们只消费三种物品,如下表所示:

	网球	高尔夫球	"佳得乐"饮料
2017年价格	2美元	4美元	1美元
2017年数量	100个	100个	200瓶
2018年价格	2美元	6美元	2美元
2018年数量	100个	100个	200瓶

a. 这三种物品价格变动的百分比分别是多少?
b. 用类似于计算CPI的方法,计算整体物价水平变动的百分比。
c. 如果你知道从2017年到2018年每瓶"佳得乐"饮料的容量增加了,这个信息会影响你对通货膨胀率的计算吗?如果影响的话,会怎样影响?
d. 如果你知道"佳得乐"饮料在2018年引进了新口味,这个信息会影响你对通货膨胀率的计算吗?如果影响的话,会怎样影响?

【解答】
a. 网球价格的变动百分比是(2美元−2美元)/2美元×100%=0。
高尔夫球价格的变动百分比是(6美元−4美元)/4美元×100%=50%。
"佳得乐"饮料价格的变动百分比是(2美元−1美元)/1美元×100%=100%。
b. 2017年一篮子物品的费用是(100×2美元)+(100×4美元)+(200×1美元)=800美元。

2018年一篮子物品的费用是(100×2美元)+(100×6美元)+(200×2美元)=1 200美元。

以2017年为基年,我们可以计算出每年的CPI:

2017年:(800美元/800美元)×100=100

2018年:(1 200美元/800美元)×100=150

我们可以用CPI来计算整体物价水平变动的百分比:

(150−100)/100×100%=50%

 c. 这会降低我们对通货膨胀率的估计,因为每瓶"佳得乐"饮料的价值增加了。这种比较应该建立在每盎司的基础上。

 d. 更多口味会提高消费者的福利。因此,考虑"佳得乐"饮料的质量变化会降低我们对通货膨胀率的估计。

4. 登录美国劳工统计局的网站(http://www.bls.gov),并找到CPI的数据。包括所有东西的物价指数在过去一年上升了多少?哪个支出类别的物价上升得最快?哪个支出类别的物价上升得最慢?哪些支出类别经历了物价下降?你能解释这些事实吗?

【解答】

略。

5. 一个十个人的小国很喜欢电视上播出的《美国偶像》节目。他们都生产并消费卡拉OK机和CD(激光唱片),如下表所示:

年份	卡拉OK机		CD	
	数量	价格	数量	价格
2017	10台	40美元	30张	10美元
2018	12台	60美元	50张	12美元

 a. 用类似于计算CPI的方法,计算物价总水平变动的百分比。把2017年作为基年,而且固定的一篮子是1台卡拉OK机和3张CD。

 b. 用类似于计算GDP平减指数的方法,计算物价总水平变动的百分比。也把2017年作为基年。

 c. 用两种方法计算的2018年通货膨胀率相同吗?解释原因。

【解答】

a. 2017年一篮子物品的费用是(1×40美元)+(3×10美元)=70美元。

2018年一篮子物品的费用是(1×60美元)+(3×12美元)=96美元。

以2017年基年,我们可以计算每年的CPI:

2017年:70美元/70美元×100=100

2018年:96美元/70美元×100≈137.14

我们可以用CPI计算2018年的通货膨胀率:

(137.14−100)/100×100%=37.14%

b. 2017年名义GDP=(10×40美元)+(30×10美元)=400美元+300美元=700美元。

2018年名义GDP=(12×60美元)+(50×12美元)=720美元+600美元=1 320美元。

2017年真实GDP=(10×40美元)+(30×10美元)=400美元+300美元=700美元。

2018 年真实 GDP=（12×40 美元）+（50×10 美元）=480 美元+500 美元=980 美元。

2017 年 GDP 平减指数=（700 美元/700 美元）×100=100。

2018 年 GDP 平减指数=（1 320 美元/980 美元）×100=134.69。

2018 年通货膨胀率=（134.69−100）/100×100%≈34.69%。

c. 不，两者不一样。用 CPI 计算的通货膨胀率使用固定的一篮子物品和服务，而用 GDP 平减指数计算的通货膨胀率允许物品和服务的变动而保持价格不变。

6. 分别用以下情形说明在编制 CPI 中会出现什么问题。解释原因。

a. 手机的发明。

b. 汽车安全气囊的引进。

c. 个人电脑价格下降致使其购买量增加。

d. 每包早餐麦片的分量增加。

e. 在汽油价格上升后人们更多地使用节油型汽车。

【解答】

a. 新物品的引进。

b. 无法衡量的质量变动。

c. 替代偏向。

d. 无法衡量的质量变动。

e. 替代偏向。

7. 1980 年 1 月，一打鸡蛋的价格是 0.88 美元，而在 2015 年 1 月的价格是 2.11 美元。1980 年 1 月，生产工人的平均工资是每小时 7.58 美元，而在 2015 年 1 月的平均工资是每小时 19.64 美元。

a. 鸡蛋的价格上升了百分之多少？

b. 工人的工资上升了百分之多少？

c. 在 1980 年和 2015 年，工人为了使赚的钱足以买一打鸡蛋必须分别工作多少分钟？

d. 用鸡蛋来衡量，工人工资的购买力提高了还是降低了？

【解答】

a. （2.11 美元−0.88 美元）/0.88 美元×100%≈140%。

b. （19.64 美元−7.58 美元）/7.58 美元×100%≈159%。

c. 1980 年：0.88 美元/（7.58 美元/60）≈7.0 分钟。

2015 年：2.11 美元/（19.64 美元/60）≈6.45 分钟。

d. 用鸡蛋来衡量，工人的购买力提高了。

8. 本章说明了尽管大多数经济学家认为 CPI 高估了实际的通货膨胀率，但每年的社会保障补助仍然与 CPI 同比例增加。

a. 如果老年人和其他人消费同样的市场物品与服务篮子，社会保障补助会使老年人的生活水平每年都有提高吗？解释原因。

b. 实际上，老年人消费的医疗服务比年轻人多，而且医疗费用的增加快于整体通货膨胀。要确定老年人某一年的福利状况是否比上一年更好，你需要做哪些工作？

【解答】

a. 如果老年人和其他人消费同样的市场篮子，社会保障补助会使老年人的生活水平每年都提高。这是因为 CPI 高估了通货膨胀率，而社会保障补助与 CPI 同比例增加。

b. 因为老年人消费的医疗服务比年轻人多,而且医疗费用的增长快于整体通货膨胀,因此老年人的状况可能会变差。为了调查这个,你需要为老年人编制一个市场篮子,其中医疗服务占更大比重,再比较这种老年人市场篮子的上涨幅度与 CPI 通用篮子的上涨幅度。

9. 假设债务人和债权人一致同意按名义利率来支付贷款。结果通货膨胀水平高于他们双方的预期。
   a. 这笔贷款的真实利率高于还是低于预期的水平?
   b. 债权人从这种未预期到的高通货膨胀中获益还是受损?债务人获益还是受损?
   c. 20 世纪 70 年代的整体通货膨胀水平比 70 年代初时大多数人预期的要高得多。这对那些在 20 世纪 60 年代得到固定利率住房抵押贷款的房主有何影响?对发放贷款的银行有何影响?

【解答】
a. 当通货膨胀率高于预期时,真实利率低于预期的水平。例如,假定市场均衡预期真实利率为 3%,而预期通货膨胀率为 4%,则名义利率为 7%。如果实际的通货膨胀率为 5%,则真实利率为 7% 减去 5%,等于 2%,这比所预期的 3% 要低。

b. 真实利率低于预期,因此债权人受损,债务人获益。债务人偿还的借款额低于预期还款额。

c. 20 世纪 60 年代得到固定利率住房抵押贷款的房主在 20 世纪 70 年代因预期外的通货膨胀而受益,而发放固定利率住房抵押贷款的银行受损。

第17章
生产与增长

学习目标

在本章中,学生应理解

- 世界各国的经济增长差别有多大;
- 为什么生产率是一国生活水平的关键决定因素;
- 决定一国生产率的各种因素;
- 一国的政策是如何影响其生产率增长的。

框架和目的

　　第 17 章是有关长期中生产与增长的四章中的第一章。第 17 章论述生产与增长的决定因素。我们发现,劳动和资本是生产的主要决定因素。在第 18 章中,我们将论述储蓄和资本品投资如何影响生产。在第 19 章中,我们将了解私人和企业在选择投资的资本项目时所使用的一些工具。第 20 章将论述劳动市场。

　　第 17 章的目的是考察人均真实 GDP 水平和增长率的长期决定因素。按照这个思路,我们将发现决定工人生产率的因素,并论述政府应该如何提高其公民的生产率。

内容提要

- 按人均 GDP 衡量的经济繁荣程度在世界各国差别很大。世界上最富裕国家的平均收入是最贫穷国家的十倍以上。由于真实 GDP 增长率差别也很大,所以各国的相对地位一直在急剧变动。
- 一个经济的生活水平取决于该经济生产物品与服务的能力。生产率又取决于物质资本、人力资本、自然资源和工人所得到的技术知识。
- 政府政策能以许多不同的方式来影响经济的增长率:鼓励储蓄和投资、鼓励来自国外的投资、促进教育、促进健康、维护产权与政治稳定、允许自由贸易以及促进新技术的研究与开发。
- 资本积累服从收益递减规律:一个经济拥有的资本越多,该经济从新增加的一个单位资本中得到的产量的增加就越少。因此,尽管高储蓄会引起一定时期内的高增长,但是随着资本、生产率和收入的增加,增长最终会放慢。由于收益递减,在穷国,资本的收益特别高。在其他条件相同时,由于追赶效应,这些国家可以增长得更快。
- 人口增长对经济增长有多种影响。一方面,更加迅速的人口增长会通过使自然资源供给紧张和减少每个工人可以得到的资本量而降低生产率。另一方面,更多的人口也可以提高技术进步的速度,因为会有更多的科学家和工程师。

教材习题解答

即问即答

1. 美国人均真实 GDP 的长期年均增长率约为多少?举出一个比其增长快的国家和一个比其增长慢的国家。

   【解答】
   从 1870 年到 2014 年,美国人均真实 GDP 的长期年均增长率为 1.8%(见教材中的表 25-1)。比美国增长快的国家包括巴西、日本、中国、墨西哥、德国和印度尼西亚,比美国增长慢的国家包括巴基斯坦、阿根廷、孟加拉国和英国。

2. 列出并说明一国生产率的四个决定因素。

   【解答】
   一国生产率的四个决定因素:(1) 物质资本,用于生产物品和服务的设备与建筑物存量;(2) 人力资本,工人通过教育、培训及经验而获得的知识和技能;(3) 自然资源,自然界提供的生产投入,如土地、河流和矿藏;(4) 技术知识,社会所了解的生产物品和服务的最好方法。

3. 描述政府决策者可以努力提高社会生活水平的三种方式。这些政策有什么缺点吗?

   【解答】
   政府决策者可以努力提高社会生活水平的三种方式包括:(1) 把更多的现期资源投资于资本的生产。缺点:这会减少用于现期消费的资源。(2) 鼓励国外投资。缺点:一些投资收益将会流向外国人。(3) 增加教育投资。缺点:未参加现期生产的学生有机会成本。(4) 保护产权和促进政治稳定。缺点:增加了执法成本。(5) 实行外向型政策以鼓励自由贸易。缺点:使一个国家更加依赖其贸易伙伴。(6) 降低人口增长率。缺点:这会减少个人自由和降低技术进步率。(7) 鼓励研究与开发。缺点:如同投资一样,这会减少现期消费。

快速单选

1. 在过去一个世纪中,美国真实人均 GDP 的增长率约为每年____%,这就意味着每____年翻一番。

   a. 2,14   b. 2,35   c. 5,14   d. 5,35

2. 世界上最富裕的国家(如美国和德国)的人均收入是世界上最穷的国家(如巴基斯坦和印度)的____倍。

   a. 3   b. 6   c. 12   d. 36

3. 大多数经济学家____自然资源最终会限制经济增长。作为证据,他们注意到,大多数自然资源的价格在根据整体通货膨胀调整之后倾向于____。

   a. 相信,上升   b. 相信,下降   c. 不相信,上升   d. 不相信,下降

4. 由于资本往往会收益递减,因此高储蓄和投资并不会引起更高的____。

a. 长期收入　　　　　b. 短期收入　　　　　c. 长期增长　　　　　d. 短期增长

5. 当日本汽车制造商丰田扩建其在美国的一个汽车厂时,对美国的 GDP 和 GNP 会有什么影响?

　　a. GDP 增加,而 GNP 减少。　　　　　b. GNP 增加,而 GDP 减少。
　　c. GDP 的增加大于 GNP 的增加。　　　d. GNP 的增加大于 GDP 的增加。

6. 托马斯·罗伯特·马尔萨斯认为人口增长将会:

　　a. 对经济生产食物的能力带来压力,人们注定要生活在贫困之中。
　　b. 把资本存量分摊到更少的劳动力身上,降低了每个工人的生产率。
　　c. 促进技术进步,因为会有更多科学家和发明者。
　　d. 最终会下降到可持续的水平,因为生育控制技术得到改进,而且人们的家庭规模变小。

【答案】　1. b　2. c　3. d　4. c　5. d　6. a

复习题

1. 一国的 GDP 水平衡量什么？GDP 的增长率衡量什么？你是愿意生活在一个 GDP 水平高而增长率低的国家,还是愿意生活在一个 GDP 水平低而增长率高的国家？

   【解答】
   一国的 GDP 水平既衡量经济中的总收入,又衡量该经济在物品和服务上的总支出。真实 GDP 水平是经济繁荣的一个良好判断标准。真实 GDP 增长率是经济进步程度的一个良好判断标准。你会宁愿生活在一个 GDP 水平高而增长率低的国家,而不是一个 GDP 水平低而增长率高的国家,因为 GDP 水平是经济繁荣程度的衡量标准。

2. 列出并说明生产率的四个决定因素。

   【解答】
   决定生产率的四个决定因素:(1) 物质资本,用于生产物品和服务的设备与建筑物存量;(2) 人力资本,工人通过教育、培训及经验而获得的知识和技能;(3) 自然资源,自然界提供的生产投入,如土地、河流和矿藏;(4) 技术知识,社会所了解的生产物品和服务的最好方法。

3. 学士学位是哪种形式的资本?

   【解答】
   学士学位是人力资本。为获得学士学位而习得的技能提高了工人的生产率。

4. 解释高储蓄率如何带来高生活水平。什么因素会阻碍决策者提高储蓄率的努力?

   【解答】
   高储蓄率意味着更少的资源用于消费而更多的资源用于生产资本品。资本存量的增加会引起生产率的提高和 GDP 暂时的更快增长。在长期中,高储蓄率会提高生活水平。决策者提高储蓄率的努力可能会受到阻碍,因为这样做会使得人们减少他们今天的消费,从而使得生活水平的提高需要更长的时间。

5. 高储蓄率引起暂时的高增长还是永远的高增长?

   【解答】
   高储蓄率引起暂时的高增长,而不是永远的高增长。在短期中,提高储蓄率会增加资本存量并引起高增长。但是,随着增长的持续,资本收益递减意味着增长率会缓慢下降,并最终会回到初始增长率,即便这也许需要几十年的时间。

6. 为什么取消关税这类贸易限制会引起更快的经济增长？

   【解答】

   取消贸易限制(例如关税)会引起更快的经济增长,这是因为取消贸易限制就如同技术进步。自由贸易使得所有国家能消费到更多的物品和服务。

7. 人口增长率如何影响人均GDP的水平？

   【解答】

   人口增长率越高,人均GDP水平越低,因为人均资本越少,生产率就越低。

8. 说明美国政府努力鼓励技术知识进步的两种方法。

   【解答】

   美国政府试图通过国家科学基金会和国立卫生研究院提供研究资助、为从事研发的公司提供税收减免以及通过专利制度来鼓励技术知识的进步。

问题与应用

1. 包括美国在内的大多数国家都从其他国家进口大量物品与服务。但本章认为,只有一国本身能生产大量物品与服务,它才能享有高生活水平。你能使这两个事实一致吗？

   【解答】

   从其他国家进口大量物品和服务的国家,也在生产大量的物品和服务,从而享受高生活水平。这样做,可以使得国家从贸易中获得实质收益。为了支付从其他国家购买的物品,一个国家必须能够创造收入。通过生产大量的物品和服务,然后与其他国家的物品和服务进行贸易,一个国家可以最大化本国的生活水平。

2. 假定社会决定减少消费并增加投资。

   a. 这种变化会如何影响经济增长？

   b. 哪些社会群体会从这种变化中获益？哪些群体会受到损害？

   【解答】

   a. 在短期中,更多的投资会导致更快的经济增长。

   b. 这种变化会使社会中由于经济增长更快而收入更高的人们获益。然而,在这个转型期,那些在消费品行业的工人和企业主的收入将会降低,而那些在投资行业的工人和企业主的收入将会提高。此外,一些群体在这段时间内将不得不降低他们的支出以使投资上升。

3. 社会选择把多少资源用于消费和把多少资源用于投资。这些决策中的一部分涉及私人支出,另一部分则涉及政府支出。

   a. 说明代表消费的一些私人支出形式,以及代表投资的一些私人支出形式。国民收入账户把学费作为消费支出的一部分。按你的看法,把资源用于教育是消费的一种形式,还是投资的一种形式？

   b. 说明代表消费的一些政府支出形式,以及代表投资的一些政府支出形式。按你的看法,我们应该把政府用于医疗计划的支出作为消费的一种形式,还是投资的一种形式？你能区分年轻人的医疗计划和老年人的医疗计划吗？

【解答】

a. 私人消费支出包括购买食物和衣服;私人投资支出包括个人购买住房和企业购买电脑。其他例子有很多。教育既可以被看作消费,也可以被看作投资。

b. 政府消费支出包括给各类公职人员支付工资;政府投资支出包括购买军事设备、修建公路等。其他例子有很多。把政府用于医疗计划的支出作为消费还是投资,取决于该医疗计划是针对年轻人还是老年人。

4. 资本投资的机会成本是什么?你认为一国有可能对资本"过度投资"吗?人力资本投资的机会成本是什么?你认为一国可能对人力资本"过度投资"吗?解释原因。

【解答】

资本投资的机会成本是把资源用于投资所引起的消费损失。由于边际收益递减,所以资本过度投资是可能的。如果人们更偏好于更高的消费和更少的未来经济增长,则一个国家可能对资本过度投资。人力资本投资的机会成本也是把资源用于投资所引起的消费损失。如果人们的教育经历高于工作所需要的教育经历(例如,一个哲学博士能找到的最好工作是管理一家饭店),则一个国家可能对人力资本过度投资了。

5. 在20世纪90年代和21世纪前十年,来自日本和中国这些亚洲经济体的投资者在美国进行了大量直接投资和有价证券投资。那时许多美国人对这种投资的出现表示不满。

a. 在哪些方面美国接受这种外国投资比不接受更好?

b. 在哪些方面美国人自己进行这种投资会更好?

【解答】

a. 美国从中国和日本对美国的投资中受益,因为这会使得美国的资本存量提高,从而促进经济增长。

b. 对美国人来说,自己进行投资将会更好,因为投资的所有收益将由美国人获得,而不是由中国和日本人获得。

6. 在许多发展中国家,年轻女性的中学入学率低于男性。说明如果年轻女性有更多的教育机会,可以加快这些国家经济增长的几种方式。

【解答】

在这些发展中国家,年轻女性拥有更多的教育机会将会带来更快的经济增长。这是因为:第一,增加的人力资本会提高生产率,而且知识增加具有外部性。第二,年轻女性教育机会的增加会降低人口增长率,这是因为教育机会的增加提高了抚养一个孩子的机会成本。

7. 国际产权指数根据法律与政治环境以及产权受到保护的程度来为各国评分。在网上找到最近的评分排行。选择三个产权保护程度高的国家和三个产权保护程度低的国家。然后找出这六个国家人均GDP的估算。你发现了什么模式?对这种模式给出两个可能的解释。

【解答】

答案有许多种。例如,得分高的国家包括(注:括号内为2014年人均GDP)芬兰(35 900美元)、新西兰(30 400美元)、卢森堡(77 900美元)和挪威(55 400美元),得分较低的国家包括委内瑞拉(13 600美元)、海地(1 300美元)、缅甸(1 700美元)和孟加拉国(2 100美元)。很显然,产权指数得分高的国家人均GDP高,而产权指数得分低的国家人均GDP低。产权允许人们对他们拥有的资源行使权力。有了明确界定和强制执行的产权,市场可以通过价格有效地协调。此外,产权界定不清或执行之力时,国内储蓄和来自国外的投资较少。

8. 国际数据表明，人均收入与人口健康状况之间存在正相关关系。
   a. 解释收入更高如何带来更好的健康状况。
   b. 解释更好的健康状况如何带来更高的收入。
   c. 这两个假说的相对重要性如何与公共政策相关？

   【解答】
   a. 收入更高的群体有更多的机会获取清洁的水、医疗保障和良好的营养。
   b. 更健康的群体的生产率更高。
   c. 了解人均收入和人口健康状况之间正的因果关系有助于决策者采用恰当的公共政策，从而实现更好的人口健康状况和更高的人均收入。

9. 18 世纪伟大的经济学家亚当·斯密曾写道："使一个国家从最野蛮的状态进入最富裕状态的必要条件不过是和平、轻税和较好的司法行政系统而已，其余则是自然而然的事情。"解释亚当·斯密所说的三个条件如何促进经济增长。

   【解答】
   和平会促进经济增长，是因为和平意味着产权在将来会得到尊重。军事冲突和革命政府的威胁会削弱国内居民储蓄、投资和创业的动机；此外，也会削弱外国人在该国投资的动机。

   轻税会促进经济增长，是因为轻税使得居民和企业保留了所赚收入的更大份额，从而使得他们能够有更大比例的收入用于储蓄和投资。

   较好的司法行政系统会促进经济增长，是因为它能保障产权，这会鼓励国内储蓄和国外投资。

第 18 章
储蓄、投资和金融体系

学习目标

在本章中,学生应理解

- 美国经济中一些重要的金融机构;
- 金融体系如何与关键的宏观经济变量联系;
- 金融市场上的可贷资金供求模型;
- 如何使用可贷资金模型分析各种政府政策;
- 政府预算赤字如何影响美国经济。

框架和目的

第 18 章是有关长期中生产与增长的四章中的第二章。第 17 章中,我们发现,资本和劳动是生产的最主要决定因素。出于这一原因,第 18 章论述储蓄和资本投资市场,而第 19 章论述人们和企业在选择投资的资本项目时使用的工具。第 20 章将论述劳动市场。

第 18 章的目的是说明可贷资金市场如何协调储蓄和投资。在可贷资金市场的框架之内,我们可以看到税收和政府赤字对储蓄、投资、资本积累,以及最终对生产增长率的影响。

内容提要

- 美国金融体系由各种金融市场/机构组成,例如债券市场、股票市场、银行和共同基金。所有这些市场/机构的作用都是使那些想把一部分收入储蓄起来的家庭的资源流入那些想借款的家庭和企业的手中。
- 国民收入账户恒等式说明了宏观经济变量之间的一些重要关系。特别是,对一个封闭经济来说,国民储蓄一定等于投资。金融机构是使一个人的储蓄与另一个人的投资相匹配的机制。
- 利率由可贷资金的供求决定。可贷资金的供给来自想把自己的一部分收入储蓄起来并借贷出去的家庭。可贷资金的需求来自想借款投资的家庭和企业。为了分析任何一种政策或事件如何影响利率,我们应该考虑它如何影响可贷资金的供给与需求。
- 国民储蓄等于私人储蓄加公共储蓄。政府预算赤字代表负的公共储蓄,从而减少了国民储蓄和可用于投资的可贷资金供给。当政府预算赤字挤出投资时,它就降低了生产率和 GDP 的增长率。

教材习题解答

即问即答

1. 什么是股票？什么是债券？它们有什么不同之处？它们有什么相似之处？

   【解答】
   股票是对企业部分所有权的索取权。债券是一种债务证明书。它们的不同之处如下：（1）债券支付利息（定期支付，利率在债券发行时确定），而股票支付红利（公司利润的一部分，如果公司利润增多，红利会增加）。（2）债券有固定的到期日，而股票没有到期日。（3）如果一个同时发行股票和债券的公司破产，债券持有人将比股票持有人优先获得偿还，因此股票比债券风险更大，同时潜在收益也更大。股票和债券的相似之处在于：两者都属于公司筹集投资资金的金融工具；两者都可以交易，都具有一定风险，同时所获得的收益（通常来说）都需要纳税。

2. 定义私人储蓄、公共储蓄、国民储蓄和投资。它们如何相关？

   【解答】
   私人储蓄是家庭支付了税收和消费之后剩下来的收入。公共储蓄是政府支付其支出后剩下的税收收入。国民储蓄等于经济中用于消费和政府购买后剩下的总收入。投资指设备或建筑物这类新资本的购买。
   这些概念在两个方面相联系：（1）国民储蓄是公共储蓄和私人储蓄之和。（2）在一个封闭经济中，国民储蓄等于投资。

3. 如果更多美国人采取了"今朝有酒今朝醉"的生活方式，将如何影响储蓄、投资和利率？

   【解答】
   如果更多美国人采取了"今朝有酒今朝醉"的生活方式，他们将会消费更多而储蓄更少。这会导致可贷资金市场供给曲线向左移动。在新的均衡点，有更少的储蓄和投资，有更高的利率。

快速单选

1. Elaine 想购买并经营一辆冰激凌车，但她没有资金来从事这项业务。她向朋友 George 借了 1 万美元，并答应向他支付 7% 的利率；又从朋友 Jerry 那里借到 2 万美元，并答应分给他 1/3 的利润。能最好地描述这种情况的是：
   a. George 是股东，Elaine 是债权人。   b. George 是股东，Jerry 是债权人。
   c. Jerry 是股东，Elaine 是债权人。   d. Jerry 是股东，George 是债权人。

2. 如果政府征收的税收收入大于它的支出，而家庭的消费大于它们的税后收入，那么：
   a. 私人储蓄与公共储蓄都是正的。   b. 私人储蓄与公共储蓄都是负的。
   c. 私人储蓄是正的，而公共储蓄是负的。   d. 私人储蓄是负的，而公共储蓄是正的。

3. 一个封闭经济的收入为 1 000 美元，政府支出为 200 美元，税收为 150 美元，投资为 250 美元，则私人储蓄是多少？
   a. 100 美元   b. 200 美元   c. 300 美元   d. 400 美元

4. 如果一个受欢迎的关于个人理财的电视节目使更多美国人确信为退休而储蓄的重要性，

那么,可贷资金的____曲线将移动,并引起均衡利率____。
   a. 供给,上升　　　b. 供给,下降　　　c. 需求,上升　　　d. 需求,下降

5. 如果企业界对资本的获利性变得更乐观,那么可贷资金的____曲线将移动,并引起均衡利率____。
   a. 供给,上升　　　b. 供给,下降　　　c. 需求,上升　　　d. 需求,下降

6. 从2008年到2012年,美国政府的债务-GDP比率____。
   a. 显著上升　　　　　　　　　　　b. 显著下降
   c. 稳定在历史的高水平　　　　　　d. 稳定在历史的低水平

【答案】　1. d　2. d　3. c　4. b　5. c　6. a

复习题

1. 金融体系的作用是什么？说出作为金融体系一部分的两种市场的名称并描述之。说出两种金融中介机构的名称并描述之。

   【解答】
   金融体系的作用是帮助一个人的储蓄与另一个人的投资相匹配。作为金融体系一部分的两种市场分别是债券市场和股票市场。在债券市场上,大公司、联邦政府、州政府或地方政府进行借贷;在股票市场上,公司出售所有权股份。两种金融中介机构是银行和共同基金。银行吸收存款并发放贷款。共同基金向公众出售股份,并用所得款项购买金融资产组合。

2. 为什么那些拥有股票和债券的人要使自己持有的资产多样化？哪种金融机构进行多样化更容易？

   【解答】
   那些拥有股票和债券的人使自己持有的资产多样化是重要的,因为这样每种资产都只占较小份额,有利于降低风险。共同基金使小投资者能够购买成百上千种不同股票和债券的组合,从而使得这种多样化变得容易。

3. 什么是国民储蓄？什么是私人储蓄？什么是公共储蓄？这三个变量如何相关？

   【解答】
   国民储蓄是没有花费在消费或政府购买上的国民收入。私人储蓄是家庭支付了税收和消费之后的剩余收入。公共储蓄是政府支付其支出后剩下的税收收入。这三个变量的关系是国民储蓄等于私人储蓄加上公共储蓄。

4. 什么是投资？它与国民储蓄如何相关？

   【解答】
   投资是指设备或建筑物这类新资本的购买。在一个封闭经济中,投资等于国民储蓄。

5. 描述可以增加私人储蓄的一种税法变动。如果实施了这种政策,它会如何影响可贷资金市场呢？

   【解答】
   增加私人储蓄的一种税法变动是放宽某些特殊账户的要求,从而允许人们的某些储蓄免于被征税。这会增加可贷资金的供给、降低利率并增加投资。

6. 什么是政府预算赤字？它如何影响利率、投资以及经济增长？

【解答】

政府预算赤字是指政府支出超过税收收入。政府预算赤字会减少国民储蓄,提高利率,减少私人投资,从而减缓经济增长。

问题与应用

1. 在下列每一对选项中,你预期哪一种债券会支付高利率? 解释原因。
    a. 美国政府债券或东欧国家政府债券。
    b. 在 2020 年偿还本金的债券或在 2040 年偿还本金的债券。
    c. 可口可乐公司的债券或你在你家车库经营的一家软件公司的债券。
    d. 联邦政府发行的债券或纽约州政府发行的债券。

    【解答】
    a. 东欧国家政府债券比美国政府债券支付更高的利率,因为东欧国家政府债券通常具有更高的违约风险。
    b. 2040 年偿还本金的债券比 2020 年偿还本金的债券支付更高的利率,因为 2040 年偿还本金的债券有更长的到期日,从而本金面临的风险更大。
    c. 在你家车库经营的软件公司的债券比可口可乐公司的债券支付更高的利率,因为你家车库经营的软件公司有更高的信用风险。
    d. 联邦政府发行的债券比纽约州政府发行的债券支付更高的利率,因为购买纽约州政府所发行债券的投资者不必缴纳联邦收入税。

2. 许多工人持有他们所在的公司发行的大量股票。你认为公司为什么鼓励这种行为? 一个人为什么可能不想持有他所在公司的股票?

    【解答】
    公司鼓励自己的员工持有公司的股票是因为,这会激励员工关心公司的利润而不仅是自己的薪水。因此,如果员工发现浪费现象或那些能使公司改进的领域,他们将会采取行动使公司受益,因为他们知道这样会使得自己的股票升值。此外,这也会激励员工努力工作,因为他们明白如果公司表现良好,自己也会受益。

    但是从员工的角度看,持有自己所在公司的股票有风险。员工的工资或薪水已经与公司的经营好坏联系一起了。如果公司出问题,员工可能会被解雇或降薪。如果员工持有公司股票,那将会造成双重打击——员工失业或薪水下降,以及所持公司股票价值下降。因此,持有自己所在公司的股票是个非常有风险的提议。大多数员工通过持有其他公司的股票或债券多元化资产,以使自己的境况变好。因此,他们的财富就不会如此依赖他们所在的公司。

3. 根据宏观经济学家的定义,解释储蓄和投资之间的差别。下列哪一种情况代表投资? 哪一种代表储蓄? 解释原因。
    a. 你的家庭拿到抵押贷款并购买新房子。
    b. 你用 200 美元工资购买 AT&T 公司的股票。
    c. 你的室友赚了 100 美元并把它存入银行账户。
    d. 你从银行借了 1 000 美元并买了一辆用于送比萨饼的汽车。

    【解答】
    根据宏观经济学家的定义,当个人收入超过消费时,储蓄产生。而当个人或企业购买新资本(例如住房或企业设备)时,投资产生。

   a. 你的家庭拿到抵押贷款并购买新房子属于投资,因为这是新资本的购买。

   b. 你用 200 美元购买 AT&T 公司的股票属于储蓄,因为你 200 美元的收入没有花费在消费品上。

   c. 你的室友赚了 100 美元并把它存入银行账户属于储蓄,因为这笔钱没有花费在消费品上。

   d. 你从银行借了 1 000 美元买一辆用于送比萨饼的汽车属于投资,因为该汽车属于资本品。

4. 假设 GDP 是 8 万亿美元,税收是 1.5 万亿美元,私人储蓄是 0.5 万亿美元,而公共储蓄是 0.2 万亿美元。假设这个经济是封闭的,计算消费、政府购买、国民储蓄和投资。

   【解答】

   已知收入 $Y=8$,税收 $T=1.5$,$S_{私人}=0.5=Y-T-C$,$S_{公共}=0.2=T-G$。

   因为 $S_{私人}=Y-T-C$,通过变换得消费 $C=Y-T-S_{私人}=8-1.5-0.5=6$。

   因为 $S_{公共}=T-G$,通过变换得政府购买 $G=T-S_{公共}=1.5-0.2=1.3$。

   因为国民储蓄 $S=S_{私人}+S_{公共}=0.5+0.2=0.7$。

   最后投资 $I=S$,$I=0.7$。

5. 在一个封闭国家 Funlandia,经济学家收集到以下某一年的经济信息:

$$Y = 10\,000$$
$$C = 6\,000$$
$$T = 1\,500$$
$$G = 1\,700$$

   经济学家还估算出投资函数为:

$$I = 3\,300 - 100r$$

   其中,r 为该国的真实利率,用百分比表示。计算私人储蓄、公共储蓄、国民储蓄、投资和均衡的真实利率。

   【解答】

   私人储蓄 $=Y-T-C=10\,000-1\,500-6\,000=2\,500$。

   公共储蓄 $=T-G=1\,500-1\,700=-200$。

   国民储蓄 $=Y-C-G=10\,000-6\,000-1\,700=2\,300$。

   投资 = 储蓄(国民储蓄)$=2\,300$。

   均衡利率可通过设定投资等于 2 300,求解 r 得到。

   $3\,300-100r=2\,300$

   $100r=1\,000$

   $r=10$

6. 假设英特尔公司正考虑建造一个新的芯片工厂。

   a. 假设英特尔公司需要在债券市场上筹资,为什么利率上升会影响英特尔公司是否建造这个工厂的决策?

   b. 如果英特尔公司有足够的自有资金来为新工厂筹资而不用借钱,利率的上升还会影响英特尔公司是否建立这个工厂的决策吗?解释原因。

   【解答】

   a. 如果利率上升,筹资新建工厂的成本将会增加,从而使得新建工厂的收益可能不足以抵消成本。因此,更高的利率使得英特尔公司很有可能不建新厂。

b. 如果英特尔公司有足够的自有资金新建工厂,利率的上升仍旧会影响决策。这要考虑到使用资金的机会成本。比起投资新建工厂,英特尔公司可以使用这笔资金购买债券从而获得更高的收益。英特尔公司会比较新建工厂和购买债券两者的潜在收益。如果利率上升使得债券市场收益上升,英特尔公司很可能不会把资金用于新建工厂。

7. 三个学生各有储蓄1 000美元。每个人都有一个可最多投资2 000美元的投资机会。下面是各个学生投资项目的收益率:

Harry	5%
Ron	8%
Hermione	20%

   a. 如果借款和贷款都受到禁止,那么每个学生只能用自己的储蓄为其投资项目筹资,一年后当项目支付收益时,每个学生各有多少收益?
   b. 现在假设他们学校开了一个可贷资金市场,学生们之间可以以利率 r 借贷资金。决定学生选择成为借款者还是贷款者的因素是什么?
   c. 在利率为7%时,在这三个学生中,可贷资金供给量和需求量各是多少?在利率为10%时呢?
   d. 在什么样的均衡利率时,三个学生的可贷资金市场可以实现均衡?在这种利率时,哪个学生会把钱借出去?哪个学生会贷款?
   e. 在均衡利率水平下,一年后投资项目支付了收益并偿还了贷款后,每个学生各有多少钱?把你的答案与问题a的答案进行比较。谁从可贷资金市场的存在中获益——借款者还是贷款者?有没有人受损?

【解答】
   a. Harry将有1 000美元×(1+0.05)=1 050美元。Ron将有1 000美元×(1+0.08)=1 080美元。Hermione将有1 000美元×(1+0.20)=1 200美元。
   b. 每个学生将会把自己的投资项目期望收益率与市场利率(r)进行比较。如果投资项目期望收益率大于r,学生将会选择借款(即借入款项)。如果投资项目期望收益率小于r,学生将会选择贷款(即贷出款项)。
   c. 如果r=7%,Harry将会选择贷款,而Ron和Hermione将选择借款。此时,资金需求数量为2 000美元,而供给数量为1 000美元。
   如果r=10%,只有Hermione会选择借款。此时,资金需求数量为1 000美元,而供给数量为2 000美元。
   d. 借贷市场在利率为8%时达到均衡。Harry将会贷款而Hermione则会借款,Ron将只使用自己的储蓄投资项目,既不借款也不贷款。因此,需求数量=供给数量=1 000美元。
   e. Harry将会有1 000美元×(1+0.08)=1 080美元。Ron将会有1 000美元×(1+0.08)=1 080美元。Hermione将会有2 000美元×(1+0.20)-1 000美元×(1+0.08)=2 400美元-1 080美元=1 320美元。借款者和贷款者都获益,没有人受损。

8. 假设政府明年的借款比今年多200亿美元。
   a. 用供求图分析这种政策。利率会上升还是下降?
   b. 投资会发生什么变动?私人储蓄呢?公共储蓄呢?国民储蓄呢?将这些变动的大小与增加的200亿美元政府借款进行比较。

c. 可贷资金供给弹性如何影响这些变动的大小?
d. 可贷资金需求弹性如何影响这些变动的大小?
e. 假设家庭相信,政府现在借款越多意味着未来为了偿还政府债务而必须征收的税率越高。这种信念对现在的私人储蓄和可贷资金供给有什么影响?这种信念是加强还是减弱了你在问题 a 与 b 中所讨论的影响?

【解答】

a. 政府增加 200 亿美元借款的影响如图 1 所示。初始时,可贷资金供给曲线为 S_1,均衡实际利率为 i_1,可贷资金数量为 L_1。新增 200 亿美元政府借款减少了每个利率上可贷资金的供给,使得可贷资金供给曲线 S_1 向左移动,变成新供给曲线 S_2。这使得新的均衡实际利率为 i_2。政府借款的增加导致了利率的上升。

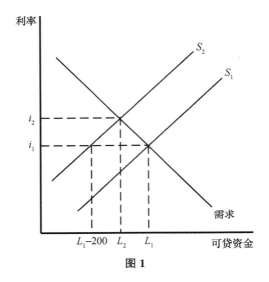

图 1

b. 因为利率的上升,投资和国民储蓄下降,私人储蓄上升。政府借款的增加减少了公共储蓄。由图 1 可知,总的可贷资金(包括投资和国民储蓄)减少了不到 200 亿美元,公共储蓄减少了 200 亿美元,私人储蓄上升了不到 200 亿美元。

c. 如图 2 所示,可贷资金供给曲线越富有弹性,供给曲线越平坦,因此利率上升越慢,国民储蓄下降越慢。

d. 如图 3 所示,可贷资金需求曲线越富有弹性,需求曲线越平坦,因此利率上升越慢,国民储蓄下降越快。

e. 如果家庭相信,政府现在借款越多意味着未来为了偿还政府债务而必须征收的税率越高,那么人们为了能在将来支付得起更高的税将会储蓄更多。因此,私人储蓄将会上升,从而可贷资金供给增加。这会抵消公共储蓄的减少,因此会减少投资和国民储蓄均衡数量的下降,减少利率上升量。

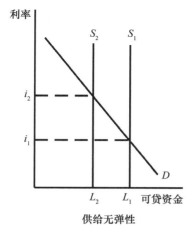
供给无弹性

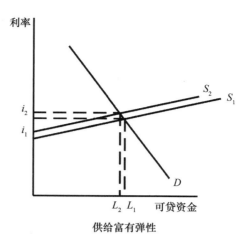
供给富有弹性

图2

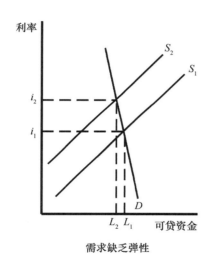
需求缺乏弹性

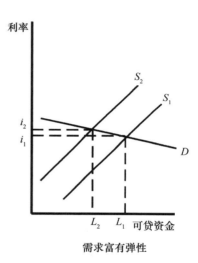
需求富有弹性

图3

9. 本章解释了投资既可能因对私人储蓄减税而增加,也可能因政府预算赤字减少而增加。
   a. 为什么同时实施这两种政策是困难的?
   b. 为了判断这两种政策中哪一种是增加投资更有效的方法,你需要了解关于私人储蓄的哪些信息?

【解答】

a. 投资可以通过对私人储蓄减税和减少政府预算赤字来增加。除非其他税收增加或政府支出减少,否则对私人储蓄减税会增加政府预算赤字。因此,同时实施这两种政策是有困难的。

b. 为了了解哪一种政策对增加投资更为有效,你需要了解:(1)考虑到税后实际利率,私人储蓄弹性的大小。因为这将决定如果对私人储蓄减税,将会增加多少私人储蓄。(2)私人储蓄对政府预算赤字变动的反应。因为政府预算赤字下降可能伴随着私人储蓄的等量下降,从而国民储蓄根本不会增加。(3)投资的利率弹性如何。因为如果投资相当缺乏弹性,那么任何政策都不会对投资产生很大影响。

第19章
金融学的基本工具

学习目标

在本章中,学生应理解
- 现值与终值之间的关系;
- 复利增长的影响;
- 风险厌恶者如何减少面临的风险;
- 资产价格如何决定。

框架和目的

　　第 19 章是有关长期中生产与增长的四章中的第三章。第 17 章中,我们讨论了生产和增长的主要决定因素是资本和劳动。在第 18 章中,我们论述了储蓄和资本品投资如何影响生产。在第 19 章中,我们将了解人们和企业在选择投资的资本项目时使用的一些工具。由于资本和劳动都是生产的主要决定因素,因此第 20 章将论述劳动市场。

　　第 19 章的目的是向学生介绍人们在参与金融市场时所使用的一些工具。我们将了解人们如何比较不同时点的不同货币量,如何管理风险,以及如何把这些概念结合起来以帮助确定诸如股票这类金融资产的价值。

内容提要

- 由于储蓄可以赚到利息,所以今天的货币量比未来相同的货币量更有价值。人们可以用现值的概念比较不同时点的货币量。任何一笔未来货币量的现值都是现行利率下产生这一未来货币量所需要的现在货币量。
- 由于边际效用递减,大多数人是风险厌恶者。风险厌恶者可以通过购买保险、使其持有的财产多元化,以及选择低风险和低收益的有价证券组合来降低风险。
- 一种资产的价值等于其所有者将得到的现金流的现值。对一股股票而言,这些现金流包括红利流量以及最终出售价格。根据有效市场假说,金融市场理性地处理可获得的信息,因此股票价格总是等于对企业价值的最好估算。但是,一些经济学家质疑有效市场假说,并认为非理性心理因素也影响资产价格。

教材习题解答

即问即答

1. 利率是7%,10年后得到的150美元的现值是多少?

   【解答】
   如果利率是7%,10年后的150美元的现值是150美元/$(1.07)^{10}$=76.25美元。

2. 描述风险厌恶者降低他所面临的风险的三种方法。

   【解答】
   风险厌恶者降低他所面临的风险的三种方法:(1)购买保险;(2)多元化投资组合;(3)选择收益率较低但更安全的替代品。

3. 《财富》杂志定期公布"最受尊重的公司"的排行榜。根据有效市场假说,如果把你的股票投资组合限于这些公司,你赚得的收益会比平均收益多吗?解释之。

   【解答】
   不会。根据有效市场假说,股票价格反映了关于股票价值的所有可获得信息。因此,在排行榜上的公司的股票表现并不会比证券交易所里其他的股票表现好。

快速单选

1. 如果利率是0,那么10年后支付的100美元的现值将____。
   a. 小于100美元　　b. 等于100美元　　c. 大于100美元　　d. 不明确
2. 如果利率是10%,那么今天的100美元2年后的价值将是____。
   a. 80美元　　b. 83美元　　c. 120美元　　d. 121美元
3. 如果利率是10%,那么将在2年后支付的100美元的现值是____。
   a. 80美元　　b. 83美元　　c. 120美元　　d. 121美元
4. 通过保险分散风险的能力受到____的限制。
   a. 风险厌恶与道德风险　　　　b. 风险厌恶与逆向选择
   c. 道德风险与逆向选择　　　　d. 仅仅是风险厌恶
5. 当构建资产组合时,多元化的好处是它可以消除____。
   a. 投机泡沫　　b. 风险厌恶　　c. 企业特有风险　　d. 市场风险
6. 根据有效市场假说:
   a. 不可能根据公共信息预测股票价格的变化。
   b. 过度多元化会减少投资者的预期资产组合收益。
   c. 股票市场因投资者本能冲动的变化而变动。
   d. 积极管理的共同基金应该获得比指数基金更多的收益。

【答案】　1. b　2. d　3. b　4. c　5. c　6. a

复习题

1. 利率为7%。用现值的概念比较10年后得到的200美元与20年后得到的300美元。

   【解答】
   如果利率是7%,那么10年后200美元的现值为200美元/$(1.07)^{10}$=101.67美元。如果利率是7%,那么20年后300美元的现值为300美元/$(1.07)^{20}$=77.53美元。在这两种选择之间比较,10年后得到200美元要好于20年后得到300美元。

2. 人们从保险市场中得到了什么利益?阻碍保险公司完美运作的两个问题是什么?

   【解答】
   购买保险降低了个人所面临的风险水平。阻碍保险公司完美运作的两个问题是逆向选择和道德风险。逆向选择是指一个高风险的人比低风险的人更可能购买保险。道德风险则是人们购买保险后会减少防范风险的动机。

3. 什么是多元化?股票持有者从持有1种股票到持有10种股票获得的多元化收益更大,还是从持有100种股票到持有120种股票获得的多元化收益更大?

   【解答】
   多元化是指通过用大量不相关的小风险代替单一风险来降低风险。股票持有者从持有1种股票到持有10种股票,获得的多元化收益更大。

4. 比较股票和政府债券,哪一种风险更大?哪一种能够带来更高的平均收益?

   【解答】
   股票的风险更大,因为股票的价值取决于公司的未来价值。因为股票风险更大,所以股票持有者比债券持有者要求更高的收益。风险和收益之间存在正相关性。

5. 股票分析师在确定一股股票的价值时应该考虑哪些因素?

   【解答】
   股票分析师在确定股票的价值时将会考虑公司的未来盈利状况。

6. 描述有效市场假说,并给出一个与这种理论一致的证据。

   【解答】
   有效市场假说认为股票价格反映了所有可获得的信息,这意味着我们不可能使用当前的信息来预测股票价格的未来变动。支持这一理论的一个证据是,许多指数基金的表现胜过由专业投资组合经理积极管理的共同基金。

7. 解释那些质疑有效市场假说的经济学家的观点。

   【解答】
   那些质疑有效市场假说的经济学家认为,股票价格波动部分是心理原因造成的。事实上,如果人们认为有人愿意在将来以更高的价格购买股票,那么他们就愿意购买高估的股票。这意味着股票价格并不是对公司的理性估值。

问题与应用

1. 根据一个古老的传说,大约400年前,美国土著人以24美元出卖了曼哈顿岛。如果他们按每年7%的利率把这笔钱进行投资,他们今天有多少钱?

   【解答】
   24美元以7%的利率投资400年的终值是$(1.07)^{400}×24$美元=13.6万亿美元。

2. 一家公司有一个今天花费1000万美元、4年后收益1500万美元的投资项目。

   a. 如果利率是11%,该公司应该实施这个项目吗?利率是10%、9%或8%时,情况又如何?
   b. 你能指出盈利与不盈利之间准确的利率分界线吗?

   【解答】
   a. 11%的利率下,4年后1500万美元的现值是1500万美元/$(1.11)^4$=988万美元。因为投资项目的现值低于成本,所以不应当实施这个项目。

10%的利率下,4年后1500万美元的现值是1500万美元/(1.10)^4=1025万美元。因为投资项目的现值高于成本,所以应当实施这个项目。

9%的利率下,4年后1500万美元的现值是1500万美元/(1.09)^4=1063万美元。因为投资项目的现值高于成本,所以应当实施这个项目。

8%的利率下,4年后1500万美元的现值是1500万美元/(1.08)^4=1103万美元。因为投资项目的现值高于成本,所以应当实施这个项目。

b. 盈利与不盈利之间准确的利率分界线是使4年后1500万美元的现值等于投资项目成本(1000万美元)的利率。

$1\,000 = 1\,500/(1+x)^4$

$1\,000(1+x)^4 = 1\,500$

$(1+x)^4 = 1.5$

$1+x = (1.50)^{0.25}$

$1+x = 1.10668$

$x = 0.10668$

因此,盈利与不盈利之间准确的利率分界线是10.668%。

3. 债券A在20年后支付8000美元。债券B在40年后支付8000美元。(为了使问题简化,假设这两种债券是零息债券,这意味着8000美元是债券持有者得到的唯一收益。)

a. 如果利率是3.5%,每种债券今天的价值是多少?哪一种债券更值钱?为什么?(提示:你可以使用计算器,但运用70规则将使计算容易些。)

b. 如果利率上升到7%,每种债券的价值是多少?哪一种债券价值变动的百分比更大?

c. 根据上面的例子,完成以下句子中的两个空格:当利率上升时,一种债券的价值____(上升/下降),期限更长的债券对利率变动____(更敏感/更不敏感)。

【解答】

a. 运用70规则,当利率为3.5%时,债券的价值将在约20年(70/3.5)后翻一番。因此,20年后支付的债券A的现值约为4000美元,因为它的价值将在20年后翻一番。40年后支付的债券B的现值约为2000美元,因为它的价值将在40年后翻两番。(更具体地说,债券B的现值是2000美元,它的现值20年后翻一番,是4000美元,再过20年后翻一番,是8000美元。)

b. 运用70规则,当利率为7%时,债券的价值将在约10年(70/7)后翻一番。因此,20年后支付的债券A的现值约为2000美元,因为债券A的价值将在20年后翻两番。40年后支付的债券B的现值约为500美元,因为它的价值将在40年后翻四番。

债券A的价值变动百分比:(2000-4000)/4000×100% = -50%

债券B的价值变动百分比:(500-2000)/2000×100% = -75%

债券B的价值变动百分比更大。

c. 当利率上升时,一种债券的价值下降,期限更长的债券对利率变动更敏感。

4. 你的银行账户支付8%的利率。你正考虑花110美元购买XYZ公司的股份。在1年、2年和3年之后,该公司会付给你5美元的红利。你预期在3年后以120美元卖掉股票。购买XYZ公司的股票是一种好的投资吗?用计算支持你的答案。

【解答】

股票的价值等于股息现值和最终出售价格:5美元/1.08+5美元/1.08^2+(5美元+120美元)/1.08^3=4.63美元+4.29美元+99.23美元=108.15美元。由于108.15美元低于股票购买的初始价格110美元,因此购买XYZ公司的股票不是一种好的投资。

5. 对以下每一类保险,举出一个可以称为道德风险的行为的例子和另一个可以称为逆向选择的行为的例子。

   a. 医疗保险
   b. 汽车保险
   c. 人寿保险

   【解答】

   a. 病人比健康者更有可能申请医疗保险,这就是逆向选择。当一个人有医疗保险时,他很可能不太关注自身健康,这就是道德风险。
   b. 一个爱冒险的司机比一个注重安全的司机更有可能申请汽车保险,这就是逆向选择。一旦司机有了汽车保险,他开车可能更加莽撞,这就是道德风险。
   c. 老年人或病人比年轻人或健康者更有可能申请人寿保险,这就是逆向选择。一旦一个人有了人寿保险,他可能从事危险的活动,或者可能不会好好照顾自己,这就是道德风险。

6. 你预期哪一种股票会带来较高的平均收益:对经济状况极为敏感的行业(例如汽车制造业)的股票,还是对经济状况相对不敏感的行业(例如自来水公司)的股票?为什么?

   【解答】

   对经济状况更为敏感的行业的股票具有更高的风险。因此,我们期望这种股票支付更高的收益。为了让股东愿意承担风险,这类股票的收益要高于风险小的股票。

7. 一个公司面临两种风险:企业特有风险是指竞争者可能会进入其市场并夺走它的一些客户;市场风险是指经济可能会进入衰退期,使公司的销售收入减少。这两种风险中哪一种更可能使公司股东要求高收益?为什么?

   【解答】

   企业特有风险更有可能使股东要求更高的收益,因为企业特有风险是只影响特有股票的风险,而市场风险是经济中的每一只股票都会面临的风险。

8. 当公司高层管理人员根据凭借其地位得到的私人信息买卖股票时,他们就是在进行内幕交易。

   a. 举出一个对买卖股票有用的内部信息的例子。
   b. 那些根据内部信息交易股票的人通常可获得极高的收益率。这个事实违背了有效市场假说吗?
   c. 内幕交易是非法的。你认为它为什么非法?

   【解答】

   a. 这类例子有很多,如有关正在研发的新产品的信息、能影响企业盈利能力的政府未来法规的信息。
   b. 那些根据内部信息交易股票的人获得极高的收益率并不违背有效市场假说。有效市场假说认为股票价格反映了企业未来盈利能力的所有可获得信息。内部信息是并未向公众发布的信息,因此并没有反映在股票价格中。
   c. 内幕交易是非法的,因为这使得某些买者或卖者在股票市场中具有一种不公平的优势。

9. Jamal 的效用函数是 $U=W^{1/2}$，其中，W 表示他的财富，以百万美元计，而 U 表示他得到的效用。在一项游戏节目的最后阶段，庄家向 Jamal 提供了两种选择：A. 确保获得 400 万美元；B. 进行一个赌博：有 0.6 的概率获得 100 万美元，有 0.4 的概率获得 900 万美元。

   a. 画出 Jamal 的效用函数图。他是风险厌恶者吗？解释原因。

   b. 是 A 还是 B 给 Jamal 带来了更高的预期奖金？用近似的计算解释你的推理。（提示：一个随机变量的预期值是所有可能结果的加权平均数，这里的概率就是加权数。）

   c. 是 A 还是 B 给 Jamal 带来了更高的预期效用？同样，请列出计算过程。

   d. Jamal 应该选 A 还是 B？为什么？

【解答】

   a. Jamal 是风险厌恶者。每增加 1 美元财富的边际效用是递减的。Jamal 的效用函数如图 1 所示。

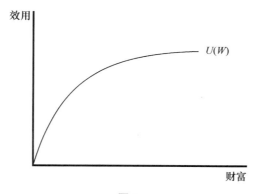

图 1

   b. A 的预期奖金 = 400 万美元。

   B 的预期奖金 = 0.6×100 万美元+0.4×900 万美元 = 420 万美元。

   c. A 的预期效用 = $U(W=400$ 万美元$) = 2\,000$ 美元。

   B 的预期效用 = $0.6×U(W=100$ 万美元$)+0.4×U(W=900$ 万美元$) = 0.6×1\,000+0.4×3\,000 = 600+1\,200 = 1\,800$ 美元。

   d. A 的预期效用更高，因此，Jamal 应该选 A。

第20章
失业

学习目标

在本章中,学生应理解
- 用来衡量失业量的数据;
- 最低工资法如何引起失业;
- 企业和工会之间的谈判如何引起失业;
- 当企业选择支付效率工资时如何引起失业。

框架和目的

第20章是有关长期中生产与增长的四章中的最后一章。在第17章中,我们知道了生产和增长的主要决定因素是资本和劳动。在第18章中,我们论述了储蓄和资本品投资如何影响生产。在第19章中,我们知道了人们和企业在选择投资的资本项目时使用的一些工具。在第20章中,我们要说明劳动资源的充分利用如何提高生产水平和我们的生活水平。

第20章的目的是向学生介绍劳动市场。我们将看到经济学家如何使用失业统计数字衡量劳动市场的状况。我们还将论述失业的许多根源,以及政府可以用来减少某些类型的失业的政策。

内容提要

- 失业率是那些想要工作但又没有工作的人所占的百分比。美国劳工统计局每月根据对成千上万户家庭的调查计算这个统计数字。
- 失业率是对失去工作者的一个不完善的衡量指标。一些自称失业的人实际上可能并不想工作;而一些想工作的人在工作失败后离开了劳动力队伍,从而不被计算为失业者。
- 在美国经济中,大多数失业者在短期内找到了工作。然而,在任何一个既定时间段内所观察到的大多数失业归因于少数长期失业者。
- 失业的一个原因是工人寻找最适合他们爱好与技能的工作需要时间。由于失业保险、政府政策旨在保护工人收入,因此摩擦性失业增加。
- 经济中总是存在某种失业的第二个原因是最低工资法。最低工资法通过把不熟练与无经验的工人的工资提高到均衡水平以上而增加了劳动供给量,并减少了劳动需求量。它所引起的过剩劳动供给代表失业。

- 失业的第三个原因是工会的市场势力。当工会推动有工会组织行业的工资提到均衡水平之上时,工会就创造出了过剩的劳动供给。
- 效率工资理论提出了失业的第四个原因。根据这种理论,企业发现支付高于均衡水平的工资是有利的。高工资可以改善工人的健康状况,降低工人流动率,提高工人努力程度,以及提高工人素质。

教材习题解答

即问即答

1. - 如何衡量失业率?
   - 失业率如何可能高估了失去工作的人的数量?如何可能低估了失去工作的人的数量?

   【解答】
   美国的失业率是通过对大约6万个家庭的调查来计算的。首先,美国劳工统计局(BLS)把受调查家庭中的每个个体分别划入三个类别:就业者、失业者、非劳动力。其次,BLS以就业者和失业者之和作为劳动力。最后,失业率定义为失业者占劳动力的百分比。

   失业率可能高估失业人数是因为一些报告正在失业的人实际上并没有努力去找工作。而失业率可能低估失业人数则是因为那些丧失信心的工人并没有被算在劳动力中,即使他们是没有工作的工人。

2. 世界石油价格的上涨会如何影响摩擦性失业的数量?这种失业是人们所不希望的吗?哪一种公共政策可能会影响这种价格变动所引起的失业量?

   【解答】
   世界石油价格的上涨会增加摩擦性失业的数量。因为虽然石油生产企业会增加生产和就业,但是其他企业,诸如汽车行业的相关企业则会减少生产和就业。从汽车行业到石油行业的部门转移在工人还没有完全转移到石油企业前的这段时间内会产生更多的摩擦性失业人数。虽然人们不希望失业人数增加,但是这类摩擦性失业是资源在不同部门之间重新分配所自然产生的结果。影响石油价格变动引起的失业的公共政策包括帮助汽车工人进入石油行业的政府管理的就业机构、帮助工人适应新行业的工作培训计划、使得工人免于经历行业转换时的经济困难的失业保险。

3. 画出工资高于均衡水平时劳动市场的供给曲线和需求曲线,并说明劳动供给量、劳动需求量和失业量。

   【解答】
   劳动供给曲线(S)和劳动需求曲线(D)如图1所示。工资(W)高于均衡水平工资(W_E),其结果是失业,失业人数等于劳动供给量(L_S)超出劳动需求量(L_D)的部分。

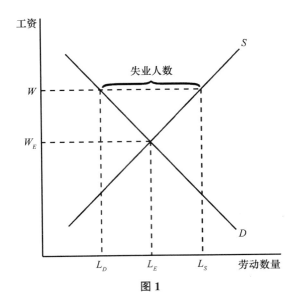

图 1

4. 在汽车行业中,工会如何影响通用汽车公司和福特汽车公司的工资和就业?工会如何影响其他行业的工资和就业?

   【解答】
   汽车行业的工会通过罢工威胁提高了通用汽车公司和福特汽车公司雇用的工人的工资。为了避免罢工所造成的成本,企业通常会支付比无工会时更高的工资给工人,然而高工资会减少通用汽车公司和福特汽车公司的雇用人数。失业的汽车工人去其他行业找工作,这会降低无工会行业的工资并增加无工会行业的就业人数。

5. 给出四种解释,说明为什么企业会发现支付高于使劳动供给量与劳动需求量均衡水平的工资是有利的。

   【解答】
   出于以下四方面的原因,企业会发现支付高于劳动供给量与劳动需求量均衡水平的工资是有利的:(1) 确保工人健康,健康的工人生产率更高;(2) 降低工人流动率,因为雇用新工人需要花费成本;(3) 使工人更渴望保持工作,避免工人罢工;(4) 吸引高素质的工人。

快速单选

1. Ectenia 镇有人口 100 人:40 个人全职工作,20 个人兼职工作但想全职工作,10 个人正在找工作,10 个人想工作但因丧失信心而放弃了找工作,10 个人由于全日制学习对工作不感兴趣,还有 10 个人已退休,则 Ectenia 镇的失业人数是多少?
   a. 10 人   b. 20 人   c. 30 人   d. 40 人

2. 在上一题中,Ectenia 镇的劳动力有多少?
   a. 50 人   b. 60 人   c. 70 人   d. 80 人

3. 失业保险制度的主要目的是要减少____。
   a. 失业者寻找工作的努力   b. 工人面临的收入不确定性

c. 工会在工资决定中的作用　　　　　　d. 摩擦性失业的数量

4. 在一个竞争的劳动市场上,当政府提高最低工资时,结果是____了劳动供给量,并____了劳动需求量。
   a. 增加,增加　　　b. 增加,减少　　　c. 减少,增加　　　d. 减少,减少
5. 在美国,参加工会的工人的工资高于没有参加工会的同类工人____%。
   a. 2　　　b. 5　　　c. 15　　　d. 40
6. 根据效率工资理论,以下哪种表述是正确的?
   a. 企业发现支付高于均衡水平的工资是有利的。
   b. 劳动供给过剩会压低工资。
   c. 部门间流动是摩擦性失业的主要来源。
   d. 工作权利法降低了工会的谈判力量。

【答案】　1. a　2. c　3. b　4. b　5. c　6. a

复习题

1. 美国劳工统计局把每个人划入哪三个类别?它如何计算劳动力、失业率以及劳动力参工率?

   【解答】
   美国劳工统计局把每个成年人(16周岁以上)划入三个类别:就业者、失业者、非劳动力。劳动力包括就业者和失业者。失业率是失业者占劳动力的百分比。劳动力参工率是劳动力占总成年人口的百分比。

2. 失业在正常情况下是短期的还是长期的?解释之。

   【解答】
   失业通常是短期的。大多数成为失业者的人在短期内都能快速找到工作。但是,在任何一个既定时间内所观察到的大多数失业可归因于少数长期失业者。

3. 为什么摩擦性失业是不可避免的?政府如何降低摩擦性失业的数量?

   【解答】
   摩擦性失业是不可避免的,因为经济总是处于变动之中。一些企业在收缩而另一些企业在扩张。一些地区比起其他地区发展更快。在企业和地区之间换工作的工人会伴随短期失业。
   政府可以通过公共政策减少摩擦性失业人数,如:发布职位空缺信息加快工人和岗位的匹配速度;开展公共培训项目使处于衰落行业的工人易于转移到增长行业中;帮助弱势群体脱贫。

4. 最低工资法能更好地解释青少年的结构性失业还是大学毕业生的结构性失业?为什么?

   【解答】
   最低工资法能更好地解释青少年的结构性失业而不是大学毕业生的结构性失业。青少年比起大学毕业生更缺少工作技能,因此他们的工资较低,会受最低工资法影响。大学毕业生的工资通常高于最低工资。

5. 工会如何影响自然失业率?

   【解答】
   工会通过影响内部人和外部人来影响自然失业率。工会把工资提高到均衡水平之上,使得劳动需求量下降而劳动供给量上升,从而造成失业。继续工作的内部人获取高工资。

失业的外部人有两种选择:或去没有工会组织的行业工作,或保持失业状态并在有工会组织的行业等待空缺岗位。因此,有工会组织时的自然失业率高于无工会组织时的自然失业率。

6. 工会的支持者提出了哪些观点来证明工会对经济有利?

   【解答】
   工会支持者宣称工会有利于经济。因为工会可以与雇用工人的企业的市场势力相抗衡,同时在帮助企业有效地对关系工人利益的问题做出反应方面也起到重要作用。

7. 解释企业通过提高它所支付的工资增加利润的四种方式。

   【解答】
   企业通过提高它所支付的工资增加利润的四种方式:(1) 高工资工人更健康,生产率更高;(2) 降低工人流动率;(3) 企业能吸引更高素质的工人;(4) 工人努力程度提高。

问题与应用

1. 2009 年,在经济衰退的谷底时,美国劳工统计局宣布,在所有美国成年人中,就业者为 1.401 96 亿人,失业者为 0.147 29 亿人,非劳动力为 0.807 29 亿人。用这些信息计算:
   a. 成年人口数   b. 劳动力人数
   c. 劳动力参工率   d. 失业率

   【解答】
   a. 成年人口数 = 就业人数+失业人数+非劳动力人数 = 140 196 000+14 729 000+80 729 000 = 235 654 000。
   b. 劳动力人数 = 就业人数+失业人数 = 140 196 000+14 729 000 = 154 925 000。
   c. 劳动力参工率 = 劳动力人数/成年人口数×100% = 154 925 000/235 654 000×100% ≈ 65.7%。
   d. 失业率 = 失业人数/劳动力人数×100% = 14 729 000/154 925 000×100% ≈ 9.5%。

2. 解释以下事件是增加了还是降低了失业率和劳动力参工率,抑或是对这两个数字没有影响。
   a. 在长期寻找以后,Jon 找到了工作。
   b. Tyrion 是一个全日制大学应届毕业生,毕业后马上就就业了。
   c. 在不成功的寻找工作之后,Arya 放弃找工作并退休了。
   d. Daenerys 放弃了她的工作,并成了一名家庭主妇。
   e. Sansa 过了生日成为一个成年人,但没有兴趣工作。
   f. Jaime 过了生日成为一个成年人,并开始找工作。
   g. Cersei 在享受退休时光时去世了。
   h. Jorah 在办公室长时间工作时去世了。

   【解答】
   a. 当 Jon 经过长时间的寻找后找到工作时,失业率下降,并且对劳动力参工率没有影响,因为 Jon 曾经并将继续成为劳动力和成年人口的一部分。
   b. 当 Tyrion 毕业并立即就业时,劳动力增加,失业率下降,劳动力参工率上升,因为 Tyrion 是成年人口的一部分,现在是劳动力的一部分。
   c. 当 Arya 放弃找工作时,失业率下降,因为 Arya 不再被认为是失业者,离开了劳动市场,劳动力参工率下降。
- d. 当 Daenerys 辞去工作做家庭主妇时,劳动力减少,失业率上升,劳动力参工率下降,因为 Daenerys 仍然是成年人口的一部分,但不再是劳动力的一部分。
- e. 当 Sansa 成年但不找工作时,对失业率没有影响,劳动力参工率下降,因为 Sansa 现在是成年人口的一部分,但不是劳动力的一部分。
- f. 当 Jaime 成年并开始找工作时,失业率上升,劳动力参工率上升,因为劳动力和成年人口都增加了 1。
- g. 当 Cersei 在退休期间去世时,对失业率没有影响。由于成年人口减少,劳动力参工率上升。
- h. 当 Jorah 在办公室长时间工作而去世时,劳动力减少,失业率上升,劳动力参工率下降,因为劳动力和成年人口都减少了 1。

3. 登录美国劳工统计局的网站(http://www.bls.gov)。现在美国全国的失业率是多少?找出最适于描述你的人口群体(例如,根据年龄、性别和种族划分)的失业率。这一失业率是高于还是低于全国平均水平?你认为为什么会这样?

【解答】
略。

4. 2010 年 1 月至 2016 年 1 月,美国总就业人数增加了 1 210 万,但失业人数仅减少了 730 万。这些数字相互一致吗?为什么有人认为失业人数的减少应该小于就业人数的增加?

【解答】
总就业人数增加 1 210 万而失业人数仅减少 730 万,这与劳动力人数增加 480 万相一致。随着人口增长和劳动力参工率的提升,劳动力人数持续增长,从而使得就业增加人数超过失业减少人数。

5. 经济学家用关于劳动市场的数字来评价经济如何利用其最有价值的资源——人。两个被密切关注的统计数字是失业率和就业-人口比率。解释下面每种情形下会出现什么状况。按你的看法,哪一个统计数字是经济运行良好的更有意义的指标?
- a. 一家汽车公司破产,并解雇了它的工人,这些人立即开始找新工作。
- b. 一些被解雇的工人在找工作失败之后放弃了找新工作。
- c. 许多大学毕业生找不到工作。
- d. 许多大学毕业生立即开始了新工作。
- e. 股市繁荣使 60 岁的工人成为新富,并提前退休。
- f. 医疗进步延长了许多退休者的生命。

【解答】
- a. 如果汽车公司破产,其失业工人立即开始找工作,则失业率会上升,就业-人口比率则会下降。
- b. 如果一些失业工人放弃找工作,则失业率会下降,就业-人口比率保持不变。
- c. 如果许多大学毕业生找不到工作,则失业率会上升,就业-人口比率保持不变。
- d. 如果许多大学毕业生立即开始新工作,则失业率会下降,就业-人口比率会上升。
- e. 股市繁荣使 60 岁的工人提前退休,则失业率会上升,就业-人口比率会下降。
- f. 医疗进步延长了许多退休者的生命,失业率不受影响,就业-人口比率会下降。

6. 以下工人更可能经历短期失业还是长期失业?解释原因。

a. 由于坏天气被解雇的建筑工人。
b. 在一个偏僻地区的工厂失去工作的制造业工人。
c. 因来自铁路的竞争而被解雇的驿站马车业工人。
d. 当一家新餐馆在马路对面开业时,失去工作的快餐厨师。
e. 当公司安装了自动焊接机时,失去工作的受正规教育很少的专业焊接工。

【解答】
a. 由于坏天气而被解雇的建筑工人很可能经历短期失业,因为一旦天气变好,建筑工人将会回去工作。
b. 在一个偏僻地区的工厂失去工作的制造业工人很可能经历长期失业,因为在这个地区很可能没有其他就业机会。他需要搬到其他地方寻找合适的工作,这意味着他将会失业一段时间。
c. 由于铁路发展而被解雇的驿站马车业工人很可能要经历长期失业。由于所在行业的不断萎缩,该工人寻找另外的工作会面临很多困难。他很可能需要获得额外培训或技能以便在其他行业找到工作。
d. 当一家新餐馆开业时,失去工作的快餐厨师很可能快速找到工作,甚至可能就在新餐馆找到工作。因此,失业的快餐厨师很可能仅经历非常短暂的失业。
e. 当公司安装了自动焊接机时,失去工作的受正规教育很少的专业焊接工很可能要经历长期失业,因为他缺乏使用最新设备的技能。为了能继续在焊接行业就业,他可能需要回学校学习最新的技术。

7. 用图示说明,在劳动市场上,最低工资提高对工人所得到的工资、工人供给量、工人需求量和失业量的影响。

【解答】
有最低工资的劳动市场如图2所示。在初始最低工资 $W_{M,1}$ 时,劳动供给数量 $L_{S,1}$ 大于劳动需求数量 $L_{D,1}$,失业人数等于 $L_{S,1}-L_{D,1}$。最低工资提高到 $W_{M,2}$ 导致劳动供给增长到 $L_{S,2}$,而劳动需求下降到 $L_{D,2}$,失业人数等于 $L_{S,2}-L_{D,2}$。结果,随着最低工资提高,失业人数增加了。

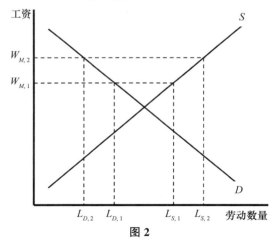

图 2

8. 考虑一个有两个劳动市场——一个是制造业劳动市场,另一个是服务业劳动市场——的经济。假设这两个市场最初都没有工会。

a. 如果制造业工人成立了工会。你预期这会对制造业的工资和就业产生什么影响？

b. 制造业劳动市场的这些变化会对服务业劳动市场的供给产生什么影响？这个劳动市场上的均衡工资与就业会有什么变动？

【解答】

a. 制造业劳动市场成立工会的影响如图3所示。在制造业劳动市场(左图)，工资从无工会时的 W_{NU} 上升到有工会时的 W_U，劳动需求数量从无工会时的 L_{NU} 下降到有工会时的 L_{UD}。由于工资提高，劳动供给数量增加到有工会时的 L_{US}，因此在有工会的制造业，失业人数为 $L_{US} - L_{UD}$。

b. 如右图所示，当制造业失业工人在服务业劳动市场寻找工作时，服务业劳动供给曲线从 S_1 右移到 S_2。这导致无工会组织的服务业工资从 W_1 下降到 W_2，就业人数从 L_1 上升到 L_2。

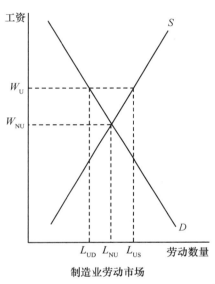 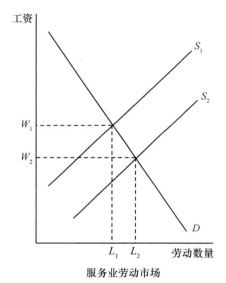

图 3

9. 结构性失业有时被认为是雇主要求的工作技能与工人的工作技能不匹配的结果。为了解释这种想法，考虑一个有两个部门——汽车制造业和飞机制造业——的经济。

a. 如果这两个行业的工人获得了数量相近的培训，而且他们在开始职业生涯时可以选择参加哪一个行业的培训，你认为这两个行业的工资会如何？这个过程将持续多久？解释之。

b. 假设有一天该国开放国际贸易，由此开始进口汽车并出口飞机。这两个行业的劳动需求会发生什么变化？

c. 假设一个行业的工人不能迅速地转移到另一个行业去。这种需求变动会如何影响短期和长期的均衡工资？

d. 如果出于某些原因，工资不能调整到新的均衡水平，会出现什么情况？

【解答】

a. 两个行业的工资一样。如果不一样，新工人将会选择工资更高的行业，从而使得该行业工资下降，这一过程将持续至两个行业的工资相等。

b. 如果该国开始进口汽车,则对国内汽车行业工人的需求量会下降。如果该国开始出口飞机,则对该国飞机行业工人的需求量会上升。

c. 在短期内,汽车行业工人的工资会下降,飞机行业工人的工资会上升。一段时间内,飞机行业将不断有新工人增加从而导致工资下降,直到两个行业工资相等为止。

d. 如果工资不能调整到新的均衡水平,飞机行业将会存在工人短缺,汽车行业将会存在工人过剩(失业)。

10. 假设国会通过了要求雇主为雇员提供某种福利(例如医疗)的法律,该法律使雇用一名雇员的成本每小时增加了4美元。

   a. 这种对雇主的规定对劳动需求有什么影响?(在回答这一问题和以下问题时,最好用定量分析。)

   b. 如果雇员认为这种福利的价值正好等于其成本,那么这种对雇主的规定对劳动供给有什么影响?

   c. 如果工资能够自由地使供求平衡,那么这一法律对工资和就业水平有什么影响?雇主的状况是变好了还是变坏了?雇员的状况是变好了还是变坏了?

   d. 假定在通过这项规定之前,市场上的工资高于最低工资3美元。在这种情况下,对雇主的这一规定如何影响工资、就业水平和失业水平?

   e. 现在假设工人根本不认为所规定的福利有价值。这种不同的假设是否会改变你对问题b和c的回答?

【解答】

   a. 如果在该法律规定出台前,企业没有提供此种福利,这会导致劳动需求曲线在每一单位数量上向左移动4美元。因为需要承担该福利的成本,企业将不愿意支付像之前一样高的工资。

   b. 如果雇员认为这种福利的价值正好等于每小时4美元,那么他们将愿意为减少了4美元的工资而工作同样的量,因此劳动供给曲线将会向右移动4美元。

   c. 劳动市场均衡如图4所示。由于需求曲线和供给曲线都移动了4美元,因此劳动的均衡数量没有变,但是均衡工资下降了4美元。雇员和雇主的状况跟原来一样。

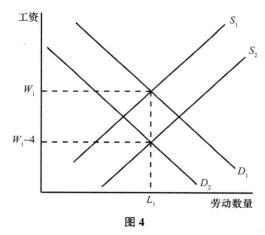

图4

   d. 如图5所示,如果最低工资使得工资不能降到新的均衡水平,这会导致失业人数的上升。在初始时,均衡点的劳动数量为 L_1,均衡点工资为 W_1,比最低工资 W_m 高出 3 美元。该法律规定通过后,需求降到 D_2,供给上升为 S_2。最低工资要求使得劳动需求数量 L_{D2} 比劳动供给数量 L_{S2} 小,因此失业量等于 $L_{S2}-L_{D2}$。

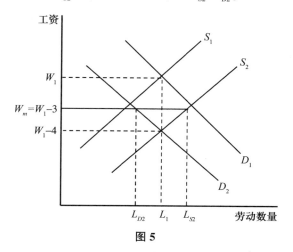

图 5

e. 如果工人根本不认为所规定的津贴有价值,那么劳动供给曲线将不会变动。如图 6 所示,工资下降将少于 4 美元,均衡点的劳动数量也会下降。雇主的境况会变坏,因为他们现在支付更高的总工资(包括津贴)却招到更少的工人。雇员的境况也会变坏,因为他们得到更低的工资且就业岗位减少了。

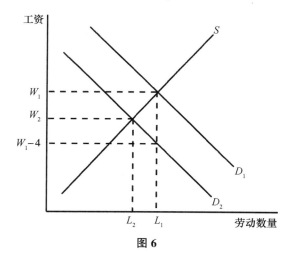

图 6

第 21 章
货币制度

学习目标

在本章中,学生应理解
- 什么是货币以及货币在经济中的各种职能;
- 什么是联邦储备体系;
- 银行体系如何有助于决定货币供给;
- 联邦储备体系是用什么工具来改变货币供给的。

框架和目的

第 21 章是论述长期中货币与物价的两章中的第一章。第 21 章解释了什么是货币,并说明了联邦储备体系(美联储)如何控制货币量。由于长期中货币量影响通货膨胀率,因此下一章将集中论述通货膨胀的原因和影响。

第 21 章的目的是帮助学生理解什么是货币、货币的形式、银行体系如何有助于创造货币,以及美联储如何控制货币量。对货币的了解之所以重要,是因为货币量在长期中影响通货膨胀和利率,在短期中影响生产和就业。

内容提要

- 货币是指人们经常用来购买物品与服务的资产。
- 货币有三种职能:作为交换媒介,提供用于进行交易的东西;作为计价单位,提供记录价格和其他经济价值的方式;作为价值储藏手段,提供把购买力从现在转移到未来的方式。
- 像黄金这样的商品货币是有其内在价值的货币:即使它不作为货币也有其价值。像纸币这样的法定货币是没有内在价值的货币:如果它不作为货币就没有价值。
- 在美国经济中,货币以通货和其他各类银行存款(例如支票账户)的形式存在。
- 美联储,即美国的中央银行,负责管理美国的货币体系。美联储主席每隔四年由总统任命并由国会确认,他是联邦公开市场委员会的主席。联邦公开市场委员会约每六周开一次会,考虑货币政策的变动。
- 银行储户通过把他们的钱存入银行账户向银行提供资源。这些存款是银行负债的一部分。银行所有者也为银行提供资源(称为银行资本)。由于杠杆作用(为投资而借入资金),银行资产价值较小的变动就会引起银行资本价值较大的变动。为了保护储户,银行监管者要求银行持有一定的最低资本量。
- 美联储主要通过公开市场操作来控制货币供给:购买政府债券以增加货币供给,出售政府债券以减少货币供给。美联储还可以用其他工具来控制货币供给。美联储可以通过降低贴现率，增加对银行的贷款，降低法定准备金，或者降低为准备金支付的利率，来扩大货币供给；也可以通过提高贴现率，减少对银行的贷款，提高法定准备金，或者提高为准备金支付的利率，来减少货币供给。

- 当个人在银行有存款货币，并且银行把一些存款贷出去时，经济中的货币量就增加了。由于银行体系能够以这种方式影响货币供给，所以美联储对货币供给的控制是不完全的。
- 美联储近年来确定了以联邦基金利率作为目标的货币政策，联邦基金利率是银行向另一家银行贷款的短期利率。当美联储实现这个目标时，它也调整了货币供给。

教材习题解答

即问即答

1. 列出并说明货币的三种职能。

   【解答】

   货币的三种职能是：(1) 交换媒介；(2) 计价单位；(3) 价值储藏手段。货币是一种交换媒介，因为货币是人们用来购买物品和服务的东西。货币是一种计价单位，因为货币是人们用来表示价格和记录负债的标准。货币可以储藏价值，因为人们通过它将购买力从现在转移到将来。

2. 美联储的主要职责是什么？如果美联储想增加货币供给，它通常怎么做？

   【解答】

   美联储的主要职责是对银行进行监管，确保银行系统健康，控制货币数量来使得其在经济中得到有效利用。如果美联储想增加货币供给，它通常会创造美元，并使用美元在国债市场上公开购买政府债券。

3. 描述银行如何创造货币。

   【解答】

   当银行储存一部分存款，贷出剩余存款时，银行便创造了货币。

4. 如果美联储想用所有政策工具来减少货币供给，它将怎么做？

   【解答】

   如果美联储想用所有政策工具来减少货币供给，它应该：(1) 从它的资产配置中通过公开市场出售它的政府债券来减少流通中的美元数量；(2) 提高法定准备金来减少银行的货币创造量；(3) 提高为存款准备金支付的利率，来增加银行选择持有的准备金；(4) 提高贴现率，不鼓励银行从美联储借钱。

快速单选

1. 货币不包括下列哪一项？
   a. 金属铸币
   b. 纸币通货
   c. 用信用卡可以获得的信贷金额
   d. 用借记卡可以得到的银行账户余额

2. Chloe 从他的钱包中拿出 100 美元并存入他的支票账户。如果银行把增加的 100 美元全作为准备金，货币供给_____，但如果银行把 100 美元中的一部分借出去，则货币供给_____。

  a. 增加,增加更多　　b. 增加,增加不多　　c. 不变,增加　　d. 减少,减少不多

3. 如果准备金率是1/4,中央银行使银行体系中的准备金增加了120美元,则货币供给将增加____美元。

  a. 90　　b. 150　　c. 160　　d. 480

4. 一家银行资本为200美元,杠杆率为5。如果这家银行的资产价格下降了10%,那么它的资本将减少____美元。

  a. 100　　b. 150　　c. 180　　d. 185

5. 美联储的以下哪一种行为会减少货币供给?

  a. 在公开市场购买政府债券　　b. 降低银行的法定准备金率

  c. 提高支付给银行的准备金利率　　d. 降低美联储借款的贴现率

6. 在一个部分准备金银行制度下,即使中央银行不采取任何行动,如果居民选择持有_____通货,或者如果银行选择持有_____超额准备金,货币供给也会减少。

  a. 更多,更多　　b. 更多,更少　　c. 更少,更多　　d. 更少,更少

【答案】　1. c　2. c　3. d　4. a　5. c　6. a

复习题

1. 如何区分经济中的货币与其他资产?

【解答】

货币不同于经济中的其他资产,因为货币是流动性最大的资产。其他资产在流动性方面差别很大。

2. 什么是商品货币?什么是法定货币?我们用的是哪一种货币?

【解答】

商品货币是有内在价值的货币。例如黄金,除了当作交换媒介,其本身还有其他用途。法定货币是没有内在价值的货币。它除了当作交换媒介,没有其他价值。我们经济中使用的是法定货币。

3. 什么是活期存款?为什么活期存款应该包括在货币存量中?

【解答】

活期存款是储户通过开支票或使用借记卡随时支取的银行账户余额。活期存款应该包括在货币存量中,因为它们被当作交换媒介使用。

4. 谁负责制定美国的货币政策?这个群体是如何被选出来的?

【解答】

在美国,联邦公开市场委员会(FOMC)负责货币政策的制定。联邦公开市场委员会由联邦储备理事会的7位理事和12位地区银行(联邦储备银行)总裁中的5位组成。理事会成员由美国总统任命并得到参议院确认。联邦储备银行总裁由每个银行董事会选举产生。

5. 如果美联储想用公开市场操作增加货币供给,它应该怎么做?

【解答】

如果美联储想用公开市场操作增加货币供给,它会在公开市场上从公众手中购买美国政府债券。这会增加公众手中的货币量,从而增加货币供给。

6. 为什么银行不持有100%的准备金？银行持有的准备金量与银行体系创造的货币量之间有什么关系？

【解答】
银行不持有100%的准备金是因为比起保留货币作为准备金，银行通过使用储蓄发放贷款，可以获得利息。银行持有的准备金数量与银行系统创造的货币量通过货币乘数相联系。银行持有的准备金越少，货币乘数越大，因为每一美元准备金都可以创造更多的货币。

7. 银行A的杠杆率是10，而银行B的杠杆率是20。两家银行相似的贷款亏损使它们的资产价值下降了7%，哪一家银行的资本表现出更大的变动？这两家银行仍然有偿付能力吗？解释之。

【解答】
银行B的资本表现出更大的变动。资产的减少将会致使银行B失去偿付能力，因为银行资本减少了140%，这会使得银行B的资产减少到低于其负债。银行A将会遭受一次大的银行资本降低(减少了70%)，但是仍然具有偿付能力。

8. 什么是贴现率？当美联储提高贴现率时，货币供给会发生怎样的变动？

【解答】
贴现率是美联储向银行发放贷款的利率。如果美联储提高贴现率，银行会减少从美联储借钱，因此银行准备金和货币供给将会降低。

9. 什么是法定准备金？当美联储提高法定准备金时，货币供给会发生怎样的变动？

【解答】
法定准备金是银行根据其存款必须持有的最低准备金量。法定准备金的增加提高了准备金率，降低了货币乘数，并减少了货币供给。

10. 为什么美联储不能完全控制货币供给？

【解答】
美联储不能完全控制货币供给是因为：(1) 美联储不能控制家庭选择以银行存款方式持有的货币量。(2) 美联储不能控制银行选择的贷款量。家庭和银行的行为以美联储不能完全控制或预测的方式影响货币供给。

问题与应用

1. 下列哪一种是美国经济中的货币？哪一种不是？通过讨论货币三种职能中的每一种解释你的答案。

   a. 1美分
   b. 1墨西哥比索
   c. 一幅毕加索的油画
   d. 一张塑料信用卡

   【解答】
   a. 1美分在美国经济中属于货币，因为它被用作交换媒介，可以用来购买物品和服务；可以当作计价单位，因为商店中的价格是用美元或美分表示的；可以当作价值储藏手段，因为任何人都可以一直保存着它。
   b. 1墨西哥比索在美国经济中不属于货币，因为它不能用作交换媒介；不能用来表示商品价格,所以不能当作计价单位。但是,它可以当作价值储藏手段。

c. 一幅毕加索的油画不能当作货币,因为它不能用来交换物品和服务;不能用来表示商品价格。然而,它可以当作价值储藏手段。

d. 一张塑料信用卡类似于货币,但它代表的是延迟支付而不是立即支付,因此信用卡不能完全当作交换媒介;也不能完全当作价值储藏手段,因为它表示的是短期借款而不是货币资产。

2. 解释以下事件分别增加还是减少了货币供给?

a. 美联储在公开市场操作中购买债券。
b. 美联储降低法定准备金率。
c. 美联储提高它向银行支付的准备金利率。
d. 花旗银行偿还了它以前在美联储获得的贷款。
e. 在经历许多次扒窃之后,人们决定减少持有的现金。
f. 因为担心出现挤兑,银行家决定持有更多超额准备金。
g. 联邦公开市场委员会提高了联邦基金利率的目标。

【解答】

a. 当美联储在公开市场操作中购买债券时,货币供应量增加。
b. 当美联储降低准备金要求时,货币供应量增加。
c. 当美联储提高准备金利率时,货币供应量减少。
d. 当花旗银行偿还美联储的贷款时,货币供应量减少。
e. 当人们决定减少持有现金时,他们可能会将现金存入银行,而银行会借出部分货币,因此货币供应量增加。
f. 当银行家决定持有更多的超额准备金时,货币供应量减少。
g. 当联邦公开市场委员会提高联邦基金利率目标时,货币供应量减少。

3. 你的叔叔通过开出他在第十国民银行支票账户上的一张100美元支票偿还了该银行的100美元贷款。用T型账户说明这种交易对你叔叔和银行的影响。你叔叔的财富变动了吗?解释原因。

【解答】

当你叔叔开出他在第十国民银行支票账户上的一张100美元支票偿还了该银行的100美元贷款时,你叔叔与银行的资产和负债都发生了变动,如下面两个表格所示。

你叔叔	
资产	负债
变动前:	
支票账户:100美元	贷款:100美元
变动后:	
支票账户:0美元	贷款:0美元

	第十国民银行	
	资产	负债
变动前:		
	贷款:100 美元	存款:100 美元
变动后:		
	贷款:0 美元	存款:0 美元

通过该交易,你叔叔使用支票账户上的资产付清了未偿还的贷款。你叔叔的财富没有发生变动:他只不过有了更少的资产和更少的负债而已。

4. Beleaguered 州立银行(Beleaguered State Bank, BSB)有 2.5 亿美元存款,并保持 10% 的准备金率。
   a. 列出 BSB 的 T 型账户。
   b. 现在假设 BSB 最大的储户从其账户上提取了 1 000 万美元现金。如果 BSB 决定通过减少在外贷款量来恢复其准备金率水平,列出它的新 T 型账户。
   c. 解释 BSB 的行动对其他银行的影响。
   d. 为什么 BSB 采取问题 b 中所描述的行动是困难的?讨论 BSB 恢复其原来准备金率水平的另一种方法。

【解答】
a. BSB 的 T 型账户如下:

	Beleaguered 州立银行		
	资产		负债
准备金	2 500 万美元	存款	25 000 万美元
贷款	22 500 万美元		

b. 当 BSB 最大的储户提取了 1 000 万美元现金,BSB 通过减少其贷款来恢复其存款准备金率水平,它的新 T 型账户如下:

	Beleaguered 州立银行		
	资产		负债
准备金	2 400 万美元	存款	24 000 万美元
贷款	21 600 万美元		

c. BSB 减少其贷款,其他银行将会发现自己准备金短缺,从而其他银行也会减少贷款。
d. BSB 将会发现立即减少贷款是困难的,因为它不能强迫人们提早偿还贷款。作为替代方法,它可以停止发放新的贷款,但是这段时间内的贷款可能仍旧超过其想要的贷款量。它可以通过吸收额外存款来获得额外的准备金,也可以从其他银行或美联储借款。

5. 你拿出放在床垫下的 100 美元并将其存入你的银行账户中。如果这 100 美元作为准备金留在银行体系中,并且银行持有的准备金等于存款的 10%,那么银行体系的存款总量会增加多少?货币供给会增加多少?

【解答】

如果你把持有的 100 美元当作流通货币并存到银行体系中,那么银行体系的总存款会增加 1 000 美元,因为 10%的准备金率意味着货币乘数为 1/0.10=10。因为存款增加了 1 000 美元但是流通货币减少了 100 美元,因此货币供给增加了 900 美元。

6. Happy 银行开始时有银行资本 200 美元,然后它吸收了 800 美元存款。它将存款的 12.5% (1/8)作为准备金,并将其余资产用于发放贷款。

   a. 列出 Happy 银行的资产负债表。
   b. Happy 银行的杠杆率是多少?
   c. 假定 Happy 银行的借款者有 10%违约,从而使这些银行贷款变得一文不值。列出该银行新的资产负债表。
   d. 银行的资产减少了百分之几?银行的资本减少了百分之几?哪个变化更大?为什么?

【解答】

a. Happy 银行的资产负债表如下:

Happy 银行			
资产		负债	
准备金	100 美元	存款	800 美元
贷款	900 美元	银行资本	200 美元

b. 杠杆率=1 000 美元/200 美元=5。

c. Happy 银行的新资产负债表如下:

Happy 银行			
资产		负债	
准备金	100 美元	存款	800 美元
贷款	810 美元	银行资本	110 美元

d. 银行资产下降了 9%。银行资本下降了 45%。银行资本的下降幅度大于资产的下降幅度,因为所有的违约贷款都要用银行资本来弥补。

7. 美联储进行 1 000 万美元政府债券的公开市场购买。如果法定准备金率是 10%,那么引起的货币供给的最大可能增加量是多少?解释原因。最小可能增加量又是多少?解释原因。

【解答】

如果银行不持有超额准备金,人们也不持有额外流通货币,法定准备金率是 10%时,货币乘数为 1/0.10=10。因此,1 000 万美元的公开市场购买所引起的货币供给的最大可能增加量是 10 000 万美元。如果银行把所有持有的钱都当作准备金,则货币供给的最小可能增加量是 1 000 万美元。

8. 假设法定准备金率是 5%,在所有其他条件不变的情况下,如果美联储购买价值 2 000 美元的债券或者某人把她藏在曲奇罐中的 2 000 美元存入银行,则货币供给会扩大多少?如果可以创造更多货币,则它可以创造多少?证明你的思考。

【解答】

美联储购买价值2 000美元的债券会使货币供给增加更多。两者的存款都会导致货币供给的扩张,但美联储的存款是创造货币。法定准备金率为5%,则货币乘数为20(即1/0.05)。美联储的2 000美元会增加40 000美元(2 000美元×20)货币供给。曲奇罐里拿出的2 000美元作为流通货币,已经是货币供给中的一部分。所以当它作为存款时,存款增加了40 000美元(2 000美元×20),但是流通货币减少了2 000美元,因此货币供给增加了38 000美元。

9. 假设支票账户的法定准备金率是10%而且银行并不持有任何超额准备金。
   a. 如果美联储出售100万美元政府债券,则对经济中的准备金和货币供给会有什么影响?
   b. 现在假设美联储把法定准备金率降至5%,但银行决定选择再把5%的存款作为超额准备金。为什么银行会这样做?由于这些行为,货币乘数和货币供给会发生什么变动?

   【解答】
   a. 法定准备金率是10%,而且银行没有持有任何超额准备金,则货币乘数为1/0.10=10。如果美联储出售100万美元政府债券,则准备金下降100万美元,货币供给会减少1 000万美元(10×100万美元)。
   b. 如果银行需要持有准备金以用于日常运作,比如为客户向其他银行转账、找零钱、支付现金工资等,那么银行可能希望持有超额准备金。如果银行增加的超额准备金没有改变总的准备金率,那么货币乘数不会变化,从而也就不存在对货币供给的影响。

10. 假设银行体系的总准备金为1 000亿美元。再假设支票存款的法定准备金率是10%,而且银行没有超额准备金,家庭也不持有现金。
    a. 货币乘数是多少?货币供给是多少?
    b. 如果现在美联储把存款法定准备金率提高到20%,则准备金将发生怎样的变动?货币供给将发生怎样的变动?

    【解答】
    a. 如果银行仅持有10%的法定准备金,那么货币乘数为1/0.10=10。因为总准备金为1 000亿美元,那么货币供给为10×1 000亿美元=10 000亿美元。
    b. 如果法定准备金率提高到20%,则货币乘数降为1/0.20=5。总准备金为1 000亿美元时,货币供给将会降到5 000亿美元,下降了5 000亿美元。准备金没有变化。

11. 假设法定准备金率是20%。再假设银行并不持有超额准备金,而且公众也不持有现金。美联储决定要使货币供给增加4 000万美元。
    a. 如果美联储使用公开市场操作,那么它将购买还是出售债券?
    b. 为了达到这一目的,美联储需要购买或出售多少债券?解释你的推理。

    【解答】
    a. 为了扩大货币供给,美联储应当购买债券。
    b. 法定准备金率是20%,则货币乘数为1/0.20=5。因此,为了使货币供给扩大4 000万美元,美联储应当购买800万美元(4 000万美元/5)的债券。

12. Elmendyn经济中有2 000张1美元的纸币。
    a. 如果人们把所有货币作为通货持有,那么货币量是多少?
    b. 如果人们把所有货币作为活期存款持有,并且银行保持100%的准备金,那么货币量是多少?

c. 如果人们持有等量的通货和活期存款,并且银行保持100%的准备金,那么货币量是多少?

d. 如果人们把所有货币作为活期存款持有,并且银行保持10%的准备金,那么货币量是多少?

e. 如果人们持有等量的通货和活期存款,并且银行保持10%的准备金,那么货币量是多少?

【解答】

a. 如果人们把所有货币作为通货,那么货币量为2 000美元。

b. 如果人们把所有货币作为活期存款持有,并且银行保持100%的准备金,那么货币量是2 000美元。

c. 如果人们持有1 000美元的通货和1 000美元的活期存款,那么货币量是2 000美元。

d. 如果银行保持10%的准备金,那么货币乘数是1/0.10=10。因此,如果人们把所有货币作为活期存款,那么货币量为20 000美元(10×2 000美元)。

e. 如果人们持有等量的通货(C)和活期存款(D),并且准备金的货币乘数为10,那么以下两个等式必然成立:

(1) $C=D$,使得人们拥有等量通货和活期存款;

(2) $10\times(2\,000$ 美元$-C)=D$,即货币乘数(10)乘以没有被人们持有的美元量(2 000美元$-C$)等于活期存款量(D)。

把第一个方程代入第二个方程中,得:$10\times(2\,000$ 美元$-D)=D$,即20 000美元$-10D=D$,因此$D\approx1\,818.18$美元。因此,$C=1\,818.18$美元,所以货币量为$C+D=3\,636.36$美元。

第 22 章
货币增长与通货膨胀

学习目标

在本章中,学生应理解
- 为什么货币供给的迅速增长会引起通货膨胀;
- 古典二分法和货币中性的含义;
- 为什么一些国家会发行如此多的货币,以至于它们经历了超速通货膨胀;
- 名义利率如何对通货膨胀率作出反应;
- 通货膨胀给社会带来的各种成本。

框架和目的

第 22 章是论述长期中货币与物价的两章中的第二章。第 21 章解释了什么是货币,并说明了美联储如何控制货币量。第 22 章确定货币增长率和通货膨胀之间的关系。

第 22 章的目的是使学生熟悉通货膨胀的原因与成本。学生将发现,在长期中货币增长率与通货膨胀之间存在紧密的关系。学生还将发现,高通货膨胀给经济带来了巨大成本,但当通货膨胀较温和时,这些成本的大小并不清楚。

内容提要

- 经济中物价总水平的调整使货币供给与货币需求平衡。当中央银行增加货币供给时,就会引起物价水平上升。货币供给量的持续增长引起了持续的通货膨胀。
- 货币中性原理断言,货币量变动只影响名义变量而不影响真实变量。大多数经济学家认为,货币中性近似地描述了长期中的经济行为。
- 政府可以简单地通过印发货币来为自己的一些支出筹资。当国家主要依靠这种通货膨胀税筹资时,结果就是超速通货膨胀。
- 货币中性原理的一个应用是费雪效应。根据费雪效应,当通货膨胀率上升时,名义利率等量上升,因此,真实利率仍然不变。
- 许多人认为,通货膨胀使他们变穷了,因为通货膨胀提高了他们所买东西的成本。但这种观点是错误的,因为通货膨胀也提高了名义收入。
- 经济学家确定了通货膨胀的六种成本:与减少货币持有量相关的皮鞋成本,与频繁地调整价格相关的菜单成本,相对价格变动的加剧,因税法非指数化而引起的意想不到的税收负担变动,因计价单位变动而引起的混乱和不方便,以及债务人与债权人之间任意的财富再分配。在超速通货膨胀时期,这些成本都是巨大的,但温和通货膨胀时期这些成本的大小并不清楚。

教材习题解答

即问即答

1. 假设一国政府把货币供给增长率从每年5%提高到每年50%,物价水平会发生什么变动?名义利率会发生什么变动?政府为什么要这样做?

   【解答】
   当一国政府把货币供给增长率从每年5%提高到每年50%时,根据货币数量论,平均物价水平将会迅速上升。根据费雪效应,名义利率也会迅速上升。政府也许是在通过增加货币供应来为自己的支出融资。

2. 列出并说明通货膨胀的六种成本。

   【解答】
   通货膨胀的六种成本有:(1) 皮鞋成本;(2) 菜单成本;(3) 相对价格变动与资源配置不当;(4) 通货膨胀引起的税收扭曲;(5) 混乱和不方便;(6) 任意的财富再分配。皮鞋成本是由通货膨胀使人们花费更多的资源去银行造成的。菜单成本是由人们花费资源来改变价格造成的。相对价格变动性是指通货膨胀造成物价普遍提高,固定价格相对下降,因此物品相对价格不断变化,使资源不能得到有效配置。通货膨胀和税收的相互作用导致激励扭曲,因为政府对人们的名义资本所得和利息征税而不是对实际资本所得和利息征税。通货膨胀弱化了货币作为计价单位的作用,造成了混乱和不方便。预期外的通货膨胀造成了借贷双方的财富再分配。

快速单选

1. 货币中性的古典原理说明,货币供给变动不影响_____变量,而且这个原理更适合_____期。

   a. 名义,短   b. 名义,长   c. 真实,短   d. 真实,长

2. 如果名义 GDP 为 400 美元,真实 GDP 为 200 美元,而货币供给为 100 美元,那么以下哪种表述是正确的?

   a. 物价水平是1/2,货币流通速度是2。   b. 物价水平是1/2,货币流通速度是4。
   c. 物价水平是2,货币流通速度是2。   d. 物价水平是2,货币流通速度是4。

3. 根据货币数量论,数量方程式中的哪一个变量在长期中是最稳定的?

   a. 货币   b. 货币流通速度   c. 物价水平   d. 产量

4. 当政府有巨额预算_____,而中央银行要用大量货币_____为它筹资时,超速通货膨胀就发生了。

   a. 赤字,紧缩   b. 赤字,扩张   c. 盈余,紧缩   d. 盈余,扩张

5. 根据货币数量论和费雪效应,如果中央银行提高货币增长率,那么以下哪种表述是正确的?

   a. 通货膨胀率和名义利率都上升。

b. 通货膨胀率和真实利率都上升。
c. 名义利率和真实利率都上升。
d. 通货膨胀率、真实利率和名义利率都上升。

6. 如果一个经济中每年的通货膨胀率都是10%,那么以下哪一项通货膨胀成本不会发生？
   a. 货币持有量减少引起的皮鞋成本。
   b. 因更频繁地调整价格而引起的菜单成本。
   c. 名义资本收益税的扭曲。
   d. 债务人和债权人之间任意的财富再分配。

【答案】 1. d　2. d　3. b　4. b　5. a　6. d

复习题

1. 解释物价水平上升如何影响货币的真实价值。

   【解答】

   物价水平的上升减少了货币的真实价值,因为你钱包中的每一美元现在只能购买更少数量的物品和服务。

2. 根据货币数量论,货币量增加的影响是什么？

   【解答】

   根据货币数量论,货币量的增加会导致物价水平一定比例的上升。

3. 解释名义变量与真实变量之间的差别,并各举出两个例子。根据货币中性原理,哪一个变量受货币量变动的影响？

   【解答】

   名义变量是以货币单位计量的变量,而实际变量是以实物单位计量的变量。名义变量的例子有物价和名义GDP。实际变量的例子包括相对价格(一种物品相对于其他物品的价格)和实际工资。根据货币中性原理,只有名义变量会受到货币量变动的影响。

4. 从什么意义上说,通货膨胀像一种税？把通货膨胀作为一种税如何有助于解释超速通货膨胀？

   【解答】

   通货膨胀像一种税是因为每一个持有货币的个人的购买力都下降了。在超速通货膨胀时,政府快速增加货币供给,并导致了高通货膨胀率,因此政府是在用通货膨胀(而不是普通的征税方式)来为自己的支出融资。

5. 根据费雪效应,通货膨胀率的上升如何影响真实利率与名义利率？

   【解答】

   根据费雪效应,通货膨胀率的上升使得名义利率同步上升,真实利率不受影响。

6. 通货膨胀的成本有哪几种？你认为这些成本中的哪一种对美国经济最重要？

   【解答】

   通货膨胀的成本包括与减少货币持有量相关的皮鞋成本,频繁调整物价的菜单成本,相对价格变动的加剧,税法的非指数化导致税收负担的非预期变动,由于计价单位变化造成的混乱和不便,债务人与债权人之间财富的任意再分配。美国的通货膨胀率一直处于较低而且稳定的水平,通货膨胀造成的上述几种成本在美国都不高。最重要的一种成本可能是通货膨胀和税收政策的相互作用,即使通货膨胀率低,它也会导致储蓄和投资的减少。

7. 如果通货膨胀比预期的低,谁会受益——债务人还是债权人?解释原因。

【解答】

如果通货膨胀比预期的低,债权人受益而债务人受损。债权人从债务人手中获得高于预期实际价值的还款。

问题与应用

1. 假设今年的货币供给是5 000亿美元,名义GDP是10万亿美元,而真实GDP是5万亿美元。
   a. 物价水平是多少?货币流通速度是多少?
   b. 假设货币流通速度是不变的,而每年经济中物品与服务的产出增加5%。如果美联储想保持货币供给不变,则明年的名义GDP和物价水平是多少?
   c. 如果美联储想保持物价水平不变,则它应该把明年的货币供给设定为多少?
   d. 如果美联储想把通货膨胀率控制在10%,则它应该把货币供给设定为多少?

   【解答】
   a. 名义GDP=$P \times Y$=10万亿美元;Y=真实GDP=5万亿美元;因此物价水平$P=(P \times Y)/Y=$10万亿美元/5万亿美元=2。
   因为$M \times V = P \times Y$(M表示货币供给,V表示货币流通速度),所以$V=(P \times Y)/M=$10万亿美元/0.5万亿美元=20。
   b. 如果M和V不变并且Y提高5%,因为$M \times V=P \times Y$,所以P必须降低5%,即明年的物价水平为$2 \times (1-5\%)=1.9$。此时名义GDP不变。
   c. 为了保持物价水平不变,美联储必须增加5%的货币供给来匹配真实GDP的增加,即货币供给应设定为5 000亿美元$\times (1+5\%)=$5 250亿美元。因为流通速度不变,物价水平将会保持稳定。
   d. 如果美联储想要将通货膨胀率控制在10%,它将提高15%的货币供给,即货币供给应设定为5 000亿美元$\times (1+15\%)=$5 750美元。此时$M \times V$将会提高15%,使得$P \times Y$也同步提高15%,其中物价上升10%,真实GDP上升5%。

2. 假设银行规定的变动提高了信用卡的可获得性,因此人们需要持有的现金少了。
   a. 这个事件如何影响货币需求?
   b. 如果美联储没有对这个事件做出反应,则物价水平将发生怎样的变动?
   c. 如果美联储想保持物价水平稳定,则它应该做些什么?

   【解答】
   a. 如果人们持有更少的现金,因为在任意物价水平上都有更少的货币需求,所以货币需求曲线将向左移动。
   b. 如果美联储没有对这个事件做出反应,在货币供应量没有变化的情况下,需求曲线的左移将导致货币价值($1/P$)的下降,如图1所示,这意味着物价水平提高了。
   c. 如果美联储想保持物价稳定,它应该如图2所示将货币供应量从S_1减少到S_2。这会导致货币供给曲线向左移动与货币需求曲线移动相同的距离。最终货币价值和物价水平都没有变化。

3. 有时有人建议,美联储应努力把美国的通货膨胀率降为零。如果我们假设货币流通速度不变,则零通货膨胀目标是否要求货币增长率也等于零?如果是的话,解释原因。如果不是的话,说明货币增长率应该等于多少?

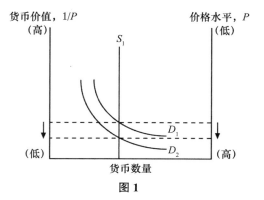

图 1

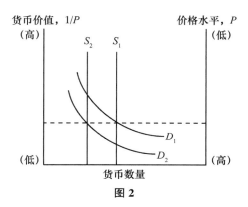

图 2

【解答】

不是,货币流通速度不变时,根据货币数量论($M \times V = P \times Y$),将通货膨胀率降为零需要货币增长率与产出增长率相同。

4. 假设一个国家的通货膨胀率急剧上升。对货币持有者征收的通货膨胀税会发生怎样的变动?为什么储蓄账户中的财富不受通货膨胀税变动的影响?你认为会有哪些方式使储蓄账户持有者因通货膨胀率上升而受损?

【解答】

假设一个国家的通货膨胀率急剧上升,对货币持有者征收的通货膨胀税会显著增加。储蓄账户的财富不会受通货膨胀税变化影响,因为名义利率会随着通货膨胀率的上升而上升。但储蓄账户持有者仍然会因通货膨胀率上升而受损,因为他们的税收是按照名义利率来收取的,所以他们的实际收益将减少。

5. 考虑在一个只由两个人组成的经济中通货膨胀的影响:Bob 是种黄豆的农民,Rita 是种大米的农民。他们俩总是消费等量的大米和黄豆。在 2016 年,黄豆的价格是 1 美元,大米的价格是 3 美元。

   a. 假设 2017 年黄豆的价格是 2 美元,而大米的价格是 6 美元。通货膨胀率是多少?Bob 的状况是变好了、变坏了还是不受价格变动的影响?Rita 呢?

   b. 现在假设 2017 年黄豆的价格是 2 美元,大米的价格是 4 美元。通货膨胀率是多少?Bob 的状况是变好了、变坏了还是不受价格变动的影响?Rita 呢?

c. 最后,假设2017年黄豆的价格是2美元,大米的价格是1.5美元。通货膨胀率是多少? Bob 的状况是变好了、变坏了还是不受价格变动的影响? Rita 呢?

d. 对 Bob 和 Rita 来说什么更重要——是整体的通货膨胀率,还是黄豆与大米的相对价格?

【解答】

a. 一年内,当两种物品的价格都翻倍时,通货膨胀率是100%。让我们假定市场篮子等于各单位的这两种物品。市场篮子初始的成本是4美元,在第二年变为8美元。因此,通货膨胀率是(8美元−4美元)/4美元×100% = 100%。因为所有物品的价格都上涨了100%,农民们的收入也随之增加了100%,因此 Bob 和 Rita 都不受价格变化的影响。

b. 如果黄豆的价格上升到2美元而大米的价格上升到4美元,在第二年市场篮子的成本是6美元。这意味着通货膨胀率是(6美元−4美元)/4美元×100% = 50%。Bob 的收益为原来的2倍(增加了100%),而通货膨胀率仅为50%,因此他的状况变好了。Rita 的状况变坏了,通货膨胀率为50%,则她购买的物品价格上升幅度高于她出售的物品(大米)的价格上升幅度,后者仅上升了33%。

c. 如果黄豆的价格上升到2美元而大米的价格下降到1.50美元,在第二年市场篮子的成本是3.50美元。这意味着通货膨胀率是(3.5美元−4美元)/4美元×100% = −12.5%。Bob 的收益为原来的2倍(增加了100%),而物价下降了12.5%,因此他的状况变好了。Rita 购买的物品价格下降幅度小于她出售的物品(大米)价格下降幅度,前者下降了12.5%,后者下降了50%,因此她的状况变坏了。

d. 对 Bob 和 Rita 来说,黄豆和大米的相对价格比整体的通货膨胀率更重要。如果某个人生产的物品价格上升幅度超过通货膨胀率,那么他的状况将会变好。如果某个人生产的物品价格上升幅度低于通货膨胀率,那么他的状况将会变坏。

6. 如果税率是40%,计算下述每种情况下的税前真实利率和税后真实利率:

a. 名义利率是10%,通货膨胀率是5%。

b. 名义利率是6%,通货膨胀率是2%。

c. 名义利率是4%,通货膨胀率是1%。

【解答】

下表显示了相关的计算结果:

(单位:%)

	a	b	c
(1) 名义利率	10.0	6.0	4.0
(2) 通货膨胀率	5.0	2.0	1.0
(3) 税前真实利率	5.0	4.0	3.0
(4) 40%的税收造成名义利率下降	4.0	2.4	1.6
(5) 税后名义利率	6.0	3.6	2.4
(6) 税后真实利率	1.0	1.6	1.4

第(3)行等于第(1)行减去第(2)行。

第(4)行等于0.40乘以第(1)行。

第(5)行等于(1−0.40)乘以第(1)行,也等于第(1)行减去第(4)行。

第(6)行等于第(5)行减去第(2)行。

注意,尽管在 a 情况下有最高的税前真实利率,但也有最低的税后真实利率。税后真实利率比税前真实利率低得多。

7. 回忆一下货币在经济中履行的三种职能。这三种职能是什么?通货膨胀如何影响货币履行每一种职能的能力?

【解答】

货币的三种职能是:交换媒介、计价单位和价值储藏手段。通货膨胀主要影响货币作为价值储藏手段的职能,因为通货膨胀侵蚀了货币的购买力,使得货币作为价值储藏手段缺乏吸引力。在通货膨胀时,货币作为计价单位的职能也减弱了,因为商店不得不经常改动物价,而且人们也会由货币价值的变化而产生困惑和不方便。在某些有超速通货膨胀的国家,即使本国的货币仍能作为交换媒介,商店仍会选择使用更加稳定的货币(如美元)标价。有时,一些国家和地区甚至停止使用当地的货币并将某种外国货币作为交换媒介。

8. 假设人们预期通货膨胀率等于3%,但实际上物价上升了5%。描述这种未预期到的高通货膨胀率是帮助还是损害了以下主体:

a. 政府
b. 有固定利率抵押贷款的房主
c. 签订劳动合同第二年的工会工人
d. 把其部分捐赠资金投资于政府债券的大学

【解答】

a. 未预期到的高通货膨胀率帮助政府得到更高的税收并减少了政府负债的真实价值。
b. 未预期到的高通货膨胀率帮助有固定利率抵押贷款的房主,因为他只需支付基于预期通货膨胀率的一个固定名义利率,此时的实际还款利率低于预期。
c. 未预期到的高通货膨胀率损害了签订劳动合同第二年的工会工人,因为合同规定的名义工资很可能是基于预期的通货膨胀率。结果就是工人得到了一份低于预期的实际工资。
d. 未预期到的高通货膨胀率损害了把部分捐赠基金投资于政府债券的大学,因为更高的通货膨胀率意味着大学收到了一个比预期更低的实际利率。(假设大学没有购买指数国债。)

9. 说明以下陈述是正确的、错误的还是不确定的:

a. "通货膨胀损害了债务人的利益而帮助了债权人,因为债务人必须支付更高的利率。"
b. "如果价格以一种使物价总水平不变的方式变动,那么没有一个人的状况会变得更好或更坏。"
c. "通货膨胀并没有降低大多数工人的购买力。"

【解答】

a. 错误。预期的通货膨胀率上升意味着债务人支付了一个更高的名义利率,但实际利率相同,因此债务人的状况并没有变坏,债权人的状况也没有变好。相反,未预期到的通货膨胀率上升使债务人状况变好,债权人状况变坏。
b. 错误。即使物价总水平不变,相对价格的变动也会使某些人的状况变好而其他人的状况变坏。第5题陈述了这个情况。
c. 正确。大多数工人的收入水平与通货膨胀之间保持较为一致的变动关系。

第 23 章
总需求与总供给

学习目标

在本章中,学生应理解
- 有关短期经济波动的三个关键因素;
- 短期中的经济与长期中的经济有什么不同;
- 如何使用总需求与总供给模型解释经济波动;
- 总需求曲线或总供给曲线的移动如何引起经济繁荣和衰退。

框架和目的

到目前为止,我们对宏观经济理论的研究集中在长期经济行为上。第 23、24 章集中研究在长期趋势下经济的短期波动。第 23 章介绍总需求和总供给,并说明这些曲线的移动如何引起衰退。第 24 章集中在决策者如何运用货币政策和财政政策工具来影响总需求。

第 23 章的目的是建立一个经济学家用来分析经济短期波动的模型——总需求与总供给模型。学生将了解总需求曲线和总供给曲线移动的一些原因,以及这些移动会如何引起衰退。本章还将介绍决策者为了抵消衰退可能采取的各种行动。

内容提要

- 所有社会都经历过围绕长期趋势的短期经济波动。这些波动是无规律的,而且大体上是不可预测的。当衰退真的发生时,真实 GDP 以及有关收入、支出与生产的其他衡量指标都下降,而失业增加。
- 古典经济理论建立在货币供给和物价水平这类名义变量并不影响产量与就业这类真实变量这一假设的基础之上。许多经济学家认为,这个假设在长期中是正确的,但在短期中并不正确。经济学家用总需求与总供给模型分析短期经济波动。根据这个模型,物品与服务的产量和物价总水平的调整使总需求与总供给平衡。
- 总需求曲线出于三个原因向右下方倾斜。第一是财富效应:物价水平下降提高了家庭持有的货币的真实价值,从而刺激了消费支出。第二是利率效应:价格下降减少了家庭需要的货币量,随着家庭试图把货币转变为有利息的资产,利率下降,从而刺激了投资支出。第三是汇率效应:物价水平下降降低了利率,使外汇市场上美元贬值,从而刺激了净出口。
- 在物价水平既定时,任何一种增加消费、投资、政府购买或净出口的事件或政策都会增加总需求。在物价水平既定时,任何一种减少消费、投资、政府购买或净出口的事件或政策都会减少总需求。
- 长期总供给曲线是垂直的。在长期中,物品与服务的供给量取决于经济中的劳动、资本、自然资源和技术,但不取决于物价总水平。
- 本章提出了三种理论用以解释短期总供给曲线向右上方倾斜。根据黏性工资理论,未预期的物价水平下降暂时增加了真实工资,这使企业减少就业和生产。根据黏性价格理论,未预期的物价水平下降使一些企业的物品和服务的价格暂时升高,这就降低了它们的销售量,并使它们减少生产。根据错觉理论,未预期的物价水平下降使供给者错误地相信,它们的相对价格下降了,这就使它们减少生产。这三种理论都意味着,当实际物价水平与人们预期的物价水平背离时,产量就会与自然水平背离。
- 改变经济生产能力的事件,例如劳动、资本、自然资源或技术的变动,都会使短期总供给曲线移动(而且也会使长期总供给曲线移动)。此外,短期总供给曲线的位置还取决于预期的物价水平。
- 经济波动的一个可能原因是总需求的移动。例如,当总需求曲线向左移动时,短期中产量和物价就会下降。随着时间的推移,当预期物价水平的变动引起工资、物价和感知进行调整时,短期总供给曲线就会向右移动,并使经济在一个新的、较低的物价水平时回到其自然产出水平。
- 经济波动的第二个可能原因是总供给的移动。当短期总供给曲线向左移动时,效应是产量减少和物价上升——这种结合被称为滞胀。随着时间的推移,当工资、物价和感知进行了调整时,短期总供给曲线向右移动,使物价水平和产量回到其原来的水平。

教材习题解答

即问即答

1. 列出并讨论关于经济波动的三个关键事实。

   【解答】

   经济波动的三个关键事实是:(1) 经济波动无规律且不可预测;(2) 大多数宏观变量同时波动;(3) 随着产量减少,失业增加。

   经济波动是无规律且不可预测的。正如你在过去一段时期的真实 GDP 图表中所看到的,一些衰退相隔很近,而另一些衰退相距甚远,根本没有规律可循。

   大多数宏观经济变量同时波动。在衰退中,真实 GDP、消费支出、投资支出、公司利润,以及其他宏观经济变量较经济扩张时减少或增长得更慢。尽管如此,经济周期中变量波动的幅度并不相同,投资支出的波动幅度比其他变量大得多。

   随着产量减少,失业增加。因为当企业选择缩减其物品和服务数量时,他们就会解雇工人,从而使失业大军扩大。

2. - 短期中的经济变动与长期中的经济变动有什么不同?
   - 画出总需求与总供给模型。两个坐标轴上标示的分别是什么变量?

   【解答】

   短期中的经济变动与长期中的经济变动不同是因为货币中性的假定仅适用于长期,而不适用于短期。短期中,真实变量与名义变量高度交织在一起。

总需求与总供给模型如图 1 所示。横轴表示产出数量,纵轴表示物价水平。

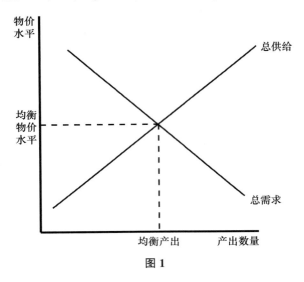

图 1

3. ● 解释总需求曲线向右下方倾斜的三个原因。
   ● 举出一个会使总需求曲线移动的事件的例子。这个事件使该曲线向哪个方向移动?

【解答】
总需求曲线向右下方倾斜有如下三个原因。第一,当价格下降时,人们钱包中的钱和银行存款升值了,因此他们感觉自己更富有。结果他们会支出更多,因此对物品和服务的需求增加。第二,当价格下降时,人们用于消费的货币需求量减少,从而他们会更多地借出货币,这将会降低利率。较低的利率鼓励公司进行更多投资,从而增加了物品和服务的需求量。第三,由于价格的下降会引起利率的下降,一些美国投资者会进行海外投资,向外汇市场提供更多的美元,因此导致美元贬值。真实汇率的下降导致净出口上升,这将会增加对物品和服务的需求量。

任何既定价格水平下,消费、投资、政府购买或净出口的改变都将使总需求曲线移动。例如,消费的增加将使总需求曲线向右移动,而消费的减少将会使总需求曲线向左移动。

4. ● 解释为什么长期总供给曲线是垂直的。
   ● 阐述解释短期总供给曲线向右上方倾斜的三种理论。
   ● 什么变量既使长期总供给曲线移动又使短期总供给曲线移动?
   ● 什么变量使短期总供给曲线移动而不使长期总供给曲线移动?

【解答】
长期总供给曲线是垂直的,因为价格水平不会影响真实 GDP 的长期决定因素,包括劳动、资本、自然资源的供给,以及可达到的技术水平。这是古典二分法和货币中性的一个应用。

短期总供给曲线向右上方倾斜的三种理论:第一,黏性工资理论。该理论认为,因为名义工资调整缓慢,价格水平下降意味着真实工资上升,所以企业雇用更少的工人并减产,导致物品和服务的供给量减少。第二,黏性价格理论。该理论认为一些物品和服务的价格变动缓慢。如果某些经济事件导致整体价格水平下降,具有黏性价格的物品的相对价格将会上升,这些物品的销售量会减少,致使企业削减生产。因此,价格水平的下降减少了物品和服务的供给数量。第三,错觉理论。该理论认为整体价格水平的变化会暂时误导供给者。当价格水平降至低于预期时,供给者认为他们的产品的相对价格下降了,所以他们会选择减产。因此,价格水平的下降减少了物品和服务的供给量。

若劳动、资本或自然资源的供给发生变化或技术发生变化,长期和短期总供给曲线都会移动。预期价格水平的变化会使短期总供给曲线移动,但对长期总供给曲线不会有影响。

5. 假设受欢迎的总统候选人当选突然增加了人们对未来的信心,用总需求与总供给模型分析其对经济的影响。

【解答】

当受欢迎的总统候选人当选时,人们会对未来更加有信心,他们会有更多的支出,导致总需求曲线向右移动,如图 2 所示。经济开始时处于 A 点,总需求曲线是 AD_1,短期总供给曲线是 AS_1。均衡价格是 P_1,均衡产量是 Y_1。对未来信心的增加会导致总需求曲线移动至 AD_2。经济移动到 B 点,此时物价水平是 P_2,产出水平是 Y_2。一段时间以后,价格预期调整,同时短期总供给曲线向左移动至 AS_2,经济移到均衡点 C,物价水平为 P_3,产出水平为 Y_1。

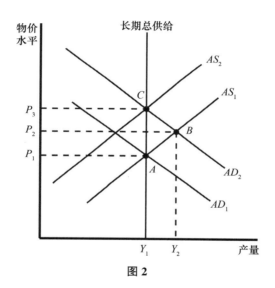

图 2

快速单选

1. 当经济进入衰退时,真实 GDP _____,而失业_____。
   a. 上升,上升　　　b. 上升,下降　　　c. 下降,上升　　　d. 下降,下降
2. 股市的突然崩溃会____。
   a. 使总需求曲线移动
   b. 使短期总供给曲线移动,但长期总供给曲线不会移动
   c. 使长期总供给曲线移动,但短期总供给曲线不会移动
   d. 使短期和长期总供给曲线都移动
3. 预期物价水平的变动会____。
   a. 使总需求曲线移动

b. 使短期总供给曲线移动,但长期总供给曲线不会移动

c. 使长期总供给曲线移动,但短期总供给曲线不会移动

d. 使短期和长期总供给曲线都移动

4. 物品与服务总需求的增加在_____对产量有较大影响,在_____对物价水平有较大影响。

  a. 短期,长期   b. 长期,短期   c. 短期,短期   d. 长期,长期

5. 引起滞胀的是____。

  a. 总需求曲线向左移动   b. 总需求曲线向右移动

  c. 总供给曲线向左移动   d. 总供给曲线向右移动

6. 对物品与服务的总需求不足引起经济衰退的思想来自哪位经济学家的著作?

  a. 亚当·斯密   b. 大卫·休谟

  c. 大卫·李嘉图   d. 约翰·梅纳德·凯恩斯

【答案】 1. c   2. a   3. b   4. a   5. c   6. d

复习题

1. 写出当经济进入衰退时会下降的两个宏观经济变量。写出当经济进入衰退时会上升的一个宏观经济变量。

【解答】

当经济进入衰退时,真实 GDP 和投资支出下降(其他答案也是可能的)。当经济进入衰退时,失业率上升。

2. 画出一个有总需求、短期总供给和长期总供给的图,仔细并正确地标出坐标轴。

【解答】

总需求、短期总供给和长期总供给如图 3 所示。

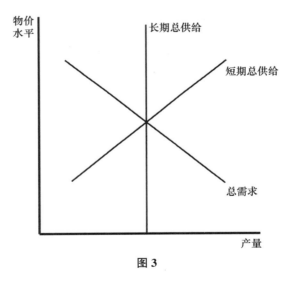

图 3

3. 列出并解释总需求曲线向右下方倾斜的三个原因。

【解答】

总需求曲线向右下方倾斜是因为:(1) 价格水平下降使消费者感到更富裕,这又鼓励他们

更多地支出,消费支出增加意味着物品与服务的需求量增大;(2) 较低的价格水平降低了利率,鼓励更多的投资支出,从而增加了物品与服务的需求;(3) 物价水平下降导致利率下降,真实汇率下降,而且这种贬值刺激了净出口,从而增加了对物品与服务的需求。

4. 解释为什么长期总供给曲线是垂直的。

   【解答】
   长期总供给曲线是垂直的,是因为在长期中,一个经济的物品与服务的供给取决于它资本、劳动和自然资源的供给,以及用来把这些资源变为物品和服务的可使用的生产技术。物价水平并不影响真实 GDP 的这些长期决定因素。

5. 列出并解释短期总供给曲线向右上方倾斜的三种理论。

   【解答】
   有三种理论解释为什么短期总供给曲线向右上方倾斜:(1) 黏性工资理论:由于工资不能根据物价水平迅速调整,较低的物价水平使就业与生产利润下降,因此企业减少了物品与服务的供给;(2) 黏性价格理论:由于并不是所有价格都能根据经济状况的变动迅速调整,未预期到的物价水平下降使一些企业的物品和服务的价格高于合意水平,这会抑制销售,并导致企业减少它们生产的物品与服务;(3) 错觉理论:供给者看到其产品的价格下降时,它们可能会错误地认为其产品的相对价格下降了,这种错觉使供给者对较低物价水平的反应是减少物品与服务的供给量。

6. 什么因素可能引起总需求曲线向左移动?用总需求与总供给模型来探讨这种移动对产量和物价水平的短期影响及长期影响。

   【解答】
   当某些因素(不是物价水平的上升)导致消费支出减少(比如储蓄意愿增加)、投资支出减少(比如投资收益税收的增加)、政府支出减少(比如削减国防支出)或净出口减少(比如外国经济进入衰退)时,总需求曲线向左移动。

   图 4 演示了总需求曲线移动的步骤。经济开始处于均衡,短期总供给 AS_1 与总需求曲线 AD_1 相交于 A 点。当总需求曲线向左移动至 AD_2 时,经济从 A 点移动至 B 点,价格水平下

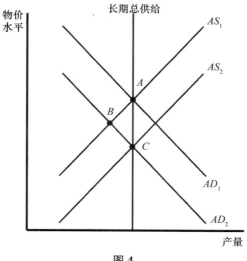

图 4

降,产量减少。一段时间后,人们调整他们的预期、工资和价格水平,使短期总供给曲线向右移动至 AS_2,经济由 B 点移动至 C 点,此时又回到了长期总供给曲线上并处于一个较低的价格水平。

7. 什么因素可能引起总供给曲线向左移动?用总需求与总供给模型来探讨这种移动对产量和物价水平的短期影响及长期影响。

【解答】
一个经济的资本存量减少、劳动供给减少、生产率下降,或者自然失业率上升,会使长期和短期总供给曲线同时向左移动。对价格水平上升的预期使短期总供给曲线(而不是长期总供给曲线)向左移动。

短期总供给曲线移动的效应如图 5 所示。经济开始处于均衡点 A,短期总供给曲线由 AS_1 向左移动至 AS_2。新的均衡点是 B 点,即总需求曲线与 AS_2 的交点。随时间的推移,预期将会调整,经济会回到长期均衡点 A,因为短期总供给曲线移回到了初始位置。

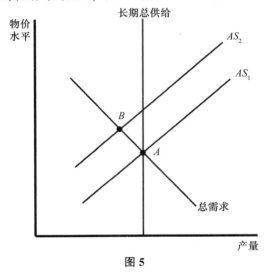

图 5

问题与应用

1. 假设经济处于长期均衡。
   a. 用图形说明经济的状态。务必标出总需求、短期总供给和长期总供给。
   b. 现在假设股市崩溃导致总需求减少。用图形说明短期中产量和物价水平会发生怎样的变动。失业率会发生怎样的变动?
   c. 用总供给的黏性工资理论解释长期中产量和物价水平将发生怎样的变动(假设政策不变)。在这种调整中,预期物价水平起了什么作用?用图形确切地说明你的分析。

   【解答】
   a. 经济的当前状态如图 6 所示。总需求曲线(AD_1)和短期总供给曲线(AS_1)与长期总供给曲线相交于同一点上。

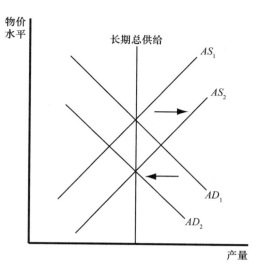

图 6

b. 股市的崩溃将使总需求曲线左移(至 AD_2)。均衡的产出水平和价格水平将会下降。因为产量低于自然产出水平,失业率上升并超过自然失业率。

c. 若名义工资不变而物价水平下降,企业将被迫削减就业和产量。一段时期后预期调整,短期总供给曲线将右移(至 AS_2),经济回到自然产出水平。

2. 解释以下事件将分别使长期总供给增加、减少还是没有影响。
   a. 美国经历了移民潮。
   b. 国会把最低工资提高到每小时 15 美元。
   c. 英特尔公司投资于新的、更强劲的电脑芯片。
   d. 严重的暴风雨危及东海岸的工厂。

【解答】
   a. 当美国经历移民潮时,劳动力增加,因此长期总供给增加。
   b. 当国会把最低工资提高到每小时 15 美元时,自然失业率上升,因此长期总供给减少。
   c. 当英特尔公司投资于一个新的、更强劲的电脑芯片时,生产率提高了,因此长期总供给增加,因为同样的投入会有更多的产出。
   d. 当严重的暴风雨危及东海岸的工厂时,资本存量变少了,因此长期总供给减少。

3. 假设经济处于长期均衡。
   a. 用总需求与总供给模型说明最初的均衡(称为 A 点)。务必包括短期总供给与长期总供给。
   b. 中央银行增加了 5% 的货币供给。用图形说明随着经济从最初的均衡转向新的短期均衡(称为 B 点),产量和物价水平会发生怎样的变动。
   c. 指出新的长期均衡(称为 C 点)。是什么引起经济从 B 点移动到 C 点?
   d. 根据总供给的黏性工资理论,如何比较 A 点的名义工资与 B 点的名义工资?如何比较 A 点的名义工资与 C 点的名义工资?

e. 根据总供给的黏性工资理论,如何比较 A 点的真实工资与 B 点的真实工资?如何比较 A 点的真实工资与 C 点的真实工资?
f. 根据货币供给对名义工资与真实工资的影响判断,这种分析与货币在短期中有真实影响而在长期中是中性的观点一致吗?

【解答】
a. 经济的当前状态如图7所示。总需求曲线和短期总供给曲线相交于长期总供给曲线上的一点。

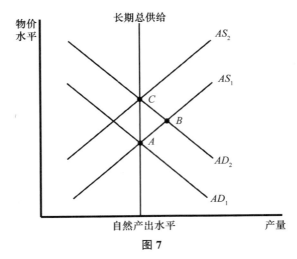

图 7

b. 若中央银行增加货币供给,总需求曲线向右移动(新的均衡点为 B 点)。在短期中,会有产量的增加和物价水平的上升。
c. 一段时间后,对于新的物价水平,名义工资、价格和预期将会调整。所以短期总供给曲线向左移动。经济将回到自然产出水平(C 点)。
d. 根据黏性工资理论, A 点和 B 点的名义工资相等。然而, C 点的名义工资高于 A 点的名义工资。
e. 根据黏性工资理论, B 点的真实工资低于 A 点的真实工资。然而, A 点与 C 点的真实工资相等。
f. 是的,此分析与长期货币中性的观点一致。在长期中,货币供给量的上升会引起名义工资上升,然而真实工资不变。

4. 在1939年,由于美国经济没有完全从大萧条中复苏,罗斯福总统宣布感恩节将比通常提前一周,以便使圣诞节前的购物期得以延长。用总需求与总供给模型解释罗斯福总统可能试图达到什么目的。

【解答】
大萧条期间,均衡产量(Y_1)低于自然产出水平(Y_2)。延长感恩节和圣诞节之间的购物期的做法会增加总需求。如图8所示,这将增加产量,使其回到长期均衡水平(Y_2)。

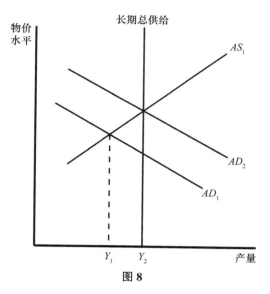

图8

5. 解释为什么以下说法是错误的。
   a. "总需求曲线向右下方倾斜,因为它是单个物品需求曲线的水平相加。"
   b. "长期总供给曲线是垂直的,因为经济力量并不影响长期总供给。"
   c. "如果企业每天调整自己的价格,那么短期总供给曲线就是水平的。"
   d. "只要经济进入衰退,长期总供给曲线就会向左移动。"

   【解答】
   a. "总需求曲线向右下方倾斜,因为它是单个物品需求曲线的水平相加"的说法是错误的。总需求曲线向右下方倾斜是因为价格水平的下降通过财富效应、利率效应和汇率效应增加了物品与服务的总需求。
   b. "长期总供给曲线是垂直的,因为经济力量并不影响长期总供给"的说法是错误的。因为各种经济力量(比如人口和生产率)确实会影响长期总供给。长期总供给曲线是垂直的,因为价格水平不会影响长期总供给。
   c. "如果企业每天调整自己的价格,那么短期总供给曲线就是水平的"的说法是错误的。若企业调整价格十分迅速且黏性价格是短期总供给曲线向上倾斜的唯一原因,则短期总供给曲线将会是垂直的,而不是水平的。只有价格完全固定时,短期总供给曲线才会是水平的。
   d. "只要经济进入衰退,长期总供给曲线就会向左移动"的说法是错误的。总需求曲线或者短期总供给曲线向左移动,经济都有可能进入衰退。

6. 用解释短期总供给曲线向右上方倾斜的三种理论中的一种,认真解释以下情况。
   a. 在没有任何政策干预时,经济如何从衰退中复苏,并回到其长期均衡?
   b. 是什么因素决定了经济复苏的速度?

   【解答】
   a. 根据黏性工资理论,经济处于衰退是因为物价水平已经下降,而真实工资过高,因此劳动需求过低。一段时间后,随着名义工资调整从而真实工资下降,经济回到了充分就业状态。

根据黏性价格理论,经济处于衰退是因为并不是所有价格皆可迅速调整。一段时间后,企业完全调整其价格,同时经济回到长期总供给曲线上。

根据错觉理论,物价水平低于预期时,经济处于衰退。一段时间后,随着人们意识到较低的物价水平,他们的预期将会调整,并且经济回到长期总供给曲线上。

　　b. 依据各个理论,复苏的速度取决于价格预期、工资和价格的调整有多快。

7. 经济开始时处于长期均衡。然后某一天,总统任命了一位新的美联储主席。这位新主席以其"通货膨胀不是经济的主要问题"的观点而闻名。

　　a. 这条新闻会如何影响人们预期的物价水平?

　　b. 预期物价水平的这种变动如何影响工人和企业协商新劳动合同中的名义工资?

　　c. 名义工资的这种变动如何影响在任何一种既定的物价水平下生产物品与服务的盈利性?

　　d. 盈利性的这种变动如何影响短期总供给曲线?

　　e. 如果总需求曲线不变,总供给曲线的这种移动如何影响物价水平和产量?

　　f. 你认为对这位美联储主席的任命明智吗?

【解答】

　　a. 人们可能会预期新的主席不会积极控制通货膨胀,因此他们将会预期物价水平上涨。

　　b. 如果人们相信下一年物价水平将会更高,工人们将要求更高的名义工资。

　　c. 在任何既定的物价水平下,更高的劳动成本将会使利润减少。

　　d. 如图9所示,短期总供给曲线将会向左移动。

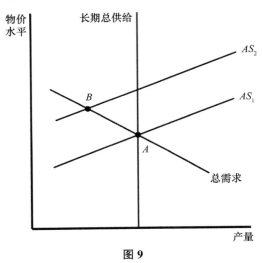

图9

　　e. 短期总供给下降会导致产量减少和物价水平上升。

　　f. 不,这种选择可能不是明智的。最终结果是滞胀,而在应对这种状况方面的政策选择很有限。

8. 解释下列事件分别使短期总供给曲线移动、总需求曲线移动、两者都移动,还是两者都不移动。对于使曲线移动的每一个事件,用图形说明其对经济的影响。

　　a. 家庭决定把大部分收入储蓄起来。

　　b. 佛罗里达的橘园因零度以下气温的延续而受灾。

c. 国外工作机会的增加使许多人离开本国。

【解答】

a. 若家庭决定把大部分收入储蓄起来,他们必须在生活消费品上花费较少,所以总需求曲线向左移动,如图 10 所示。均衡由 A 点变动至 B 点,价格水平下降,产量减少。

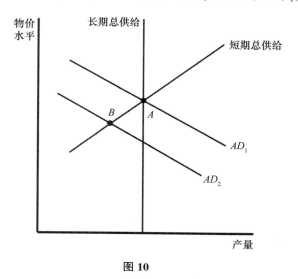

图 10

b. 若佛罗里达的橘园长期受零度以下气温的打击,橘子将会减产。自然产出水平的下降在图 11 上表现为长期和短期总供给曲线皆向左移动。均衡点由 A 点变动至 B 点,因此物价水平上升,产量下降。

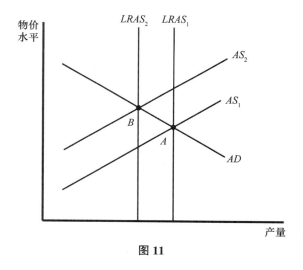

图 11

c. 若国外工作机会增加会使人们出国,则长期和短期总供给曲线将会向左移动,因为从事生产的人减少了。总需求曲线也将向左移动,因为消费物品和服务的人减少了。结果是产量的减少,如图 12 所示。物价水平是上升还是下降取决于总需求曲线与总供给曲线的相对移动幅度。

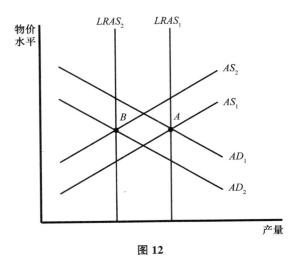

图 12

9. 对于下列事件,假设决策者不采取行动,分别解释其对产量和物价水平的短期与长期影响。

   a. 股市急剧下跌,减少了消费者的财富。

   b. 联邦政府增加了国防支出。

   c. 技术进步提高了生产率。

   d. 国外经济衰退使外国人购买的美国物品减少了。

【解答】

a. 当股市急剧下跌时,消费者财富减少,总需求曲线向左移动,如图 13 所示。短期中,随着产量减少和物价水平下降,经济由 A 点移动到 B 点。长期中,短期总供给曲线右移,在 C 点恢复均衡。相对于 A 点,C 点的产量不变且有一个较低的物价水平。

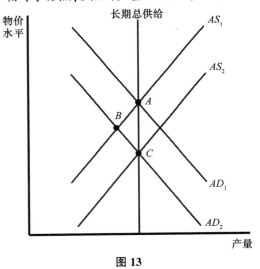

图 13

b. 当联邦政府增加国防支出时,政府购买的增加使总需求曲线右移,如图 14 所示。短期中,随着产出增加和物价水平上升,经济由 A 点移动到 B 点。长期中,短期总供给曲线左移,在 C 点恢复均衡。相对于 A 点,C 点的产量不变而且有一个更高的物价水平。

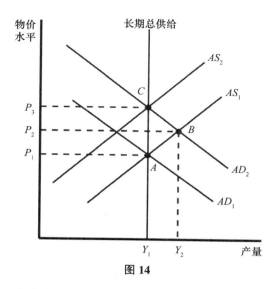

图 14

c. 当技术进步提高了生产率时,长期和短期总供给曲线右移,如图 15 所示。经济由 A 点移动到 B 点,产量增加,物价水平下降。

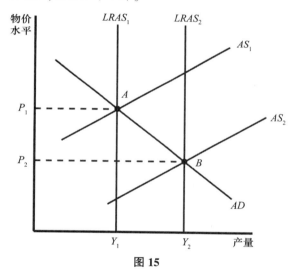

图 15

d. 当国外经济衰退引起外国人购买的美国物品少时,净出口减少,所以总需求曲线向左移动,如图 16 所示。短期中,随着产量减少且物价水平下降,经济由 A 点向 B 点移动。长期中,短期总供给曲线向右移动并在 C 点恢复均衡。相对于 A 点,C 点的产量不变且有一个较低的价格水平。

10. 假设企业对未来的经济状况极为乐观,并大量投资于新资本设备。
   a. 画出总需求与总供给图并说明这种乐观主义对经济的短期影响。标出新的物价水平与真实产量。用文字解释为什么总供给量会发生变动。
   b. 现在用 a 中的图说明经济新的长期均衡。(现在假设长期总供给曲线没有发生变动。) 用文字解释为什么总需求量在短期与长期之间会发生变动。

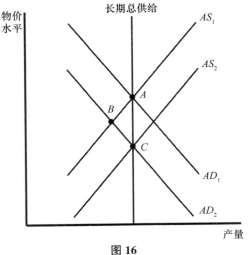

图 16

c. 投资高涨会如何影响长期总供给曲线？解释原因。

【解答】

a. 若企业对未来的经济状况乐观并增加投资，其结果如图 17 所示。经济开始于 A 点，总需求曲线为 AD_1，短期总供给曲线是 AS_1。均衡点的价格为 P_1，产量为 Y_1。增加的乐观态度带来更大的投资，所以总需求曲线移动至 AD_2。现在经济处于 B 点，价格为 P_2，产量为 Y_2。总供给量上升，因为物价水平上升且人们对物价水平有错觉、工资有黏性或价格有黏性，所有这些都导致供给量上升。

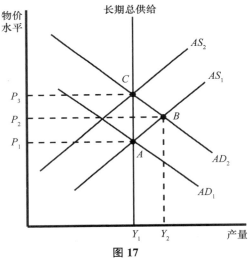

图 17

b. 一段时间后，随着物价水平错觉的消失、工资调整或价格调整，短期总供给曲线左移至 AS_2，经济在 C 点达到均衡，此时物价水平为 P_3，产量为 Y_1。随着物价水平的上升，总需求量下降。

c. 投资高涨可能会增加长期总供给，因为当下更高的投资意味着未来更大的资本存量，因此带来更高的生产率和更高的产量。

第 24 章
货币政策和财政政策对总需求的影响

学习目标

在本章中,学生应理解
- 作为短期利率理论的流动性偏好理论;
- 货币政策如何影响利率和总需求;
- 财政政策如何影响利率和总需求;
- 关于决策者是否应该试图稳定经济的争论。

框架和目的

第 24 章是关于长期趋势下经济短期波动的第二章。在第 23 章,我们介绍了总供给与总需求模型。在第 24 章中,我们要说明政府的货币政策和财政政策如何影响总需求。

第 24 章的目的是论述货币政策和财政政策的短期效应。在第 23 章中,我们发现当总需求曲线或短期总供给曲线移动时,它会引起产量波动。决策者有时试图通过使用货币政策和财政政策移动总需求曲线来抵消这些移动。第 24 章论述这些政策背后的理论以及稳定政策的一些缺点。

内容提要

- 在建立短期经济波动理论时,凯恩斯提出了流动性偏好理论来解释利率的决定因素。根据这种理论,利率的调整使货币的供求达到平衡。
- 物价水平上升增加了货币需求,提高了使货币市场均衡的利率。由于利率代表借款的成本,所以较高的利率减少了投资,从而减少了物品与服务的需求量。向右下方倾斜的总需求曲线表明了物价水平与需求量之间的这种负相关关系。
- 决策者可以用货币政策影响总需求。货币供给的增加降低了物价水平既定时的均衡利率。因为较低的利率刺激了投资支出,所以总需求曲线向右移动。相反,货币供给的减少提高了物价水平既定时的均衡利率,使总需求曲线向左移动。
- 决策者还可以用财政政策影响总需求。政府购买增加或减税可以使总需求曲线向右移动。政府购买减少或增税可以使总需求曲线向左移动。
- 当政府改变支出或税收时,所引起的总需求变动可能大于也可能小于财政政策的变动。乘数效应往往扩大财政政策对总需求的影响。挤出效应往往减小财政政策对总需求的影响。
- 由于货币政策和财政政策可以影响总需求,所以政府有时用这些政策工具来试图稳定经济。经济学家对政府应该如何积极地稳定经济的看法并不一致。根据积极稳定政策支持者的看法，家庭和企业态度的改变使总需求变动，如果政府不对此做出反应，结果就是产量与就业的不合意及不必要的波动。根据积极稳定政策批评者的看法，货币政策与财政政策发生作用都有相当长的时滞，以至于稳定经济的努力往往以经济的不稳定而告终。

教材习题解答

即问即答

1. 用流动性偏好理论解释货币供给减少如何影响均衡利率。这种货币政策变动如何影响总需求？

   【解答】根据流动性偏好理论，利率的调整使货币供给与货币需求平衡。因此，货币供给的减少会提高均衡利率。这会减少总需求，因为较高的利率会使家庭减少住房的购买，从而减少住房投资需求；同时也导致企业减少新厂房和新设备支出，从而减少企业投资。

2. 假设政府减少高速公路建设支出100亿美元。总需求曲线会如何移动？解释为什么这种移动幅度可能大于也可能小于100亿美元。

   【解答】如果政府减少高速公路建设支出100亿美元，那么总需求曲线会向左移动，因为政府购买减少了。如果乘数效应大于挤出效应，总需求曲线向左移动的幅度将大于100亿美元；如果乘数效应小于挤出效应，总需求曲线向左移动的幅度将小于100亿美元。

3. 假设不利的"动物本能"弥漫在经济中，而且人们对未来变得悲观。总需求会发生什么变动？如果美联储想稳定总需求，它应该如何改变货币供给？如果它这样做，利率会发生怎样的变动？为什么美联储不会选择以这种方法做出反应？

   【解答】如果人们对未来悲观，他们将会减少支出，这会导致总需求曲线向左移动。如果美联储想要稳定总需求，它应该增加货币供给。货币供给的增加会导致利率下降，从而刺激住房投资和企业投资。美联储不会这么做，因为政策发生作用存在时滞，等政策发生作用时，可能经济已经自行恢复，货币供给的增加会导致通货膨胀。

快速单选

1. 如果中央银行想要扩大总需求，那么，它应该_____货币供给，这就会使利率_____。
   a. 增加，上升　　　　b. 增加，下降　　　　c. 减少，上升　　　　d. 减少，下降

2. 如果政府想要紧缩总需求，那么，它应该_____政府购买或_____税收。
   a. 增加，增加　　　　b. 增加，减少　　　　c. 减少，增加　　　　d. 减少，减少

3. 美联储把联邦基金利率作为目标利率。该利率_____。
   a. 是中央银行除货币供给外的一种政策工具，独立于货币供给
   b. 使美联储承诺确定某种货币供给，以便钉住所宣布的利率
   c. 是一个很少能达到的目标，因为美联储只能决定货币供给
   d. 是银行向联邦基金借贷的关键，但并不影响总需求

4. 一个经济由于总需求不足陷入衰退。政府增加1 200美元购买支出。假设中央银行调整

货币供给,以使利率不变,投资支出是固定的,而且边际消费倾向是 2/3。总需求会增加多少?

    a. 400 美元   b. 800 美元   c. 1 800 美元   d. 3 600 美元

5. 在上一题中,如果中央银行保持货币供给不变,并允许利率调整,则政府购买增加引起的总需求变动会_____。

    a. 更大   b. 相同   c. 较小但仍然为正   d. 为负

6. 以下哪一个是自动稳定器的例子?当经济陷入衰退时,_____。

    a. 更多人有资格领取失业保险补助
    b. 股票价格下跌,尤其是周期性行业中企业的股票价格下跌
    c. 国会就可能的一揽子刺激方案举行听证会
    d. 美联储改变其联邦基金利率的目标

【答案】 1. b   2. c   3. b   4. d   5. c   6. a

复习题

1. 什么是流动性偏好理论?这种理论如何有助于解释总需求曲线向右下方倾斜?

    【解答】

    流动性偏好理论是凯恩斯关于利率如何决定的理论。根据该理论,总需求曲线向右下方倾斜是因为:(1)较高的物价水平增加了货币需求;(2)较高的货币需求导致较高的利率;(3)较高的利率减少了物品与服务的需求。因此,物价水平与物品和服务的需求之间存在负相关关系。

2. 用流动性偏好理论解释货币供给减少如何影响总需求曲线。

    【解答】

    货币供给减少使得货币供给曲线向左移动,均衡利率上升。较高的均衡利率减少了消费和投资,从而使得总需求下降。因此,总需求曲线向左移动。

3. 政府花费了 30 亿美元用于购买警车。解释为什么总需求的增加会大于或小于 30 亿美元。

    【解答】

    当政府花费 30 亿美元用于购买警车时,总需求的增加可能会大于 30 亿美元,因为政府购买对总需求有乘数效应;总需求的增加可能会小于 30 亿美元,因为政府购买对总需求有挤出效应。

4. 假设对消费者信心的调查表明,悲观情绪蔓延全国。如果决策者无所作为,总需求会发生怎样的变动?如果美联储想稳定总需求,它应该怎么做?如果美联储无所作为,国会为了稳定总需求应该怎么做?

    【解答】

    如果悲观情绪蔓延全国,家庭将会减少消费,企业将会缩减投资,因此总需求下降。如果美联储想稳定总需求,它应该增加货币供给,从而降低利率,这会导致家庭减少储蓄和增加消费,也会鼓励企业投资更多,这两者都会增加总需求。如果美联储不增加货币供给,国会可以通过增加政府购买或减税来增加总需求。

5. 举出一个起到自动稳定器作用的政府政策的例子。解释为什么这一政策有这种效应。

    【解答】

    起到自动稳定器作用的政府政策包括税收制度和用于失业福利制度的政府支出。税收制

度起到自动稳定器作用是因为：当收入高时，人们需要缴纳更多税，从而减少支出；当收入下降时，税收也减少，从而使得人们支出增多。结果是支出对经济起到部分的稳定作用。用于失业福利制度的政府支出起到自动稳定器作用是因为，在经济衰退期，政府会转移一部分钱给失业者，使得他们的收入不至于下降太多，从而使得他们的支出不会减少太多。

问题与应用

1. 解释下面每一种情况会如何影响货币供给、货币需求和利率。用图形说明你的答案。
   a. 美联储的债券交易商在公开市场操作中购买债券。
   b. 信用卡可获得性的提高减少了人们持有的现金。
   c. 美联储降低了银行的法定准备金。
   d. 家庭决定把更多钱用于节日购物。
   e. 乐观情绪刺激了企业投资，扩大了总需求。

   【解答】
   a. 如图1所示，当美联储的债券交易商在公开市场操作中购买债券时，货币供给曲线从 MS_1 向右移动到 MS_2，结果是利率下降。

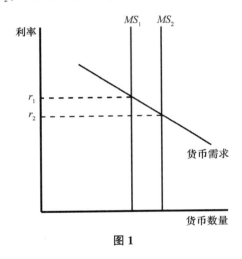

图1

   b. 如图2所示，当信用卡可获得性的提高减少了人们持有的现金时，货币需求曲线从 MD_1 向左移动到 MD_2，结果是利率下降。

   c. 如图1所示，当美联储降低了银行的法定准备金时，货币供给增加，因此货币供给曲线从 MS_1 向右移动到 MS_2，结果是利率下降。

   d. 如图3所示，当家庭决定把更多钱用于节日购物时，货币需求曲线从 MD_1 向右移动到 MD_2，结果是利率上升。

   e. 如图3所示，当乐观情绪刺激了企业投资，扩大了总需求时，货币需求曲线从 MD_1 向右移动到 MD_2，结果是利率上升。

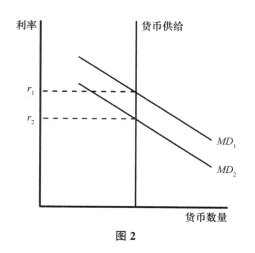

图 2

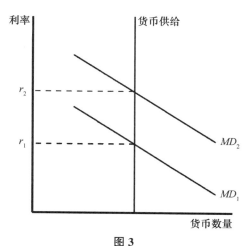

图 3

2. 美联储扩大了 5% 的货币供给。
   a. 用流动性偏好理论以图形说明这种政策对利率的影响。
   b. 用总需求与总供给模型说明利率的这种变动对短期中产量和物价水平的影响。
   c. 当经济从其短期均衡转向长期均衡时,物价水平会发生怎样的变动?
   d. 物价水平的这种变动如何影响货币需求和均衡利率?
   e. 这种分析与货币在短期中有真实影响,但在长期中是中性的这种观点一致吗?

【解答】
a. 如图 4 所示,货币供给增加会导致均衡利率下降。家庭将会增加支出并进行更多的住房投资。企业也会增加投资支出。如图 5 所示,这会导致总需求曲线向右移动(从 AD_1 移动到 AD_2)。
b. 如图 5 所示,总需求的增加会导致短期中产量增加和物价水平上升(到 B 点)。
c. 当经济从其短期均衡转向长期均衡时,短期总供给减少,短期总供给曲线从 AS_1 向左移动到 AS_2,这会导致物价水平进一步上升(到 C 点)。

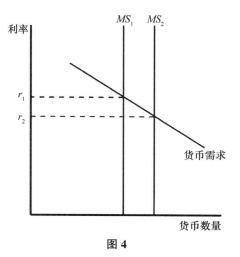

图 4

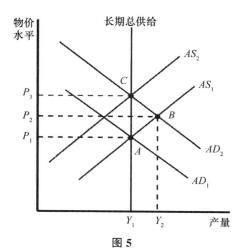

图 5

第 24 章 货币政策和财政政策对总需求的影响

d. 物价水平上升导致货币需求增加,提高了均衡利率。

e. 一致。起初总需求增加使得产出增加;一旦短期总供给减少,则产出也减少。因此,货币供给的增加在长期中对实际产出没有影响。

3. 假设计算机病毒使全国的自动提款机系统瘫痪,使从银行账户提款更不方便。结果人们想持有的货币更多,这增加了货币需求。

   a. 假设美联储并没有改变货币供给。根据流动性偏好理论,利率会发生怎样的变化? 总需求会发生怎样的变动?

   b. 如果美联储想稳定总需求,它应该如何改变货币供给?

   c. 如果美联储想运用公开市场操作来完成货币供给的这种改变,它应该如何做?

【解答】

a. 如图6所示,当可用的自动提款机变少时,货币需求增加,货币需求曲线从 MD_1 向右移动到 MD_2。如果美联储不改变货币供给,则在 MS_1 曲线上的利率会从 r_1 上升到 r_2。随着消费和投资的下降,上升的利率使得总需求曲线向左移动。

b. 如果美联储想稳定总需求,它应该增加货币供给到 MS_2,从而使得利率保持在 r_1 而总需求不变。

c. 如果美联储想运用公开市场操作来增加货币供给,则它应该购买政府债券。

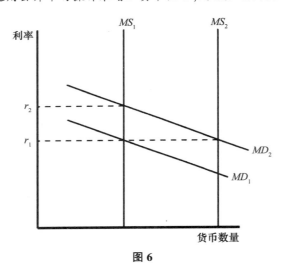

图 6

4. 考虑两种政策——仅持续一年的减税和预期为永久的减税。哪一种政策将刺激消费者更多地支出? 哪一种政策对总需求的影响更大? 解释原因。

【解答】

永久的减税对消费者支出和总需求的影响更大。如果减税是永久的,消费者会把减税看作他们大幅增加的财务来源,从而大幅增加支出。如果减税是暂时的,消费者会把减税看作他们小幅增加的财务来源,因此不会增加太多支出。

5. 经济处于高失业和低产量的衰退中。

   a. 用总需求与总供给图形说明当前的经济状况。务必包括总需求曲线、短期总供给曲线和长期总供给曲线。

   b. 确定能使经济恢复到自然水平的公开市场操作。

c. 用货币市场图形说明这种公开市场操作的影响,并说明其引起的利率变动。
d. 用类似于 a 中的图形说明公开市场操作对产量和物价水平的影响。用文字解释为什么该政策具有你在图中说明的影响。

【解答】
a. 当前经济状况如图 7 所示。
b. 美联储为了刺激总需求,会通过向公众购买政府债券来增加货币供给,从而降低利率。
c. 如图 8 所示,美联储购买政府债券使得货币供给曲线向右移动,利率水平下降。
d. 当消费者和企业对较低的利率做出反应时,美联储购买政府债券会增加总需求。如图 9 所示,产出会增加,物价水平会上升。

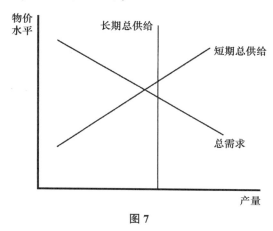

图 7

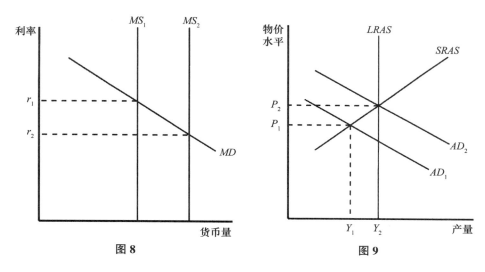

图 8　　　　　　　　图 9

6. 在 20 世纪 80 年代初,新立法允许银行对支票存款支付利息,而以前不允许这样做。
    a. 如果我们把货币定义为包括支票存款,则这一立法对货币需求有什么影响?解释原因。
    b. 如果美联储面临这种变动时仍保持货币供给不变,则利率会发生怎样的变动?总需求和总产量会发生怎样的变动?

c. 如果美联储面临这种变动时想要保持市场利率(非货币资产的利率)不变,货币供给必然会发生怎样的变动?总需求和总产量会发生怎样的变动?

【解答】

a. 新立法允许银行对支票存款支付利息,这会增加货币相对于其他金融资产的收益,从而增加货币需求。

b. 如图 10 所示,如果货币供给保持不变(为 MS_1),那么货币需求的增加会导致利率上升。利率的上升会减少消费和投资,从而减少总需求和总产量。

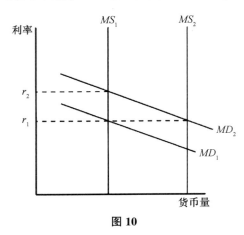

图 10

c. 为了维持市场利率不变,美联储需要增加货币供给(从 MS_1 到 MS_2)。总需求和总产量不变。

7. 假设经济学家观察到,政府支出增加 100 亿美元使物品与服务的总需求增加了 300 亿美元。

a. 如果这些经济学家不考虑挤出效应,则他们估算的边际消费倾向(MPC)是多少?

b. 现在假设经济学家考虑挤出效应,则对 MPC 的新的估算是大于还是小于原来的估算?

【解答】

a. 如果不考虑挤出效应,则乘数 $=1/(1-MPC)$。乘数是 3,因此边际消费倾向 $MPC=2/3$。

b. 如果考虑挤出效应,则 MPC 将会大于 2/3。大于 2/3 的 MPC 会导致乘数本应大于 3(由于挤出效应而降到 3)。

8. 一个经济在产出低于其自然水平(4 000 亿美元)的水平上运行,而且财政政策制定者想弥补这种衰退性缺口。中央银行同意调整货币供给以保持利率不变,因此不存在挤出效应。边际消费倾向是 4/5,物价水平在短期中不变。为了弥补衰退性缺口,政府支出需要向哪个方向改变?改变多少?解释你的想法。

【解答】

如果边际消费倾向是 4/5,那么消费乘数为 $1/(1-4/5)=5$。因此,政府需要增加支出 800 亿美元(4 000÷5)以弥补衰退性缺口。

9. 假设政府支出增加。这种增加对总需求的影响是在美联储保持货币供给不变时更大,还是在美联储承诺保持利率不变时更大?解释原因。

【解答】

如果政府支出增加,那么总需求将会上升,因此货币需求上升。货币需求的上升会导致利率的上升,如果美联储保持货币供给不变,这会导致总需求的下降。但是,如果美联储保持利率不变,它将会增加货币供给,从而使得总需求不会下降。因此,如果美联储保持利率不变,政府支出增加对总需求的影响更大。

10. 在下列哪一种情况下,扩张性财政政策更可能引起投资的短期增加?解释原因。

　　a. 当投资加速数大时,还是小时?

　　b. 当投资的利率敏感性大时,还是小时?

【解答】

　　a. 当投资加速数大时,扩张性财政政策更可能引起投资的短期增加。投资加速数大意味着扩张性财政政策引起的产出增加,会导致投资的大量增加。如果投资加速数不大,投资可能会下降,因为总需求的增加会导致利率的上升。

　　b. 当投资的利率敏感性小时,扩张性财政政策更可能引起投资的短期增加。因为扩张性财政政策会增加总需求,从而导致货币需求增加和利率上升。因此,投资的利率敏感性越大,投资下降得越多,这会抵消投资加速数的正效应。

11. 考虑以下方程式描述的一个经济:

$$Y = C + I + G$$
$$C = 100 + 0.75(Y - T)$$
$$I = 500 - 50r$$
$$G = 125$$
$$T = 100$$

其中 Y 是 GDP,C 是消费,I 是投资,G 是政府购买,T 是税收,而 r 是利率。如果该经济处于充分就业水平(即自然失业率水平),GDP 是 2 000。

a. 解释上面各个方程式的含义。

b. 这个经济中的边际消费倾向是多少?

c. 假设中央银行的政策是调整货币供给以保持利率为 4%,因此,$r=4$。求解 GDP。与充分就业水平相比,它是更高还是更低?

d. 假设货币政策没有变化,为了恢复充分就业,政府购买会有什么变化?

e. 假设财政政策没有变化,为了恢复充分就业,利率会有什么变化?

【解答】

a. $Y=C+I+G$ 是封闭经济中 GDP 的均衡条件(产出等于消费、投资和政府支出之和);$C=100+0.75(Y-T)$ 是取决于可支配收入的消费方程;$I=500-50r$ 是取决于利率的投资方程;$G=125$ 表示政府支出固定为 125;$T=100$ 意味着税收固定为 100。

b. 边际消费倾向为 0.75。

c. 当利率 $r=4$ 时,

$Y = 100 + 0.75(Y-100) + 500 - 50 \times 4 + 125$

$Y = 100 + 0.75Y - 75 + 500 - 200 + 125$

$Y = 450 + 0.75Y$

$0.25Y = 450$

$Y = 1800$,低于充分就业水平。

d. 假设货币政策没有变化,政府购买增加50(至175)将恢复充分就业。因为边际消费倾向是0.75,所以乘数为$1/(1-0.75)=4$。要将GDP从1800增加到2000,即增加200,政府支出需要增加$200/4=50$。

e. 假设财政政策没有变化,利率下降1个百分点(从4%到3%)将恢复充分就业。计算过程如下:

$2\,000 = 100 + 0.75 \times (2\,000 - 100) + 500 - 50r + 125$

$2\,000 = 2\,150 - 50r$

$50r = 150$

$r = 3$